W0248397

Susanne Götze | Annika Joeres

Die Klimaschmutzlobby

Susanne Götze | Annika Joeres

DIE KLIMA-SCHMUTZLOBBY

Wie Politiker und Wirtschaftslenker
die Zukunft unseres Planeten verkaufen

Mit 4 Grafiken

PIPER

Mehr über unsere Autoren und Bücher:
www.piper.de

Klimaneutral
Druckprodukt
ClimatePartner.com/53248-2002-1016

MIX
Papier aus verantwortungsvollen Quellen
FSC
www.fsc.org
FSC® C014496

ISBN 978-3-492-07027-0
© Piper Verlag GmbH, München 2020
Satz: psb, Berlin
Gesetzt aus der Minion Pro
Litho: Lorenz & Zeller, Inning am Ammersee
Druck und Bindung: GGP Media GmbH, Pößneck
Der Schutzumschlag ist gedruckt auf 100 % Recyclingpapier zertifiziert mit dem Blauen Engel (RAL-UZ 14a).
Printed in Germany

Inhalt

Es gibt nur eine Unbekannte im Spiel: ob wir fähig sein werden, Antworten auf die Folgen unseres Tuns zu finden.[1]

Isabelle Stengers, belgische Wissenschaftshistorikerin

Einleitung

Mitten im heißen Klima-Herbst 2019 reist Bundeskanzlerin Angela Merkel ins Badische. Die hügelige Landschaft ist beschaulich – kleine Waldstückchen, saftige Wiesen, gemütliche Gasthäuser. Im Städtchen Sinsheim aber wird diese Idylle durchbrochen: Autobahnen und Fernstraßen durchschneiden die Landschaft, riesige Gewerbeparks zersiedeln die sattgrüne Senke. Die Fußwege sind schmal, Radwege gibt es kaum. An jenem sonnigen Oktobertag, als die Klimaaktivistengruppe Extinction Rebellion vor dem Kanzleramt campt und ihre Anhänger die Hauptstadt lahmlegen, nimmt Merkel um neun Uhr morgens ihren Flieger Richtung Sinsheim. Auf ihrer Agenda: die »Klima Arena« eröffnen – ein privates Ausstellungshaus über die Gefahren des Klimawandels. Gebaut wurde es von Dietmar Hopp, Mitgründer des Softwarekonzerns SAP und einer der reichsten Deutschen. Seine »Klima Arena« ist nur mit dem Auto zu erreichen. An den günstigen Autobahnanschluss haben die Veranstalter gedacht, dass Gäste mit dem Zug oder zu Fuß kommen, ist nicht vorgesehen. Trotzdem laufen einige wenige Besucher entlang der Leitplanken an der Schnellstraße, vorbei an Schallschutzwänden des Autobahnkreuzes. Wer hätte gedacht, dass jemand mit öffentlichen Verkehrsmitteln zur Einweihung einer Klimaausstellung anreist? Ist man einmal angekommen, geben die knallbunten Stellwände der Ausstellung aber den guten Rat: Zu Fuß gehen schützt das Klima am besten.

Schickeria und Lokalgrößen von Baden-Württemberg sind mit ihren Limousinen gekommen, auch der grüne Ministerpräsident Winfried Kretschmann. Es gibt Schnittchen und schöne Worte. Die »Arena« ist ein Neubau mitten auf dem freien

Feld. Für das Gelände wurden 2,6 Hektar Freifläche versiegelt.[1] Sogar eine eigene Straße, die Dietmar-Hopp-Straße, führt zum Autobahnzubringer, gleich um die Ecke. Direkt neben der »Klima Arena« steht ein imposantes Parkhaus, davor eine betonierte Fläche mit Dutzenden SUVs und Porsches. Als der ehemalige SAP-Chef Hopp bei der Eröffnung sagt, dass »alle beim Klimaschutz mitmachen müssen«, applaudiert das Publikum. »Seid Teil der Klimabewegung.« Der Klimawandel ist, zumindest verbal, bei den deutschen Eliten angekommen.

Drei Wochen zuvor hatte Bundeskanzlerin Merkel ihr Klimaschutzprogramm 2030 vorgelegt, das nach Ansicht vieler Wissenschaftler bei Weitem nicht ausreicht, um Deutschland aus dem fossilen Zeitalter zu führen. Merkel verteidigt ihr Programm in der »Klima Arena«. Man wolle die Ziele schrittweise erreichen. Die Christdemokratin spricht von »einigen Kontroversen«, die es um ihr Klimaprogramm gegeben habe. »Als wir das erste Mal vor zwei Jahren von der ›Klima Arena‹ erfuhren, konnte ja keiner wissen, dass das Thema heute so präsent ist«, entfuhr es der Kanzlerin. Nein? Das hätte niemand wissen können? Ein entblößender Satz angesichts eines seit 30 Jahren aktuellen, globalen Themas. Hatte Kanzlerin Merkel nicht schon 2007 mit dem damaligen Umweltminister Sigmar Gabriel in roten Anoraks auf Grönland gestanden und einen strengeren Klimaschutz angemahnt? Wollte sie nicht schon damals »schrittweise« vorgehen? Und hatte sie nicht schon als CDU-Umweltministerin Mitte der 1990er-Jahre die erste UN-Klimaschutzkonferenz in Berlin eröffnet?

Ja, das war dieselbe Bundeskanzlerin, deren Klimaziele 2020 scheitern. Alle Prognosen prophezeien seit Jahren, dass Deutschland seine angestrebte Senkung von Treibhausgasen um 40 Prozent im Jahr 2020 weit verfehlen wird.[2] Es sind noch immer rund 86 Millionen Tonnen CO_2[3] zu viel jedes Jahr. Die Klimaziele für 2020 werden wir wahrscheinlich erst 2025 erreichen.[4] Doch dann winkt schon das nächste Klimaziel 2030: Da werden wir mindestens doppelt so viel einsparen müssen.[5] Für ihre Versäumnisse muss die Bundesregierung in den nächsten Jahren sogar Hunderte Millionen Euro zurücklegen, um damit Verschmutzungsrechte aus anderen EU-Mitgliedsländern zu kaufen. Auf den Steuerzahlern lasten laut Finanzplan der Merkel-Regierung also zusätzliche 100 Milliarden Euro im Jahr.[6] Das ist die traurige Bilanz von drei Jahrzehnten Klimaschutzpolitik in Deutschland. Auch mit dem aktuellen Klimapaket für 2030 sitzt die Große Koalition die Klimakrise weiter aus. Doch aus der Krise droht bald eine Katastrophe zu werden. Mit ihrer Politik des »Machbaren« ist die Kanzlerin gescheitert. Sie reicht nicht aus, um den Fakten der Wissenschaft gerecht zu werden. Sie reicht höchstens für ein bisschen Klima-Show – wenn es sein muss, auch im badischen Sinsheim. Dabei weiß die Regierung selbst, dass sie handeln müsste. Ihr Sachverständigenrat für Umweltfragen – das wissenschaftliche Beratungsgremium der deutschen Bundesregierung – errechnete die Restmenge an klimaschädlichen Gasen, die ab 2020 in Deutschland noch emittiert werden dürfen, um die Erde nach den Pariser Klimazielen nicht mehr als 1,75 Grad aufzuwärmen: 6600 Millionen Tonnen. Derzeit stoßen wir 866 Millionen Tonnen Treibhausgase jährlich aus. Übrig bleibt ein Budget, das mit unserem Lebensstil nur noch für knapp acht Jahre reicht.[7]

Die Klimaschmutzlobby hält zusammen

Eigentlich müsste die Kanzlerin im Herbst 2019 mit ihren Ministern Tag und Nacht zusammensitzen, um einen Schlachtplan für den deutschen Klimaschutz zu entwerfen. Doch gerade mal zwölf Stunden nahm sich die Kanzlerin im September 2019, um mit ihren Ministern das Klimapaket zu besprechen – inszeniert als dramatische Nachtsitzung.

Dabei wären jetzt wirksame Gesetze nötig, etwa für weniger Fleisch in Kantinen, kostenlose Nahverkehrskarten, Kerosinbesteuerung oder den Abbau umweltschädlicher Subventionen für Kohlekraftwerke. Der Autoverkehr muss verringert werden, die Wärme erneuerbar und die Landwirtschaft CO_2-freundlich gemacht werden. Doch in Wirklichkeit findet nichts davon statt. Obwohl wir seit 30 Jahren über Klimaschutz reden, hängt die deutsche Wirtschaft immer noch am Kohle-, Öl- oder Gas-Tropf. Immer noch funktionieren rund 85 Prozent der deutschen Gesellschaft nur dank fossiler Brennstoffe – lediglich 15 Prozent unserer Energie zum Autofahren, Heizen, Laternenanknipsen und Kochen sind klimafreundlich.[8] So steht es auf den Seiten des Bundeswirtschaftsministeriums. Nur noch auf Platz 23 von 57 Industrie- und Schwellenländern liegt Deutschland laut dem Klimaschutz-Index 2019, weit abgeschlagen hinter Ländern wie Schweden und Marokko.[9] Auch in vielen anderen Ländern Europas sieht es nicht besser aus: Die großen europäischen Klimasünder in der Energiewirtschaft, in Verkehr und Landwirtschaft befeuern seit Jahrzehnten ungebremst den Klimawandel. Und nicht nur in Europa, auch in anderen Teilen der Welt werden die gefährlichen Folgen der Erderwärmung ignoriert. Trotz eines stark erhöhten Risikos für Katastrophen wie Flächenbrände, die in Australien zuletzt den Lebensraum von mindestens 500 Millionen Tieren und Tausenden Menschen bedrohten, hält der australische Premier Scott Morrison an seiner fatalen Klimapolitik fest. Er werde seine Pläne für weitere Kohlekraftwerke nicht ändern, sagte der Konservative.[10]

Wie kann das sein? Wir wollten verstehen, warum sich seit drei Jahrzehnten nichts tut. Wir wollten wissen, warum heute nahezu alle Politiker und Wirtschaftslenker Klimaschutz predigen, aber doch Gesetze verabschieden, die diesen verhindern. Warum sie Millionen Klimabewegten auf der Straße applaudieren und am nächsten Tag Subventionen für Gaspipelines, Kohlekonzerne und Fleischfabriken verlängern. Wir haben uns deshalb auf die Suche gemacht: nach den Klimaschmutzlobbys – also jenen Verbänden, Thinktanks, Unternehmen und Schlüsselfiguren in Politik und Wirtschaft, die wirksamen Klimaschutz ausbremsen und verhindern.

Die Vereinten Nationen definieren Lobbyismus als den Versuch, direkten Einfluss auf Gesetze zu nehmen.[11] Lobbyismus ist weder strafbar noch illegal, sondern Teil unserer Demokratie.

Grundsätzlich gilt: Wo sich Interessengruppen formieren, gibt es auch Menschen, die diese Interessen voranbringen wollen. Alle politischen Gruppierungen, Unternehmen und Vereine betreiben Lobbyismus – egal, wo sie im politischen Spektrum verordnet sind. Doch der Unterschied ist: Einige haben viel, andere wenig Einfluss. Viele Akteure der alten fossilen Weltordnung haben enormes Gewicht in unseren Gesellschaften. Sie lobbyieren schon seit Jahrzehnten für ihre Interessen, bauen sich Netzwerke auf und strecken ihre Fühler nach Entscheidungsträgern in der Politik aus. Ihr Lobbyismus gegen Klimaschutz kommt uns alle teuer zu stehen: Der jährliche UNO-Report zu den Gesundheitskosten des Klimawandels muss seine Zahlen in jedem neuen Bericht nach oben korrigieren: Aktuell kosten uns diese Folgen 300 Milliarden Dollar – pro Jahr. Und das sind nur Zahlen für Infektionen und Hitzetote.[12] Wer wirksame Klimagesetze verschleppt, bedroht uns alle. Dieses Buch gibt dieser gefährlichen Klimaschmutzlobby Namen und Gesichter. Es ist naheliegend, dass auch »grüne« Konzerne und Politiker ihre Interessen durchsetzen wollen – und diese zielen nicht immer nur auf die »Weltrettung« ab. Korruption und Interessenkonflikte finden sich überall, wo Menschen versuchen, Einfluss zu üben. Dieses Buch widmet sich aber ausschließlich jenen Wirtschaftsnetzwerken, Thinktanks und Zirkeln, die seit Jahrzehnten dazu beitragen, Europas Klimaschutz zu bremsen. Dabei zeigen wir, wie neoliberales Denken, rechtspopulistische Parteien, Klimawandel-Leugner, passive Entscheidungsträger und eingefahrene Strukturen den Stillstand organisieren. Die Schlüsselfiguren der Klimaschmutzlobby müssen endlich benannt, ihre Netzwerke offengelegt und ihre Motivationen kritisch hinterfragt werden.

Bremser, Leugner und Populisten – die Akteure der Klimaschmutzlobby

Wir haben in unserer Recherche verschiedene Gruppen gefunden, die Klimaschutz seit Jahrzehnten verschleppen: Es sind diejenigen, die den menschengemachten Klimawandel grundsätzlich bestreiten, die sogenannten Klimawandel-Leugner. Der harte Kern der Leugner ist eine zahlenmäßig eher kleine Gruppe, sie liefert aber Argumente für andere Klimaschutz-Verhinderer, beispielsweise Rechtspopulisten. Auch die einflussreichere Gruppe der Klimaschutz-Bremser profitiert von der Unsicherheit und dem Zweifel, den Skeptiker und Leugner säen. Die Klimaschutz-Bremser verzögern ehrgeizige Ziele und Klimaschutzgesetze, aber die meisten von ihnen grenzen sich zumindest in Europa stark von den Skeptikern ab, weil eine Anti-Klimaschutz-Rhetorik schlecht fürs Image ist. Zu den Bremsern gehören Politiker und Wirtschaftsvertreter, die mit ganz unterschiedlichen Methoden versuchen, Klimaschutz zu sabotieren. Dabei geht es nie um Fakten. Die Warnungen der Klimawissenschaft sind lange bekannt. Das Ziel dieser Klimaschutz-Bremser ist es, die profitablen Geschäfte mit fossilen Energien so lange wie möglich am Laufen zu halten. Diese Akteure haben bisher auf die Verzögerungstaktik gesetzt und halten sich bewusst mit öffentlichen Polemiken gegen Klimaschutz zurück. Sie sind im System des 20. Jahrhunderts verhaftet, das ihnen mit viel Kohle, Öl und Autos eine Menge Wohlstand brachte. Klimaschutz gefährdet dieses System. Diese Verteidiger des vorigen Jahrhunderts sind die unsichtbaren Klimaschutz-Bremser, und sie sind gefährlicher als die einfachen Verschwörungstheoretiker. Denn sie sitzen seit Jahrzehnten an der Macht.

In diesem Buch fassen wir diese unterschiedlichen Gruppen unter dem Begriff »Klimaschmutzlobby« zusammen – denn sie eint dasselbe Ziel: Sie wollen effektiven Klimaschutz verhindern, um ihre wirtschaftlichen, ideologischen oder politischen Interessen nicht zu gefährden. Viele Marktgläubige, Kohlelobbyisten und Öl- oder Gasunternehmer haben nämlich handfeste Gründe, den Wandel in den Ländern zu verlangsamen oder gar zu verhindern. Ihnen widerstrebt die Idee einer Ordnungspolitik, die ein effizienter Klima- und Umweltschutz benötigt. Für ein klimafreundliches Wirtschaften braucht es neue Regeln – die Industrie aber will das Spiel dem Markt überlassen und ihre finanzielle Stellung sichern. Paradoxerweise hat genau diese Industrie steuerliche Vergünstigungen oder Subventionen u. a. für fossile Kraftstoffe und für Energieträger wie Braun- und Steinkohle akzeptiert und nur durch diese überlebt.[13] Natürlich haben Unternehmen kein Interesse daran, dass diese Vergünstigungen, Zuschüsse und Steuerausnahmen wegfallen oder sie sogar steuerlich schlechtergestellt werden. Dass die erdrückende Mehrzahl der fossilen Unternehmen den Klimawandel nicht ernst nimmt, zeigt nicht nur ihr jahrzehntelanger Lobbyismus, sondern zeigen auch die Zahlen: Keiner der großen Öl- und Gaskonzerne orientiert sich an den Pariser Klimazielen. Während die Welt auf UN-Gipfeln ihre Fortschritte feiert, gaben Exxon, Shell und andere Firmen im vergangenen Jahr 21 Milliarden Dollar aus, um klimaschädliche Ressourcen zu fördern.[14] Die Geschäfte laufen bestens. Innerhalb von etwas mehr als zwölf Monaten sind laut einer 2019 publizierten Studie von Carbon Tracker Projekte mit einem Wert von 50 Milliarden US-Dollar genehmigt worden. Allein Exxon-Mobil steckte 2,6 Milliarden in ein neues Projekt zur Förderung von kanadischen Teersanden, die als besonders klimaschädlich gelten.[15] Es ist also auch nicht verwunderlich, dass diese Unternehmen Gesetze zum Klimaschutz zumindest aufhalten wollen. Dafür nutzen sie – je nach Land und Branche – unterschiedliche Wege, um sich Gehör zu verschaffen. Ihre Lobbyarbeit ist also wenig überraschend – zunächst ist es aber erstaunlich, wie erfolgreich sie über Jahrzehnte damit waren, ihre Einzelinteressen als maßgeblich für das Wohl aller Bürgerinnen und Bürger darzustellen. Ein Grund für ihren Erfolg ist die Intransparenz: Lobbyisten müssen nur wenig von ihrer Aktivität offenlegen. Um diese Blackbox aufzuhellen, haben wir drei Jahre lang intensiv recherchiert, auf portugiesischen Klimawandel-Leugner-Konferenzen, in der französischen Nationalversammlung, in polnischen Kohleregionen, in Berliner Ministerien und in Brüsseler Ausschüssen. Wir haben Lobbyregister gefilzt und Informanten getroffen, Trump-Berater in New Orleans interviewt, einen Londoner Lord besucht. Klimawandel-Leugner haben uns aus einem Münchner Hotel rausschmeißen und mit einer Unterlassungsklage einen Bericht verhindern wollen. Vor dem größten Kohlekraftwerk Europas in Polen schützte uns auch der Presseausweis nicht davor, von der Security ins Kreuzverhör genommen zu werden. Führungen und Interviews wurden uns verweigert. Als Journalistinnen sind wir an Menschen gewöhnt, die Recherchen behindern wollen, weil viele von ihnen lieber im Verborgenen agieren wollen. Dennoch waren wir perplex angesichts der Aggressivität und Gereiztheit vieler Protagonisten. Nicht nur von Klimawandel-Leugnern, sondern auch von Wirtschaftsverbänden und einigen Professoren erhielten wir sehr unhöfliche und abfällige Antworten auf unsere Fragen. Manche schickten uns noch mal in den »Biologieunterricht der 10. Klasse«, andere wollen in ihrer »Restlebenszeit« nichts mehr mit uns zu tun haben. Einige Akteure, die wir mit unseren Recherchen konfrontierten, lehnten es ab, auf sachliche Nachfragen zu antworten, darunter auch ein hochrangiger Abteilungsleiter eines Ministeriums. Das gab uns zu denken: Klimaschutz ist zu einem höchst emotionalen Thema geworden. Dabei geht es um wissenschaftliche Fakten, die von Klimaforschern seit Jahren benannt werden.

Die Renaissance des Klimawandel-Leugnens

Dank einer Reihe von Leaks und Veröffentlichungen wurde bekannt, wie viel Geld die Leugner-Szene über Jahrzehnte in Kampagnen gegen Klimaschutz investierte. Ölkonzerne wie Exxon finanzierten vor allem in den USA jahrelang den Zweifel am menschengemachten Klimawandel, oft mit prominenter Unterstützung aus dem konservativen Lager.[16] Auch der Ölkonzern Shell wusste schon lange von den desaströsen Folgen des Klimawandels – seine hausinternen Forscher warnten im April 1986 vor drohenden Dürren und Überschwemmungen und forderten den Konzern auf, unverzüglich zu handeln. Shell tat das Gegenteil, wie die Publikation eines internen Berichts von 2018 bewies: Die Studie *The Greenhouse Effect* wurde vom Ölkonzern verheimlicht, der Klimawandel fortan als unsicher dargestellt.[17] All dies ist inzwischen öffentlich, und Shell bekennt sich zumindest verbal zum Klimaschutz. Ab 2010 wurde es erstmals stiller um die Leugner-Szene, erst in Europa und mit der Ära von US-Präsident Barack Obama auch in den USA. Schließlich berichteten die Medien kaum mehr über die »abtrünnigen Klimaleugner«; die Bemühungen, alle Länder an einen UN-Weltklimavertrag zu binden, wurden stärker, der fünfte Bericht des Weltklimarates in den Jahren 2013 und 2014 sorgte dafür, dass Politiker aus Mitgliedsstaaten der UN-Klimarahmenkonvention sich unter Zugzwang sahen, endlich zu handeln.

Und dann passierte es wirklich: »*Adopted*« – »angenommen«, hallte es am 12. Dezember 2015 gegen 18:30 Uhr durch den Plenarsaal La Seine auf dem Pariser Konferenzgelände Le Bourget. Keine Einwände mehr, keine Widersprüche! »Der Weltklimavertrag von Paris ist somit verabschiedet«, hatte Laurent Fabius, französischer Außenminister und Vorsitzender der UN-Klimakonferenz COP21, soeben erklärt. Jubel bricht aus, Diplomaten und Politiker liegen sich in den Armen, Tränen, beherztes Auflachen, Erleichterung. Das erste Mal in der Geschichte haben sich 197 Staaten auf ein Dokument zur Eindämmung der globalen Erwärmung geeinigt. Es war der vorläufige Triumph der wissenschaftlichen Vernunft über Fake News und fossile Industrieinteressen der Öl- und Kohlekonzerne.

Dieser bewegende Moment in der Geschichte der Menschheit hätte gleichzeitig auch das historische Aus für die Klimawandel-Leugner sein können. Wenn sich 197 Staaten einig sind, die Klimaerwärmung zu bekämpfen, wenn 197 Staaten 2015 sogar das Pariser Abkommen unterzeichnen, um die Erderwärmung auf höchstens 1,5 Grad zu begrenzen: Was zählen dann noch ein paar Spinner, die aus der Reihe tanzen? Die Klimawandel-Leugner, so vermuteten viele, würden ähnlich belächelt und einflusslos bleiben wie die Aluhut-Bewegung oder die »Flache-Erde«-Bewegung der »*Flat Earther*«. Doch es geht um mehr als ein paar Verschwörungstheoretiker.

Als der wohl berühmteste Klimawandel-Skeptiker der Welt, Marc Morano, ein Jahr später den Klimavertrag auf der UN-Klimakonferenz in Marrakesch vor einem Aufsteller mit dem designierten US-Präsident Donald Trump öffentlich schredderte, versuchten das die meisten der 30 000 Klimadiplomaten zwar zu ignorieren. Dennoch wussten auch sie, dass diese Inszenierung nur ein kleiner Vorgeschmack auf das »Comeback« der Klimawandel-Leugner sein sollte. Mit der Wahl Donald Trumps zum US-Präsidenten änderte sich alles. Das zarte Pflänzchen der globalen Klimadiplomatie – das Pariser Abkommen – konnte zwar gerade noch rechtzeitig vor diesem Wendepunkt in die Erde gebracht werden – aber wird es den ersten harten Winter auch überstehen?

Noch ist es zumindest in vielen Ländern Europas verpönt, sich gegen Klimaschutz auszusprechen – erst recht im Zuge der »Fridays for Future«-Bewegung. Laut Umfragen sehen viele Bürger den Klimawandel als größte Bedrohung für die Menschheit.[18] Aber Donald Trump war nur der Anfang eines weltweiten rechtskonservativen Rollbacks, das längst nicht mehr nur die USA, sondern auch Länder in Lateinamerika und Europa erfasst hat. Der brasilianische Präsident Jair Bolsonaro repräsentiert diese neue globale Rechte. Auch in Europa sind bereits in vielen Ländern rechtspopulistische Parteien in Parlamente gewählt oder sogar in Regierungen. Die Rechtspopulisten setzen sich in ihren Programmen und später auch in Regierungen fast ausnahmslos dafür ein, Gesetze zum Klimaschutz wieder abzuschaffen. Denn Klimaschutz, so ihre Begründung, sei ein Projekt von »oben« und gegen die Bürger – deswegen müsse er verhindert werden.[19] Es ist nicht auszuschließen, dass sich die »unsichtbaren Bremser«, potenzielle Verlierer des Klimaschutzes und Rechtspopulisten bald auch weltweit formieren. Eine solche Allianz könnte so mächtig werden wie in den USA. Dort arbeiten längst

Klimawandel-Leugner, fossile Konzerne und die Regierungen zusammen, um ihre Interessen durchzusetzen.

Mittlerweile finanziert das millionenschwere amerikanische Heartland Institute europäische Veranstaltungen, US-amerikanische Leugner verbinden sich mit polnischen Gewerkschaften, und konservative Denkfabriken in den USA, die Trump unterstützen, überlappen sich mit dem europäischen Netzwerk der Marktgläubigen und Rechtspopulisten.

Ganz offen präsentieren sich diese rechtsextremen Parteien in Europa als Klimawandel-Leugner. Denn das Thema eignet sich wie sonst nur Flüchtlingsdebatten dazu, Stimmung gegen die »Lügenpresse« oder die »Elite« zu machen und Verschwörungstheorien zu verbreiten. Klimaschutz abzulehnen ist eine Strategie, Wählern einfache Antworten statt komplexer Diskurse und Verzichtsforderungen zu präsentieren. Während in der Migrationspolitik einfach gefordert wird, die Grenzen zu schließen und die Flüchtlinge ihrem Schicksal zu überlassen, wird beim Thema Klimawandel schlicht die Wissenschaft angezweifelt. So sprachen hochrangige AfD-Politikerinnen in Interviews ganz offen darüber, dass die Sonne, nicht der Mensch maßgeblich am Klimawandel schuld sei.[20] Kein menschengemachter Klimawandel – kein Problem. Grenzen zu – keine Flüchtlinge, die Deutschen bleiben unter sich. So einfach scheint die Welt zu sein, die uns Rechtspopulisten auftischen wollen.

»Zweifel ist unser Produkt«

Heute erkennt fast jeder Mensch an, dass Zigaretten und Lungenkrebs direkt korrelieren. Und hoffentlich wird eines heißen Tages jeder unterschreiben, dass der Klimawandel eine existenzielle Bedrohung und Klimaschutz somit eine zentrale Aufgabe der Menschheit ist. Aber auch das jahrzehntelang sorglose Rauchen basierte auf einer erfolgreichen Lobby: Die inzwischen veröffentlichten *Tobacco Papers* brachten ans Licht, wie die Tabakindustrie die öffentliche Meinung bewusst manipuliert hat.

Der Marketingchef der Tabakindustrie sagte in einem dokumentierten Meeting: »*Doubt is our product*« – »der Zweifel ist unser Produkt«.[21] Und weiter: Da die Tabakindustrie »leider« keine Beweise dafür habe, dass Rauchen gut für die Gesundheit sei, müsse sie eine Kontroverse starten und Unsicherheit schüren. Diese Szene stammt aus dem Jahre 1969 – aber die gleiche Strategie nutzen heute auch Klimawandel-Leugner und Klimaschutz-Bremser: Zweifel schüren, wo eigentlich wissenschaftlicher Konsens herrscht. Der Studienverband für die Tabakindustrie, der Council for Tobacco Research (CTR), fand in seinen 6400 bestellten oder betreuten Studien nicht einen einzigen Hinweis auf einen Zusammenhang zwischen Nikotin und Lungenkrebs. Nicht einen einzigen.[22]

Rechte Stimmungsmacher, Klimawandel-Leugner sowie Thinktanks verbreiten Fake News und bauschen Unsicherheiten der Klimaforschung auf, um Wissenschaftler zu diskreditieren. Weil Regierungen weltweit die Wende verschleppten, haben es nun Populisten und Klimawandel-Leugner leicht, den Menschen Angst und Zweifel einzureden. Auch in den Reihen der alten Parteien – von liberal bis konservativ – sitzen immer noch Ausbremser der Energiewende. Viele von ihnen sagen ihre Meinung allerdings längst nicht so unverblümt in die Kamera wie Rechtsextreme. Aber hinter den Kulissen sägen sie am Klimakonsens – teils aus Überzeugung, teils im Dienste der fossilen Lobbyverbände, marktradikaler Überzeugungen oder parteihistorischer Traditionen.

Manchmal begegnete uns folgender Einwand, etwa von Mitarbeitern von Wissenschaftlern und Klimaexperten: Wir sollten diese Leute nicht großschreiben und lieber ignorieren, dann würde sich das schon erledigen. Wie wenig aussichtsreich diese Strategie ist, sieht man in den USA, Brasilien, aber auch in Polen und bis vor Kurzem noch in Österreich und Italien.[23] Dort sind längst rechtspopulistische Präsidenten oder Parteien an der Macht. Sie treiben nicht nur eine nationalistische, fremdenfeindliche Politik voran, sondern halten Umwelt- und Klimaschutz für eine links-grüne Verschwörung und Einsparungen von Treibhausgasen für Steuerverschwendung. Klimaschutz ist ihnen vor allem deshalb suspekt, weil er zumindest am Anfang eher von links orientierten Menschen ausging, Menschen also, gegen die sie polemisieren. Und häufig ist es auch eine wirtschaftliche Ideologie, ein Glaube an den Vorrang der Industrie, der sie Maßnahmen gegen den Treibhauseffekt ablehnen lässt. Wir haben herausgefunden: Die Klimaschmutzlobby besteht aus verschiedenen Netzwerken, deren Zusammenspiel verheerend ist. Sie zögern rasche und wegweisende politische Aktionen hinaus, verpulvern Milliarden an fossile Branchen, streuen Zweifel an Klimafakten und bereichern sich auf Kosten unserer Erde. Deshalb ist es nun an der Zeit, sie ins Licht der Öffentlichkeit zu ziehen und ihre Verbindungen aufzuzeigen. Wir wollen mit diesem Buch die fossilen Kräfte enttarnen. In diesem Buch beziehen wir uns einzig und allein auf wissenschaftliche Fakten und sichere Quellen. Wann immer die Quellenlage unklar ist, machen wir das kenntlich, denn es geht nicht darum, Menschen zu verleumden oder ihnen schräge Machenschaften zu unterstellen. Wir haben recherchiert, weil wir aufklären wollen. Deshalb schreiben wir nicht nur über die Klimaschmutzlobby, wir haben mit deren Vertretern gesprochen. Wir haben Wissenschaftler interviewt und nachgefragt bei Energie- und Klimaexperten, Historikern, ehemaligen Ministeriumsmitarbeitern und amtierenden Politikern. Damit künftig nicht mehr die Klimaschmutzlobby das Sagen hat, sondern aufgeklärte Bürger, Aktivisten und mutige Politiker.

Fakten zum Thema Klimawandel:
Der menschengemachte Klimawandel ist seit Langem wissenschaftlicher Konsens. Die Wirkung von Kohlenstoffdioxid auf das Erdklima wurde schon Ende des 19. Jahrhunderts erstmals vom schwedischen Physiker Svante Arrhenius festgestellt und im 20. Jahrhundert durch Tausende Studien bestätigt.[24] Unstrittig ist auch, dass durch menschliche Produktionsweisen besonders seit 200 Jahren enorme Mengen an Treibhausgasen – vorrangig

Kohlenstoffdioxid und Methan – in die Atmosphäre abgegeben wurden. Eine überwältigende Mehrheit der Wissenschaft geht davon aus,[25] dass sich mit den veränderten Klimabedingungen unser globales Ökosystem radikal verändert.[26] Bei einem ungebremsten Klimawandel schmilzt das Eis der Polkappen ab, und der Meeresspiegel steigt. Millionen Menschen müssen umgesiedelt werden. Auch Menschen in Europa sind durch Wasserknappheit und Trockenheit im Mittelmeerraum betroffen. Weltweit tauen Permafrostböden auf. In einigen Regionen kommt es häufiger zu Orkanen und Starkregen, während andernorts zunehmend extreme Hitzewellen und Dürren auftreten. Ein starker Klimaschutz könnte all dies deutlich abmildern.

TEIL 1

Klimawandel-Skeptiker und Bremser: eine unterschätzte Gefahr

Wer ist die Klimaschmutzlobby?

Es gibt nicht eine geschlossene Gruppe von Lobbyisten, die in Hinterzimmern darüber nachdenken, wie sie die Welt untergehen lassen. Wir haben bei unseren Recherchen Menschen mit ganz verschiedenen Motiven getroffen, die ehrgeizigen Klimaschutz verhindern wollen. Wir stellen drei der wichtigsten Gruppen vor: die Skeptiker, die Rechtspopulisten und die Bremser.

Auf die Frage, warum es so vielen Menschen schwerfalle, etwas gegen die Klimakrise zu tun, sagte uns der britische Klimaaktivist George Marshall: »Die Menschheit hätte den Klimawandel längst gestoppt, wenn er ein Terrorist wäre.«[1] Das Problem sei jedoch, dass der Klimawandel keine böse Person sei, gegen die man kämpfen könne. Das brauche die Politik aber, damit sie gut dastehe. Stellt man die Opfer des Klimawandels und des Terrorismus nebeneinander, wird deutlich, wie politisches Handeln gestrickt ist: Politiker reagieren eher darauf, was Menschen unmittelbar emotional berührt, als auf wissenschaftliche Fakten. Dabei könnten sie dadurch sogar Schlimmeres verhindern. Der Klima-Kommunikationsexperte spricht hier also ein wesentliches Problem an: Es ist gar nicht so schwer, Bürger und Politiker davon zu überzeugen, dass man *nicht* handeln muss. Es ist sogar sehr einfach. Menschen, die ein Interesse daran haben, Klimaschutz zu verhindern, sind deshalb im Vorteil. Die vergangenen 30 Jahre zeigen, dass man bisher den Weg des geringsten Widerstandes gegangen ist. Dass die Warnrufe der Wissenschaft weitgehend ungehört verhallten oder zumindest keine ernsten Folgen hatten, kommt aber nicht von ungefähr: Wir haben verschiedene Gruppen von Menschen ausgemacht, die noch immer dafür sorgen, dass sich statt Unruhe Skepsis breitmacht.

Die Klimawandel-Leugner, Rechtspopulisten und Bremser sind unterschiedliche Zirkel, die wir einzeln vorstellen wollen. Während die Leugner meist ältere Herren sind, die den Forschern misstrauen und eine Konterwissenschaft aufbauen wollen, machen die Rechtspopulisten das Thema zu ihrem Alleinstellungsmerkmal, um sich zu profilieren, und die Bremser sträuben sich schlicht dagegen, festgefahrene Gewohnheiten zu ändern und etablierten Wirtschaftslobbys die Stirn zu bieten.

Die einzelnen Gruppen haben also ganz unterschiedliche Motive, warum sie den Klimaschutz ablehnen, und sie folgen jeweils eigenen Erklärungsmustern für die Erderwärmung. Es ist wichtig, diese zu unterscheiden, um die Komplexität der Klimaschmutzlobby zu verstehen. Wir zeigen auch, wo sich die Argumente und Denkweisen dieser Gruppen überschneiden und welche Personen in gleich mehreren Lagern unterwegs sind. Beginnen wir mit den Klimawandel-Skeptikern: einer Gruppe, mit der die meisten in Deutschland heute offiziell nichts mehr zu tun haben wollen – die aber aktiver ist denn je.

Wer gehört dazu?

Wir fassen in diesem Buch Personen mit unterschiedlichen Haltungen zum Klimawandel unter dem Begriff »Klimawandel-Leugner« zusammen:

- diejenigen, die leugnen, dass es überhaupt einen Klimawandel bzw. eine Erderwärmung gibt.
- diejenigen, die zwar einen Klimawandel einräumen, aber leugnen, dass er zu großen Teilen menschengemacht ist.
- diejenigen, die zwar einen menschengemachten Klimawandel einräumen, aber leugnen, dass er zu negativen Konsequenzen für das Leben auf der Erde führt.

Von den Klimawandel-Leugnern sind wiederum jene zu unterscheiden, die wir als Bremser und/oder (Rechts-)Populisten bezeichnen: Diese Personen oder Institutionen – seien es Politiker, Wirtschaftsverbände oder Thinktanks – erkennen grundsätzlich den menschlichen Einfluss auf das Klima und den Klimawandel an. Trotzdem bremsen sie aktiv Gesetze und Initiativen, die den Klimawandel begrenzen könnten, relativieren Erkenntnisse der Klimawissenschaft und warnen vor einem angeblichen »Klima-Alarmismus«. Darin sind sie sich wieder mit den Leugnern einig. Alle zusammen zählen wir zur *Klimaschmutzlobby*.

Die Klimawandel-Leugner

Ein Treffen von eingefleischten Klimawandel-Leugnern kann man sich etwa so vorstellen: Betagte Herren über 60 in Hemd und Sakko sitzen in angemieteten Konferenzräumen und zeigen sich gegenseitig händisch zusammengebaute PowerPoint-Charts. Die Männer fühlen sich im Klima-Widerstand. Sie glauben: Nur sie haben die Wahrheit erkannt, alle anderen da draußen fallen auf die billigen Tricks der Klimawissenschaftler rein. Es ist eine eingeschworene Community, man kennt sich seit Jahren, begrüßt sich mit einem wissenden Kopfnicken. Man gehört dazu und fühlt sich heimelig im Klima-Untergrund. Frauen fallen hier auf. Und vor allem Frauen unter 50. Das Programm solcher Konferenzen besteht aus aneinandergereihten Vorträgen der Herren und ist ein Schaulaufen der Selbstbestätigung. Nach ein paar Stunden schwirrt einem der Kopf: Bei so vielen Gründen, warum alles Quatsch ist mit dem menschengemachten Klimawandel, weiß man am Ende gar nicht mehr, was nun gilt: Sind es nun die Planetenkonstellationen und die kosmische Strahlung, oder ist es die Sonne, die die Erde aufheizt? Oder gibt es gar keinen Temperaturanstieg, wie manche Vorträge zeigen? Oder gibt es doch einen, weil sich das Klima eben immer ändert? Oder alles zusammen, und eine Erwärmung ist gar nicht schlimm? Es ist ein Wirrwarr von abstrusen Theorien. Nur in einem sind sich alle einig: CO_2 in der Atmosphäre hat keinen messbaren Einfluss auf die globale Mitteltemperatur. Zero, nada, nichts. Es ist nicht der Mensch, der mit seinem spritfressenden Geländewagen, dem

Kerosin im Flugzeug, der Kohle für seinen Strom oder dem Steak auf seinem Teller die Erderwärmung anheizt.

Es werden Witzchen gemacht, der Ton ist locker, es wird über die »CO_2-Lüge« und »echte Wissenschaft« philosophiert und die Botschaft verkündet, dass der »Spuk« vorbei sei und nun alle wieder SUV fahren und um die Welt jetten könnten. Wissenschaftler, denen wir die PowerPoint-Charts der Konferenz zeigten, schlugen die Hände über dem Kopf zusammen: »Was ist das denn?«, fragten sie oder bemängelten, dass nicht einmal die Achsen an Diagrammen beschriftet seien. Die Vorträge der Klimawandel-Leugner auf ihren Konferenzen widersprechen also offensichtlich jedem wissenschaftlichen Standard. Aber jeder von ihnen wird mit Applaus honoriert.

Und dann gibt es da noch die *»Lukewarmer«* (wörtliche Übersetzung: »die Lauwarmen«).[2] Sie erkennen den menschengemachten Klimawandel teilweise an, aber streiten die dramatischen Folgen für Mensch und Ökosystem ab. Diese Strömung gewinnt vor allem im englischsprachigen Raum seit dem Pariser Klimaabkommen immer mehr Anhänger – nach dem Motto: Leugnen ist zwecklos, aber immerhin kann man noch die Folgen anzweifeln. So erzählte uns ein langjähriger Abgeordneter des britischen Unterhauses und Kabinettsminister in den Regierungen von Margaret Thatcher und John Major: »Was macht ein Grad mehr schon aus? Ich bin bei minus fünf Grad von London aus in den Urlaub gefahren und in Sri Lanka gelandet. Das war ein Temperaturunterschied von 40 Grad – und es hat mir nicht geschadet.«[3]

Zu dieser »harten« Klimawandel-Leugner-Szene gehören weltweit eine Handvoll Wissenschaftler aus Europa, Australien und den USA, die sich gegenseitig auf Konferenzen einladen, Internetblogs betreiben und ihre Meinung in den Medien zum Besten geben. Die meisten von ihnen sind ältere Akademiker. Für viele ist die Klimaleugnung eine Art Rentnerhobby. Manche waren vorher Mechaniker, Ingenieure oder Mathematiker und glauben nun, es besser zu wissen. Einige von ihnen werden für ihre Theorien von Thinktanks bezahlt, und es gibt auch einige

Wissenschaftler, die noch im Dienst sind und an Universitäten arbeiten – das ist jedoch die Minderheit.

Man könnte diese Gruppe eigentlich getrost ihrem Schicksal überlassen und ihnen den Spaß lassen. Aber in den vergangenen Jahren kamen weltweit klimaleugnende Staatschefs an die Macht, und das Geschäft mit den Fake News boomt. In der heutigen Zeit hat selbst die absurdeste Theorie ihren Platz: wenn sie nur den Interessen von Wirtschaftsvertretern oder einer politischen Gruppe – meist Populisten oder autoritären Regierungen – dient.

Die Rechtspopulisten

Damit wären wir bei der zweiten und weitaus gefährlicheren Gruppe der Klimawandel-Leugner: den Rechtspopulisten. Sie haben meist überhaupt kein Interesse an wissenschaftlicher Forschung, greifen aber gern in die Argumentenkiste der ersten Gruppe – der Hobbywissenschaftler. Sie sind dankbar für die Theorien der Klimawandel-Skeptiker. Denn diese sind Futter für die Hetze gegen internationale Institutionen, die Regierung, die Grünen und für ihre Erzählung vom betrogenen kleinen Mann.[4]

Mit dem Aufstieg rechtsextremer Bewegungen in ganz Europa – in allen europäischen Ländern haben sie inzwischen zweistellige Ergebnisse – haben auch ihre Klimalügen an Macht, Repräsentation in Fraktionssitzungen und Rederecht gewonnen. Klimawandel-Skeptiker halten internationale Institutionen wie den Weltklimarat IPCC, die UN-Klimarahmenkonvention oder das UN-Klimaabkommen für überflüssig. Sie bezweifeln zudem, dass eine Mehrheit von nahezu 100 Prozent der weltweiten Wissenschaftler aus unterschiedlichen Disziplinen die Erkenntnisse über den menschengemachten Klimawandel anerkennt. Während viele Klimawandel-Skeptiker selbst die besseren und »ehrlicheren« Wissenschaftler sein wollen, wittern Rechtspopulisten hinter dem Weltklimarat ein links-grünes Projekt, um Regulierungen und die Erneuerbare-Energie-Lobby zu fördern. Wir zeigen in den folgenden Kapiteln, wie diese Gruppen schon heute zusammenarbeiten und welche ideologischen Gemeinsamkeiten sie haben.

Die Klimaschutz-Bremser

Die dritte und unseren Recherchen nach einflussreichste Gruppe sind jedoch die Klimaschutz-Bremser. Es sind jene Menschen, die seit Jahrzehnten absichtlich eine wirksame Klimaschutzpolitik behindern. Das Spektrum dieser Gruppe ist weit gefächert: Teilweise überschneidet sie sich mit den ersten beiden Gruppen und bedient sich ebenfalls an Argumenten und Falschmeldungen der Pseudowissenschaftler – jedoch weniger öffentlich, als es der harte Kern der Klimawandel-Leugner tut. Meistens jedoch wollen die Bremser nicht mit Klimawandel-Skeptikern in Verbindung gebracht werden.

Wer genau gehört zur Gruppe der Bremser? Es sind Repräsentanten des fossilen Zeitalters, die es noch so lange wie möglich erhalten wollen. Und es sind Politiker, Wirtschaftslenker und Lobbyisten, für die jeder staatliche Eingriff ein Graus ist und die den ökologischen Umbau als unbezahlbar präsentieren, weil sie weder die tatsächlichen ökologischen Kosten noch die Folgekosten des Klimawandels einrechnen. Zu dieser Gruppe gehört ein großer Teil jener Menschen, die in den meisten EU-Mitgliedsländern, aber auch in den USA und Schwellenländern wie China, Russland und Indien in den letzten drei Jahrzehnten politischen Einfluss ausübten. Lobbyisten neoliberaler Thinktanks, Vertreter konservativer oder marktliberaler Parteien, Gewerkschafter. Sie haben Gesetzesentwürfe verwässert oder verhindert, nationale und internationale Klimadiskussionen durchkreuzt und Zweifel in den Medien gestreut. Sie hatten immer eine Ausrede parat, um nichts zu »überstürzen«.

In den folgenden Kapiteln wollen wir zeigen, warum ihre Strategien und Argumente so erfolgreich verhindert haben, dass der Klimazug seit der ersten Klimakonferenz 1995 in Berlin auch wirklich aus dem Bahnhof abfuhr. Denn sie waren es, die meist an den Schaltstellen der Macht saßen. Sie hätten schon vor über zwanzig Jahren das Startsignal geben müssen, um die damals schon absehbaren Langzeitfolgen des Klimawandels abzumildern.

Die marktliberalen und neoliberalen Kräfte in Europa scheuen die politischen Folgen des globalen Umweltproblems: Ein starker Staat mit effektiven Klimagesetzen passt nicht zu neoliberalen Ideen, nach denen der Markt die Gesellschaft regulieren sollte. Seit den frühen 1980er-Jahren haben Regierungen in den westlichen Ländern Regulierungen und staatliche Eingriffe abgebaut – diese Linie widerspricht einer ambitionierten Klima- und Umweltpolitik.

Im Kapitel »Neoliberale Thinktanks und ihre großzügigen Spender« beschreiben wir, warum seit den 1980er-Jahren vor allem neoliberale Politikstile Erfolg hatten und welche Konsequenzen dieser Erfolg hat. Der Aufstieg der neoliberalen Denkschulen hat einen großen Anteil daran, dass die notwendigen Gesetze zum Klimaschutz bis heute auf breiter Linie nicht umgesetzt sind. Ultramarktliberale Thinktanks in den USA und Europa arbeiten schon lange gemeinsam an der Anti-Klimaschutz-Agenda. Vor der Diskussion um den Klimawandel hatten sie noch andere gemeinsame Projekte: zum Beispiel den Kampf gegen Regeln für saubere Luft oder gegen die Aufklärung über die Risiken von Tabakkonsum.

Dahinter stehen nicht nur die neoliberale Schule und die Überzeugung, dass der freie Markt Wohlstand für alle schafft, sondern auch Interessen aus der Wirtschaft.[5] Welcher Unternehmenschef lässt sich gerne kontrollieren oder freut sich über Auflagen und ehrgeizige Umweltstandards, die seinen Gewinn gefährden? Wie wir in diesem Buch zeigen werden, haben Konzerne seit Jahrzehnten gegen den Klimaschutz lobbyiert, um Regulierungen und ein gesellschaftliches Umsteuern zu vereiteln. Je nach Land und Jahrzehnt unterscheiden sich die Methoden, Argumente und Strategien. Das Ziel bleibt aber immer gleich: Bremsen, Verzögern, Verhindern.

Der Soziologe Justin Farrell von der Yale University hat 2015 den Einfluss der Wirtschaft auf die Klimadiskussion quantifiziert: Er untersuchte klimaskeptische Aussagen von 164 Organisationen, beispielsweise Thinktanks und NGOs, sowie von 4500 Einzelpersonen in einem Zeitraum von zwanzig Jahren (1993–2013).[6] Dazu analysierte er mehr als 40 000 Texte aus Reden, Vorträgen, Artikeln und Magazinen. Heraus kam, dass von der fossilen Wirtschaft finanzierte Organisationen den Zweifel am menschengemachten Klimawandel besonders befeuern. Sicherlich gelten seine Zahlen vor allem für US-amerikanische Verhältnisse.[7] Allerdings können wir mit unseren Recherchen belegen, dass viele der US-Thinktanks auch gute Kontakte nach Europa pflegen und es auch in Europa systematische Anti-Klimaschutz-Propaganda aus wirtschaftsnahen Instituten und Thinktanks gibt.[8]

In den vergangenen Jahrzehnten waren die Klimaschutz-Bremser auch auf höchster Ebene sehr erfolgreich: Am 18. Dezember 2009 erklären Staats- und Regierungschefs aus der ganzen Welt auf dem UN-Klimagipfel in Kopenhagen, dass es höchste Zeit sei, das Klima zu retten. Sie sind in die dänische Hauptstadt gekommen, um einen Weltklimavertrag zu beschließen. Auch Barack Obama ist dabei und der chinesische Regierungschef Wen Jiabao. Die Rhetorik ist eindeutig. Es scheint so, als hätten alle VIPs der Weltpolitik verstanden, worum es geht. Dennoch: Keine 24 Stunden später, um 6:07 Uhr am Samstagmorgen, scheint es Lars Lokke Rasmussen, dem dänischen Ministerpräsidenten und Gastgeber des Gipfels, aufzugehen: Der »Copenhagen Accord« wird von der »Conference of Parties« – also dem offiziellen Klimagipfel – nicht angenommen. Eine Delegation nach der anderen meldet sich zu Wort und lehnt das Papier ab, das Rasmussen mit den Mächtigen der Welt ausgehandelt hat. Dutzende Länder wollen nicht zustimmen.[9]

Kopenhagen war ein Fiasko. Trotz der Mahnungen und Appelle aus den höchsten Politikkreisen kam ein Klimavertrag erst sechs Jahre später auf der UN-Konferenz in Paris zustande. Während dieser Zeit hatte man das Gefühl, dass alle fieberhaft daran arbeiteten, endlich etwas für den Klimaschutz zu tun. Spätestens seit 2015 veränderten auch viele Wirtschaftslenker und Politiker ihr Narrativ: Sie zweifeln nicht mehr offensiv an der Dringlichkeit der Klimakrise. Im Gegenteil, viele werben sogar für mehr Klimaschutz, um sich ein grünes Image zu verpassen. Selbst die Kohlebranche in Deutschland stellt den Klimawandel nicht infrage oder wendet sich prinzipiell gegen Klimaschutz. Nachdem jahrelang versucht wurde, die Klimakrise kleinzureden, zu ignorieren oder mit fragwürdigen Techniklösungen fossile Brennstoffe am Leben zu erhalten, versucht man es nun mit anderen Ausreden.[10] Heute werden neue Argumente bemüht, warum ein schneller Kohleausstieg, ein Verbot von Verbrennungsmotoren oder ein Abbau klimaschädlicher Subventionen nicht umsetzbar sind. Obwohl wir einen Weltklimavertrag haben, der von 197 Staaten anerkannt und von den meisten ratifiziert wurde, arbeiten die Kräfte im Hintergrund weiter daran, ehrgeizige Politikziele zu verhindern. Rhetorik und Handeln klafften wohl selten so stark auseinander. Die meisten Länder – darunter auch Deutschland – tun nicht genug für den Klimaschutz: Ihre Klimapläne bis 2030 sind zu schwach, und ihre bisher angestrengten Strukturänderungen reichen längst nicht aus.[11] Fakt ist: Weltweit steigen die CO_2-Emissionen insgesamt, anstatt zu sinken – der Höhepunkt der Verschmutzung ist noch nicht erreicht.[12]

Ihre Argumente beziehen viele Politiker und Wirtschaftslenker, die wir zu den Bremsern zählen, aus Studien von Thinktanks und Gesprächen mit Lobbyisten. Die beliebtesten Argumente sind:

a) Aus Kosten- oder Arbeitsplatzgründen sollte nichts überstürzt werden.
b) Sollte es wirklich so schlimm kommen, wird es längst technische Lösungen geben (Geoengineering).
c) Der Markt wird das regeln – alles andere sind Verbote, die unserer Wirtschaft schaden und unsere Freiheit bedrohen.

d) Klimaschutz ist nur ein Mittel, um dem Staat wieder mehr Macht zu geben, linke Regulierungswut durchzusetzen und eine Ökodiktatur zu etablieren.
e) Klimaschutz in der Wirtschaft kann nur global funktionieren (Carbon Leakage).

All das sind Argumente, um nichts oder wenig zu tun. Indem der Begriff der »Freiheit« von den Marktliberalen genutzt wird, um sich gegen »sozialistische«, ergo »autoritäre« Politik abzugrenzen, schreiben sie den Verfechtern von Klimaschutzmaßnahmen negative Bezeichnungen wie »Moralist«, »Zwang« oder »Dominanz« zu. Die Vereinnahmung des Begriffes der Freiheit gelingt den neoliberalen Lobbys besonders gut – obwohl hier eigentlich nur die »Freiheit« der Unternehmen und derjenigen gemeint ist, die über genügend Kapital verfügen, um auf dem Markt bestehen zu können.

Wir zeigen in diesem Buch, dass solche Narrative gezielt eingesetzt werden, um effiziente Klimaschutzpolitik zu verhindern. Und wir decken auf, welche Akteure solche Erzählungen in die Welt setzen und wer sie dann aufgreift.

Hat die Klimaschmutzlobby kein Gewissen?

Eine Frage, die uns auf Veranstaltungen zu diesem Thema immer wieder gestellt wurde, war: Glauben Klimawandel-Leugner wirklich an ihre Theorien? Und haben Politiker und Wirtschaftslenker denn gar kein Gewissen, wenn sie seit Jahrzehnten die Ergebnisse der Klimaforschung wissentlich ignorieren, um ihre persönliche Agenda voranzutreiben?

Die Frage bezüglich der Klimawandel-Leugner lässt sich einfacher beantworten: Während der Recherche konnten wir mit einigen überzeugten Klimawandel-Leugnern sprechen. In persönlichen Interviews merkten wir schnell, ob jemand wirklich an das glaubte, was er da sagte, oder ob es sich nur um PR-Sprache handelte. Wir hatten das Gefühl, dass die meisten der »harten«

Klimawandel-Leugner wirklich an ihre Mission glaubten. Die Motivation ihrer »Forschungen« sei dahingestellt – und auch, inwiefern sie aus Trotz gegen ihre ehemaligen Kollegen eine andere Meinung haben oder aus schierer Lust zur Selbstdarstellung der »*bad guy*« sein möchten. Von Letzteren gab es einige, die sich seit Jahren in der Rolle gefallen.

Zum Beispiel der Greenpeace-Gründer und heutige Klimawandel-Skeptiker Patrick Moore. Wir treffen den Mittsiebziger in einem Kaffeehaus im Berliner Tiergarten. Der freundliche Kanadier mit den schlohweißen Haaren bestellt sich ein Bier und genießt die Frühlingssonne. Es ist der Charme des alten Westberlins, der ihn immer wieder hierherzieht. Jedem, den es interessiert, erklärt er geduldig, warum so viele Menschen auf die »Klimafantasie« hereinfallen. Und er ist auch ziemlich stolz darauf, dass er als Erster – wie er betont – darüber aufklärt, dass die CO_2-Emissionen nun nach 150 Jahren endlich wieder »*in balance*« seien. Denn jahrhundertelang seien sie gefallen – doch dank der Verbrennung von Kohle, Gas und Öl seien sie endlich wieder auf einem »normalen« Level. Moore ist richtiggehend erleichtert, dass mindestens die halbe Welt – China, Indien und die USA – weiterhin Kohlekraftwerke baut und sich nicht wirklich um die Energiewende kümmert. Wer Moore zuhört, glaubt, dass er es ernst meint. Der Mann hat Ökologie studiert und weiß so einiges über die Erdgeschichte. Genauso, wie er über seriöse Fakten spricht, gibt er aber gleichzeitig alle stereotypen Erklärungen eines Klimawandel-Leugners ab. Und er gefällt sich in der Rolle des Rebellen. Obwohl auch Moore von vielen Lobbygruppen Geld kassierte,[13] wirkt er authentisch.

Bei vielen seiner Kollegen aus den USA hatten wir hingegen das Gefühl, dass die Leugnung der Klimawissenschaft nur dazu dient, Gründe für ein »Weiter so« der fossilen Industrie zu erfinden. Es geht darum, Klimaschutz zu vereiteln – egal, wie haarsträubend die Argumente, Studien oder Erklärungen sind. Diese ignorante Haltung gegenüber gesicherten wissenschaftlichen Erkenntnissen und das Suchen nach Argumenten, um die eigene Weltsicht zu stützen, vertraten und vertreten auch deutsche

Streiter der Klimaschmutzlobby. Dazu zählen nicht nur Vertreter der AfD, sondern auch Teile der FDP und CDU sowie Stimmen aus der Wirtschaft.

Und dann gibt es da noch die Gruppe jener Politiker und Wirtschaftslenker, die den Weltklimarat und seine Erkenntnisse anerkennen und bei jeder Gelegenheit auch anmahnen, dass sich schnellstens etwas ändern muss. Das Problem: Es passiert trotzdem wenig, obwohl diese Leute in mächtigen Positionen sind. Dieses Phänomen erklärt der deutsche Klimaforscher und ehemalige Direktor des Potsdamer Instituts für Klimafolgenforschung Hans Joachim Schellnhuber in einem Gespräch mit den Autorinnen.[14] Der Wissenschaftler spricht seit zwanzig Jahren in den höchsten Kreisen von Politik und Wirtschaft über den Klimawandel. Als Merkel-Berater war er ganz oben mit dabei. Sein Fazit: »Wenn ich zu Parlamentariern oder den Chefetagen großer Unternehmen gehe und sie darauf hinweise, dass wir unser Wirtschaftsmodell ändern müssen, weil uns fossile Brennstoffe ins Verderben führen, dann beschließen sie, die Wissenschaft nicht mehr ernst zu nehmen. Ich kann noch so viele Ehrendoktorwürden oder sogar den Nobelpreis haben – ab einem bestimmten Punkt wird man als weltfremder Wissenschaftler abgestempelt.«

Zwar wird die Wissenschaft nicht bezweifelt, aber sie wird nicht ernst genommen. Politiker und Wirtschaftslenker meinen letztendlich, es doch besser zu wissen. Obwohl Schellnhuber seit den 1990er-Jahren kritisiert, dass die Maßnahmen zu wenig klimaschädliche Gase einsparen, gibt es ein »Weiter so« – dank der oben erwähnten Argumente. Klimaziele werden also verfehlt und in den Ministerien weiter blockiert.[15] Für diese Politik muss man kein Klimawandel-Leugner sein. Zudem sind Berufspolitiker anfällig für Lobbyisten und Bremser: Sie müssen auf die nächste Wahl gucken und wollen sich nicht um schwierige und langfristige Probleme wie den Klimawandel kümmern. Auch Klimaforscher Schellnhuber meint, dass die Politik zu kurzsichtig organisiert sei für so enorm komplexe Probleme wie den Klimawandel.

Das gilt auch für Unternehmen und Konzerne. Ihr Klimabewusstsein stößt schnell an seine Grenze. Solange es dem Image dient, geben sich auch die größten Verschmutzer als Umweltschützer.[16] Über dieses sogenannte Greenwashing gibt es schon gute Literatur – deshalb sei diese Methode der Klimaschutz-Bremser hier nur am Rande erwähnt.[17]

Dass es seit 30 Jahren nicht wirklich vorangeht im Klimaschutz, ist also kein Zufall, sondern eine Strategie von Profiteuren des alten Systems. Das bekräftigen auch Politologen wie der US-amerikanische Politikwissenschaftler Lance Bennett von der Universität Washington:[18] »Seit den 1990er-Jahren verbreiten Klimawandel-Leugner und neoliberale Wirtschaftslobbyisten ihre Fake-Wissenschaft weltweit«, so Bennett. »Klimaschutzpolitik stellt unseren Lebensstil infrage – das stört viele, und das lässt sich ausnutzen, um den Menschen Angst zu machen.« Der Umbau der Gesellschaften sei eine komplexe und schwierige Aufgabe, so Bennett. Es sei so leicht, diesen zu diskreditieren und anzugreifen. Deshalb brauchten Klimaaktivisten, Wissenschaftler und Politik positive Erzählungen, um den Menschen die Angst zu nehmen.[19] Bislang aber, so werden wir sehen, haben die Erzählungen der Leugner und Bremser das Weltgeschehen dominiert. Klimawandel-Leugner und Klimaschutz-Gegner argumentieren nicht nur gewissenlos gegen bewiesene Forschung, sondern sie versuchen, Forscher zum Teil auch persönlich einzuschüchtern.

»Wenn Sie noch mehr Artikel schreiben, passiert Ihrer Familie was«

Klimaforscher Stefan Rahmstorf über aggressive Klimawandel-Leugner. Rahmstorf forscht am Potsdamer Institut für Klimafolgenforschung.

Auf welche Art und Weise wurden Sie von Klimawandel-Leugnern angegriffen?

Hauptsächlich im Internet – es gibt natürlich jede Menge gehässige Leserkommentare mit persönlichen Diffamierungen, aber auch Blogs und Lobbygruppen wie EIKE, die sich aus meiner Sicht vor allem der persönlichen Diskreditierung von Klimaforschern wie mir verschrieben haben. Das trifft diejenigen Forscher, die sich prominent öffentlich zum Klimawandel äußern. Dabei gibt es auch mehr oder weniger unverhohlene Drohungen, etwa in der Art: »Wenn Sie noch mehr Artikel schreiben, passiert Ihrer Familie was.« Das ist dann die Schwelle, wo man auch Anzeige bei der Polizei erstattet.

Hatten Sie schon einmal Angst um Ihre Familie oder Ihr Wohlergehen?

Das hatte ich viele Jahre nicht, bis zum Oslo-Attentat von Anders Breivik. Dessen »Manifest« enthielt ja auch die typischen Standardverschwörungstheorien der »Klimaskeptiker«, zum Beispiel über die sogenannte Hockeyschläger-Kurve. Damals wurde mir klar: Es kann auch verblendete, gewaltbereite Irrläufer geben, die die Propaganda über betrügende Klimaforscher und die angebliche »Klimalüge« ernst nehmen und dadurch aufgehetzt werden.

Haben sich diese Angriffe gehäuft, oder haben sie abgenommen?

Das gibt es eigentlich ständig als Hintergrundrauschen über die letzten 20 Jahre, seit ich in der Öffentlichkeit stehe, aber es gibt natürlich Phasen, wo das Klimathema generell mehr im Rampenlicht der Öffentlichkeit steht, etwa vor wichtigen Klimagipfeln. Und seit die AfD im Bundestag ist und dort aktiv Klimawandel-Leugner-Unsinn vertritt, ist das auch wieder stärker präsent.

Inwiefern empfinden Sie Klimawandel-Leugner und Rechtspopulisten als ernste Gefahr für den Klimaschutz?

Auf jeden Fall haben sie den Klimaschutz massiv verzögert. Dazu muss man nur in die USA schauen, wo diese Leute an der Regierung sind. Aber auch in Deutschland höre ich das immer wieder von Menschen, die in Betrieben oder Kommunen oder anderswo in Gremien sind, wo es um konkrete Klimaschutzmaßnahmen geht. Die erzählen mir dann so Dinge wie: »Bei unserer letzten Sitzung stand jemand auf und hat irgendwelche Artikel zitiert, wonach CO_2 gar nicht die Ursache des Klimawandels ist.« Das verunsichert die Leute, und es heißt dann: Solange die Forscher nicht einig sind, warten wir lieber erst einmal ab. Und nicht zuletzt gibt es ja viele, die aus kurzfristigem Eigeninteresse gegen Klimaschutz sind, vor allem in der Wirtschaft – und für solche Menschen liefern die »Klimaskeptiker« etwas, was ein englischer Kollege einmal *»plausible deniability«* genannt hat. Eine halbwegs plausible Möglichkeit, das ganze Problem zu verleugnen.

Wir haben von einigen Wissenschaftlern erfahren, dass sie sich diesen Angriffen eher hilflos ausgesetzt gefühlt haben – müssten Klimawissenschaftler besser geschult werden?

Ich würde mir wesentlich mehr Unterstützung auch von deutschen Wissenschaftsorganisationen wünschen bei Angriffen auf die Klimawissenschaft.

Inwiefern hat die Klimawissenschaft in den letzten 20 Jahren auch zu wenig getan, um die verheerenden Erkenntnisse/Daten zum Klimawandel und dessen Dringlichkeit angemessen zu kommunizieren?

Ich denke, die Wissenschaft hat ihre Hausaufgaben gemacht. Denken Sie nur an die Berichte des IPCC, die ja eine große Gemeinschaftsleistung sind, wo die meisten Forscher auf dem Gebiet in der einen oder anderen Weise mitgeholfen haben. Da wird in regelmäßigen Abständen der Stand der Wissenschaft gesichtet, gründlich diskutiert und zusammenfassend für die Öffentlichkeit eingeschätzt. Bei jährlich 20 000 neuen Studien zum Thema *»climate change«* ist es eine Herkulesaufgabe, dies alles zu bewerten und sich einen Überblick zu verschaffen, und das wird seit Jahrzehnten von der Community unentgeltlich geleistet. Den Aussagen hat es an Klarheit nicht gemangelt. Keiner kann später behaupten, er hätte nicht wissen können, was auf uns zukommt.

Populisten torpedieren Klimaschutz

Klimawandel-Leugner und Rechtspopulisten – vor einigen Jahren haben viele gedacht, dass dies Relikte des 20. Jahrhunderts seien. Doch seit das Weltklimaabkommen 2015 beschlossen wurde, haben sie an Macht und Einfluss gewonnen. Rechtspopulisten sind mittlerweile an vielen Regierungen beteiligt oder stellen sogar Präsidenten wie in den USA oder Brasilien. Auch in Deutschland ist aus einer kleinen Splitterpartei des EU-Gegners Bernd Lucke eine einflussreiche Partei geworden, die in einigen Wahlen gleichauf oder stärker ist als die alten Volksparteien CDU oder SPD. Wir beleuchten, warum viele Rechtspopulisten sich nach der Migrationsfrage nun das Thema Klimawandel zu eigen machen und welche Folgen das für die Klimaschutzpolitik hat – oder noch haben könnte. Wir fragen auch, warum gerade nationalistische Parteien so gegen den Klimaschutz Sturm laufen und welches Denken dahintersteckt.

Wie Rechtspopulisten Stimmung gegen Klimaschutz machen

An einem verregneten Sonntag im Sommer 2017 im brandenburgischen Kremmen steigt um drei Uhr nachmittags Udo Heunemann von der Volksinitiative »Rettet Brandenburg«[1] auf ein kleines Holzpodest, das mit roter Jute verkleidet ist. Unter einem Dach von Regenschirmen schauen ihn 30 Zuschauer erwartungsvoll an. Die Ansprache des Mittfünfzigers beginnt mit »Liebe Naturfreunde« und wandelt sich schnell zu einer politischen Hassrede: Es sei unnötig, »irgendwelches Klima zu retten«, eine mit »gigantischen Geldmengen ausgestattete Lobby« stecke hinter der Energiewende, und deren Helfershelfer seien »sogenannte Qualitätsmedien«. Einige Zuschauer nicken. Das Land sei »mit Windkraft verspargelt«, poltert Heunemann, der Strompreis zu hoch. Besonderen Applaus bekommt er aber an anderer Stelle: »Die Brandenburger sind die ›Energieneger‹ Deutschlands«, platzt es aus dem Redner heraus. Eigentlich protestieren die Bürger in Kremmen gegen vermeintlichen »Wildwuchs« von Windkraftanlagen in ihrer Region, vor allem in schützenswerten Wäldern. Politik-Laien wie Heunemann geht es aber lange nicht mehr nur um Windkraft. Der Gemeindevertreter für eine freie Wählergemeinschaft zieht gegen das gesamte System der Energiewende zu Felde. Und in Kremmen bekommt er dafür Beifall.

Tatsächlich wurde in den vergangenen Jahren in der Energiepolitik einiges falsch gemacht. Wie bei vielen Großprojekten werden Anwohner oft nicht nach ihrer Meinung gefragt. Sie müssen damit leben, was ihnen vorgesetzt wird. Die Akzeptanz der Windenergie ist deshalb um vieles niedriger als die der gesamten Energiewende.[2] Vor allem in ländlichen Regionen ist der Frust groß, die Menschen fühlen sich übergangen. Hunderte wütende Bürger haben sich mittlerweile vernetzt, um gegen den »Wildwuchs« der Windkraft an Land zu protestieren. Tatsächlich werden viele Dörfer oder Anwohner nicht ausreichend am Planungsprozess beteiligt – das hat mittlerweile auch die »Fachagentur Windenergie an Land« eingesehen.[3]

Doch der Protest beschränkt sich mittlerweile nicht mehr auf unerwünschte Windräder hinter dem Einfamilienhaus. Verfolgt man die Aufrufe, Social-Media-Kommentare oder Events wie im brandenburgischen Kremmen, wird klar: Hier baut sich eine Front gegen das gesamte Erneuerbare-Energien-Gesetz, die Energiewende und schlussendlich auch gegen den Klimaschutz auf. Oder anders formuliert: Eine Sache ist es, gegen die geplante Diskothek zu wettern, die gegenüber von meinem Schlafzimmer neu gebaut wird, etwas anderes, deshalb die Abschaffung aller Diskotheken zu fordern. Dieser ideologische Kurzschluss kommt

Parteien wie der AfD zupass. Sie geben sich ohnehin bürgernah und unterstützen seit Jahren in Landtagen Bürgerinitiativen, um ihr Image aufzupolieren.[4] Den Frust der Bürger nutzen die Populisten gern, um sich zu profilieren.

Das Programm der »Vernunftkraft« – der Dachorganisation der Windkraftgegner – hat bereits eine Nähe zur Argumentation der AfD: So wird behauptet, dass der Ausbau der Erneuerbaren keinen »messbaren Einfluss auf das globale Klima« habe und »keinen Ersatz für Kernkraftwerke« biete. Es sei eindeutig, »dass Europa und insbesondere Deutschland nicht der Ort ist, an dem Emissionsvermeidung erfolgen sollte«.[5] Das führt zur Forderung der AfD, sofort alle Klimaschutzmaßnahmen zu streichen. Laut einer Studie des Potsdamer Instituts für Klimafolgenforschung (PIK) würden 44 Prozent der deutschen Energiewendegegner AfD wählen. Bei Windkraftgegnern liegt der Anteil bei 23 Prozent.[6] Forscher sind diesem Zusammenhang zwischen Bürgerinitiativen und der populistischen Vereinnahmung schon länger auf der Spur: »Viele kommen über die Ablehnung der Windkraft zur Energiewendekritik und dann zur Negierung des menschengemachten Klimawandels«, sagt Umweltsoziologin Eva Eichenauer. »Wenn aber aus verständlicher Sorge ums eigene Dorf blinder Wissenschaftshass wird, dann gibt es nicht mehr so viele Parteien, die das mittragen.«

Die Umweltsoziologin beobachtet einen massiven Vertrauensverlust in die Wissenschaft in manchen Teilen der Bevölkerung. Eichenauer reiste für ihre Studie monatelang durch Deutschland, hat mit Energiewendegegnern auf Marktplätzen diskutiert und saß in Dorfversammlungen, um sich flammende Reden von Klimawandel-Leugnern und empörten Hausbesitzern anzuhören. Dabei arbeitet sie für eine Institution, die diese Menschen wohl als »Feind« charakterisieren würden. Das PIK ist eines der weltweit renommiertesten Institute für Klimaforschung. Nicht immer war die 33-Jährige willkommen, oft lief ihr bei den Reden ein Schauer über den Rücken. »Viele Bürger sind aus Naturschutzgründen mit der lokalen Planung nicht einverstanden, und nicht wenige werden von der emotionalen Rhetorik einiger Rechtspopulisten und Klimawandel-Leugner regelrecht eingefangen«, beobachtete die Forscherin.

Dass Rechtspopulisten den Frust der Bürger nutzen, um auf Wählerfang zu gehen, ist nichts Ungewöhnliches. Neu ist aber, dass Populisten in Deutschland, Europa und der Welt sich des Klimathemas bedienen, um Stimmung gegen linke und grüne Politik, gegen NGOs, kritische Zivilgesellschaft und die Wissenschaft zu machen. Erst im Oktober 2019 verkündete der AfD-Fraktionsvorsitzende im Bundestag Alexander Gauland, das Klimathema zum »Topthema« seiner Partei machen zu wollen.[7] Damit schlägt die Partei den Weg von Jair Bolsonaro in Brasilien oder Donald Trump in den USA ein. Sie alle nutzen auch beim Klimathema das typische Muster populistischer Erzählungen: die Rettung des unterdrückten Volkes vor einer korrupten Elite – in dem Fall den Wissenschaftlern und den ihr »hörigen« Politikern.[8] Ähnlich wie beim Migrationsthema ist der Ton der Debatte aggressiv, Fakten werden verfälscht, unbewiesene Behauptungen aufgestellt, und der Klimaschutz wird als politisches Projekt einer (linken) Machtelite dargestellt. Wissenschaftlich nicht belegte Behauptungen werden von der AfD, Trump oder Bolsonaro einfach via Twitter oder in Reden verbreitet: Trump hält den Klimawandel für eine »chinesische Erfindung«[9], Bolsonaros Regierung erklärt, dass europäische Politiker lögen, wenn sie die Brandrodung im Amazonas kritisierten, weil es keine außergewöhnlichen Brände gebe,[10] und AfD-Politiker bezeichnen die »Fridays for Future«-Bewegung als »staatlich geförderte Instrumentalisierung« von Kindern und Jugendlichen als Demonstranten.[11] Diese populistischen Äußerungen ziehen beim Klimathema von rechten bis in konservative Kreise.[12] Die Angriffe auf die Integrität von Klimawissenschaftlern und Umweltorganisationen haben alle ein ähnliches Muster: egal, ob die Anti-Klimaschutz-Rhetorik von Trump, Bolsonaro, der britischen UKIP oder der AfD stammt.

Die realen Folgen rechtspopulistischer Regierungen für den Klimaschutz

Und in vielen Fällen bleibt es nicht bei populistischer Rhetorik. Gerade Länder wie die USA und Brasilien zeigen, was geschieht, wenn rechtsgerichtete Regierungen an die Macht kommen: Nicht nur der angekündigte Ausstieg aus dem noch kurz vor dem Amtsantritt Trumps beschlossenen UN-Klimaabkommen ist ein Desaster für die internationale Klimapolitik. Für US-Forscher wird die Trump-Administration zum existenziellen Problem, weil sie die Gelder für die Klimaforschung zusammenstreicht. So berichtet die *Washington Post*, dass allein das Budget der Wetter- und Ozeanografiebehörde NOAA um ein Fünftel gekürzt werden soll.[13] Betroffen sind vor allem Programme zum Küstenschutz und zur Prävention bei Überschwemmungen und Stürmen sowie Messstationen. Die NOAA ist die vielleicht wichtigste internationale Datenquelle zur Erforschung des Klimawandels – und sie untersteht dem US-Handelsministerium. Ihre Satelliten und Messgeräte an Land und im Meer stellen seit Jahrzehnten Klimadaten zur Verfügung, etwa zum Anstieg der CO_2-Konzentration in der Erdatmosphäre, zu dem des Meeresspiegels und zur schrumpfenden Eisdecke in Arktis und Antarktis. Allein dem Programm zur Sammlung von Daten durch Satelliten werden unter Donald Trump Millionen US-Dollar weniger zur Verfügung stehen, und Forschungskooperationen zwischen NOAA und 30 Universitäten werden ersatzlos gestrichen. Es ist ein Aushungern der Klimawissenschaft.

Wie der Klimaforschung ergeht es anderen grünen Leuchttürmen der Obama-Zeit: So arbeitete Scott Pruitt, von Trump eingesetzter Leiter der Umweltbehörde EPA, bis zu seinem Rücktritt im Juli 2018 an der Demontage der Umweltbehörde. Doch auch danach geht der Abbau der Behörde weiter – allen voran die komplette Zurücknahme des berühmten Plans für saubere Energie (»Clean Power Plan«). Obama und die EPA hatten den Plan im Sommer 2015 vorgestellt. Das Ziel: Die Bundesstaaten sollten die Emissionen ihrer Kraftwerke bis 2030 um 32 Prozent gegenüber 2005 senken. Wie, das sollte ihre Sache sein – der Niedergang der US-Kohlebranche schien damit aber endgültig besiegelt. Die Trump-Regierung schützt hingegen die Kohlelobby und geht allgemein gegen Umweltauflagen vor. Bald sollen die Emissionsstandards für Autos gekippt werden. Getoppt wird das nur noch durch die Ernennung des Klimawandel-Skeptikers Jim Bridenstine zum NASA-Chef.[14] Ebenso rücksichtslos geht der brasilianische Präsident Jair Bolsonaro vor. Offensiv verteidigt er die Interessen der Agrarlobby und lässt den Konzernen freie Hand – auch bei der Abholzung des Regenwaldes. Allein in den ersten Monaten nach seinem Amtsantritt wurden 278 Prozent mehr abgeholzt als im Vorjahr – laut Satellitenaufnahmen verschwindet pro Monat eine Fläche, die 2,5 Mal der Größe Berlins entspricht.[15] Bolsonaro verbittet sich die Einmischung in seine zerstörerische Politik. Das Problem ist nur: Der brasilianische Urwald betrifft die Weltbevölkerung, denn seine Zerstörung kann laut Klimaforschern gefährliche Kipp-Punkte im Klimasystem auslösen, die dann Auswirkungen auf den gesamten Planeten haben und wie ein Dominoeffekt wirken. Was in Sachen Umwelt- und Klimaschutz passiert, wenn Rechtspopulisten an die Macht kommen, kann man derzeit an der brasilianischen Regierung studieren. Jair Bolsonaro ist nicht nur ein nationalistischer Hardliner mit einer neoliberalen Agenda, sondern auch ein offener Klimawandel-Leugner, darin ist sich die brasilianische Politikwissenschaftlerin Esther Solano von der Universität São Paulo sicher.[16] Wir treffen sie in der New Yorker Long Island University in Brooklyn an einem schönen Sommertag. Sie hält vor Studenten einen Vortrag über die Neue Rechte in Brasilien. Der Raum ist voll, draußen herrscht eine 30-Grad-Sommerhitze, und die Teilnehmer wedeln mit improvisierten Fächern. In der Mittagspause fragen wir sie, warum Bolsonaro so reflexhaft auf das Klimathema reagiert. »Klimaschutz ist für Bolsonaro ein Synonym für Marxismus und linke Ideologie. Er geht sogar so weit, zu behaupten, dass der Klimawandel eine Erfindung der Linken ist«, erklärt die Professorin. Aus diesen Gründen wolle Bolsonaro auch aus dem Paris-Abkommen aussteigen. Dies sei nur verhindert worden, weil die brasilianische Regierung bei der Verabschiedung des EU-Mercosur-Handelsabkommens habe zusichern müssen, dass sie zum Weltklimavertrag stehe. Die Ironie dieser Geschichte ist jedoch, entgegnen wir, dass Experten vermuten, dass durch das Abkommen der Raubbau am Amazonas-Regenwald noch verschärft wird, weil Brasilien nun einen riesigen neuen Absatzmarkt für seine Agrarprodukte hat.[17] Und: Natürlich betreiben nicht nur rechte Regierungen Umweltverbrechen. Auch linke Regierungen, wie beispielsweise in Bolivien, unterstützen Brandrodungen. Sie rechtfertigen ihre Handlungen aber nicht mit Klimawandel-Leugner-Argumenten oder rassistischen Hetzkampagnen gegen Indigene.[18] Bolsonaros Anti-Klimaschutz-Haltung ist kein Zufall, sondern hat System, erzählt Esther Solano. »Seine Ideologie ist ultraliberal und schließt beispielsweise eine rücksichtslose Privatisierung der öffentlichen Güter in Brasilien ein. Gleichzeitig übt sich Bolsonaro in einer brutalen Rhetorik gegenüber Minderheiten und Umweltschützern.« Hinzu komme ein starker Anti-Intellektualismus. Der Grund: Auch in den öffentlichen Universitäten vermute der brasilianische Präsident Kommunisten und linkes Denken. »Er benutzt diese Argumentation auch, um die brasilianische Umwelt- und Klimaforschung zu diskreditieren. Für ihn sind alle bisher erhobenen Daten und angefertigten Studien schlicht ›ungültig‹«, meint Solano. Sie glaube zudem, dass der Präsident von neoliberalen, konservativen, aber auch religiösen Thinktanks stark beeinflusst sei.[19] Intellektuellen wie Esther Solano bleibt derzeit nichts anderes übrig, als das Desaster zu analysieren – jedenfalls, solange sie noch frei forschen kann und die öffentlichen Universitäten noch staatlich unterstützt werden.[20] Neben staatlichen Einrichtungen bekommt vor allem die Zivilgesellschaft in Brasilien den neuen autoritären Kurs zu spüren. Als eine seiner ersten Amtshandlungen setzte Umweltminister Ricardo Salles[21] alle Partnerschaften und Kooperationen seines Ministeriums mit Nichtregierungsorganisationen aus – in der Presse als »Krieg gegen die NGOs« bezeichnet.[22] Die Schwächung der Zivilgesellschaft, das Infragestellen der Wissenschaft sowie das Hofieren mächtiger Wirtschaftszweige wie des brasilianischen Agrobusiness zeigen, was passiert, wenn Populisten wirklich an die Macht kommen. Doch nicht alle autoritären rechts-konservativen Staatslenker behandeln das Thema gleich. Beispiel: Wladimir Putin. Der tritt nicht offen als Klimawandel-Leugner auf wie US-Präsident Donald Trump oder Brasiliens Premier Jair Bolsonaro. Russland hat das Pariser Klimaabkommen unterschrieben und im Herbst 2019 angekündigt, es nun auch auf nationaler Ebene zu ratifizieren. Offiziell ist alles gut.

Doch bei genauerem Hinsehen wird auch hier die Klimabewegung marginalisiert und wenig getan, um Russlands Emissionen zu senken. So denkt die russische Regierung gar nicht daran, Erdöl- oder Gasbohrungen zeitnahe einzustellen. Im Gegenteil: Die Förderung stieg in den letzten Jahren.[23] Letztendlich betreibt Putin eine ähnliche Politik wie Trump – macht aber weniger Wind darum. Beobachter erklären sich das so: »Russland nutzt Klimaverhandlungen taktisch durchaus geschickt für außenpolitische Zwecke, etwa um PR-Punkte zu sammeln und Entgegenkommen in anderen Politikfeldern auszuhandeln«, sagt Fabian Burkhardt, Russlandexperte der Stiftung Wissenschaft und Politik (SWP). Russische Umweltschützer beklagen: »Die Regierung tut fast gar nichts für den Klimaschutz – weder bei den CO_2-Emissionen noch bei der Anpassung an die Klimawandelfolgen«, meint Alexey Kokorin, Klimaexperte des WWF Russland. Es bleibe nur bei schönen Ansprachen.

Auf seiner Jahreskonferenz 2019 erklärte Putin, dass der Klimawandel verheerende Folgen für sein Land habe. Allerdings verwies er ebenfalls darauf, dass »niemand die Ursache für den Klimawandel« kenne.[24] Es könnten auch »Prozesse im Universum« sein, die das Erdklima durcheinanderbrächten, so der russische Präsident.[25] Die Aussagen von Putin passen zum Reaktionsmuster von Populisten auf den Klimawandel: Entweder wird der gesamte Klimawandel komplett abgestritten, oder die – mittlerweile unübersehbaren – Klimaveränderungen werden zwar anerkannt, aber nicht als menschengemacht bezeichnet. Das führt künftig zu einer Klimapolitik, die wie in Russland ausschließlich auf die Anpassung an den Klimawandel (Adaptation), aber keineswegs auf die Einsparung von CO_2 (Mitigation) fokussiert ist.

Auf lokaler Ebene versuchen einige Behörden in Russland immer noch, den Klimawandel zu leugnen: So starben 18 Menschen bei Sturzfluten in Irkutsk im Südosten des Landes. Das laut Behörden schlimmste Sommerhochwasser in der hundertjährigen Geschichte der lokalen Wetteraufzeichnungen machte Tausende Menschen obdachlos. Während Klimaforscher der Universität Irkutsk einen Zusammenhang mit dem menschengemachten Klimawandel sehen, streiten die Behörden diese Version offiziell ab.[26] Doch auch Wirtschaftsvertretern dämmert langsam, dass die veränderten Wetterbedingungen eine echte Gefahr darstellen: Freuten sich die russischen Öl- und Gasunternehmen noch vor einigen Jahren über leichter zugängliche Förderungsstätten, zeigt sich nun immer mehr die Kehrseite des tauenden Permafrostbodens im Norden Russlands. Schon heute würden mehr als 100 Millionen Euro pro Jahr anfallen, um die Schäden durch die steigenden Temperaturen zu beseitigen, schreiben Wissenschaftler in *Nature*: Insgesamt 36 000 Gebäude, 13 000 Kilometer Straßen, 100 Flughäfen sowie zahlreiche Gas- und Ölpipelines seien durch den matschigen Permafrostboden bedroht.[27] Putin reagiert mit spontanen Vorortbesuchen, Schulterklopfen und einigen eilig gezimmerten Hilfsprogrammen. Rufe nach einer ehrgeizigen Klimapolitik ignoriert er hingegen – oder unterdrückt sie sogar. Der russische Violinist Arshak Makichyan demonstrierte 2019 monatelang in Moskau allein vor dem Puschkin-Denkmal.[28] Arshak Makichyan ist der einzige »Fridays for Future«-Demonstrant, der sich in der Moskauer Innenstadt auf die Straße traut. Nicht zuletzt, weil ab zwei Teilnehmern das russische Versammlungsgesetz in Kraft tritt. Dann muss die Demonstration angemeldet werden. Den russischen Behörden sind die jungen Demonstranten nicht recht, deswegen gibt die Polizei für die Innenstadt keine Genehmigung für den Schülerprotest heraus. Dabei würden die Kommilitonen von Makichyan gern mitstreiken. Mittlerweile posten Aktivisten weltweit Solidaritätsbekundungen: »*Let Russia strike for climate*«. Doch Umweltschützer stören in Russland nur das »*business as usual*«. Das gilt auch für NGOs. Die russische Umweltschützerin Alexandra Koroleva hat beispielsweise in Deutschland Asyl beantragt. Sie verhinderte mit ihrer Organisation Ecodefense den Bau eines Atomkraftwerks. In Russland drohen ihr nun zwei Jahre Gefängnis wegen Verstoßes gegen das »Auslandsagenten«-Gesetz. Demnach habe sie im Auftrag ausländischer Geldgeber gegen die russische Regierung operiert.[29]

Auch in der EU sind die autoritären Stimmen der Rechtspopulisten in den vergangenen Jahren unüberhörbar geworden. Sie gewinnen ohne Zweifel an Terrain – und wie man weiß, auch mit russischer Unterstützung.[30] Nach der Europawahl überwog die Überraschung über den Zugewinn der Grünen. Aber auch die AfD hat dazugewonnen. In der gesamten EU konnten die Rechtspopulisten um insgesamt 23 Prozent zulegen.[31] Vergessen wird oft, dass die Zahl der EU-kritischen Stimmen stetig steigt – lange Zeit waren diese Parteien die absolute Minderheit, und bis auf den französischen Rassemblement National (vormals Front National) konnte man sie vernachlässigen. Nun haben sie im Parlament noch keine Mehrheit, aber inzwischen können sie Mehrheitsbeschlüsse blockieren – vor allem, wenn die konservative Fraktion mitzieht. Auch in den EU-Ländern machen die Rechtspopulisten Stimmung gegen den Klimaschutz – mit demselben Anti-Intellektualismus und einer Wissenschaftsfeindlichkeit wie in Brasilien oder den USA.

Das hat Folgen, denn laut einer Untersuchung des Berliner Thinktanks Adelphi stimmten die meisten der rechten Parteien im EU-Parlament bisher gegen alle Gesetze, die klimaschädliche Emissionen reduzieren sollten.[32] Mit ihrem Abstimmungsverhalten sind sie klar die umweltfeindlichsten Abgeordneten. Sie wollten weder das Klimaabkommen der Vereinten Nationen ratifizieren noch die CO_2-Emissionen von Klein- und Schwerstwagen begrenzen. Auch Gesetze zur Förderung Erneuerbarer Energien wurden von den Leugnern im Parlament stets abgelehnt. Noch gefährlicher für Europas Umwelt- und Klimapolitik könnte es

gs werden, wenn diese Parteien als Koalitionspartner in
ungen dann im EU-Rat auftauchen und dort am Tisch der
igen mitentscheiden. Dass aber nicht nur die Rechtsaußen-
P… ien, sondern auch die konservative Fraktion (die größte im
EU-Parlament) eher ein Verhinderer ist, zeigen Auswertungen
von Abstimmungsverhalten von Umweltorganisationen.[33]

Die Anti-Klimaschutz-Rhetorik als Ausdruck einer Weltanschauung

Die Anti-Klimaschutz-Rhetorik bei Rechtsaußen-Parteien hat System. Das fanden die Studienmacher von Adelphi heraus, weil sie neben dem Abstimmungsverhalten auch Parteiprogramme untersuchten. »Die Gefahr besteht darin, dass rechtspopulistische Parteien versuchen, über Klimapolitik ihre eigentliche Agenda durchzusetzen: den Angriff auf demokratische Institutionen, funktionierende demokratische Institutionen, und das Vertrauen in demokratische Institutionen zu erodieren – ob es die EU als Ganzes ist oder die Vereinten Nationen«, sagt Politikwissenschaftler Alexander Carius. Auch das Infragestellen von wissenschaftlichen Erkenntnissen sei ein Muster rechter Parteien: »Das haben wir in der Migrationsdebatte gesehen, und das lässt sich an Parteiprogrammen und Statements ablesen.« Es gehe laut Carius letztlich darum, evidenzbasierte Politik völlig auszuhebeln und sich danach zu richten, was sich das Volk vermeintlich wünsche. Dabei gebe es bei Europas Rechtspopulisten natürlich Unterschiede: So seien die AfD, die österreichische FPÖ, die niederländische Party for Freedom oder die britische UKIP besonders hartnäckige Klimawandel-Leugner, die in ihren Programmen den menschengemachten Klimawandel bezweifelten. Aber auch andere Parteien wie der Rassemblement National, die sich nicht als Klimawandel-Leugner outeten, stimmten regelmäßig gegen Klimaschutzverordnungen und Richtlinien.

Die Adelphi-Studie zeigt vor allem eines: Es ist kein Zufall, dass Rechtsgerichtete gegen Klimaschutz agieren. Etwas gegen den globalen menschengemachten Klimawandel zu unternehmen passt schlicht nicht ins Weltbild und ideologische Programm der Nationalisten. Vielen ist gemein, gegen internationale Organisationen wie die UN zu wettern. Sie lehnen nicht nur eine multikulturelle Gesellschaft, sondern auch eine supranationale Zusammenarbeit mit anderen Ländern ab. Während die Welt seit Gründung der UNO im Jahr 1945 politisch zusammengerückt ist, unter ihrem Dach Staaten in Sicherheitsfragen konsultiert und Konflikte gelöst werden, internationale Abkommen zu Rüstungsfragen geregelt oder sogar Verbrechen vor einem internationalen Gerichtshof verhandelt werden, wollen die Rechtspopulisten zurück zu »Nation X first«. Da passt ein globales Klimaabkommen, wie es die 197 Staaten im Dezember 2015 beschlossen, nicht ins Bild. Es setzt voraus, dass auch international Verantwortung übernommen wird und die Staaten sich im Kampf gegen den Klimawandel gegenseitig unterstützen. Doch nicht nur die Zusammenarbeit mit anderen Ländern fällt den Nationalisten schwer, sondern auch die Akzeptanz eines globalen Umweltproblems. Während sie mit »nationalem Umweltschutz« oder Naturschutzvorhaben wie dem Schutz von Wäldern oder Mülltrennung keine Probleme haben, stoßen sie sich an dem Gedanken, dass unser Lebensstil und unsere Produktionsweise den Zustand des gesamten Planeten gefährden. Stattdessen halten viele von ihnen die Verbrennung von Kohle, Öl und Gas für den Wohlstandsmotor unserer Gesellschaften – und den Heilsbringer für ärmere Länder, beispielsweise in Afrika. Woher dieses Festhalten an überkommenen Produktionsweisen des 20. Jahrhunderts kommt, lässt sich nicht nur mit politischer Berechnung, sondern auch mit der Weltanschauung vieler Rechtspopulisten erklären.

Zwar gibt es bisher nur wenige Umfragen und Studien, die dem Klimaschutzbewusstsein von Rechtspopulisten nachgehen. Aufschlussreich sind aber die repräsentativen Milieustudien des Bundesumweltministeriums und des Bundesnaturschutzamtes, die alle zwei Jahre veröffentlicht werden.[34] Sie untersuchen die Weltanschauungen der unterschiedlichen Milieus.[35] Bezeichnend ist, wie die Angehörigen der sozialen Gruppen die Energiewende als Klimaschutzmaßnahme bewerten: »Traditionelle, bürgerlicher Mainstream und Prekäre sehen den Klimaschutzaspekt der Energiewende (...) als weniger wichtig an als die Angehörigen anderer Milieus«, heißt es.[36] Doch welche Wertvorstellungen führen in diesen Schichten zu einem skeptischen bis ablehnenden Blick auf den Klimaschutz? Das prekäre Milieu sei »die teilhabe- und orientierungssuchende soziale Unterschicht«[37], so die Autoren der Naturbewusstseinsstudie im Vorgängerbericht 2017. Es seien jene, die sich ohne eigene Schuld von der Gesellschaft ausgeschlossen fühlten und ihre »konsummaterialistischen Wünsche« aufgrund des großen Drucks im Alltag nicht erfüllen könnten. »Man sieht sich ohne eigene Schuld von der Gesellschaft benachteiligt, als Opfer des globalen Wandels und der politischen Reformen.« Dies führe zu Verbitterung. Aus diesem Grund hätten Umwelt und Natur im Weltbild der Prekären wenig Platz. »Angesichts der eigenen Herausforderungen besitzt der Schutz der Natur jedoch keine Alltagsrelevanz. Ein Zusammenhang zwischen Umweltpolitik und der Verbesserung der eigenen Lebensqualität wird kaum gesehen.« Hier können populistische Parteien wie die AfD einhaken: Das Ausspielen von sozialer Benachteiligung gegen Klima- und Energiewendepolitik ist zu einer Art ideologischem Dogma geworden. Mit dem verschwörungstheoretischen Ansatz einer korrupten Wissenschaft schürt die Partei zudem noch die Verbitterung dieser sozial benachteiligten Menschen. Damit fördern AfD-Politiker gezielt die Wissenschaftsfeindlichkeit der Menschen, obwohl viele führende AfD-Politiker selbst einen akademischen Hintergrund haben oder aus höheren bürgerlichen Schichten stammen. Sie nutzen aus, dass sich Klimaschutz derzeit gerade für ärmere Menschen oftmals nicht sofort spürbar auszahlt und ihren Lebensstil verbessert. Wer wenig Geld hat, kommt als Vorteilsempfänger gar nicht infrage (Elektroautos, Steigerung der Miete durch Dämmung, Bioessen – zu teuer). Hier hat die AfD ein leichtes Spiel. Da auch die Klimawissenschaft für Laien schwer verständlich ist und Menschen aus dem ärmeren Milieu oft einen schwachen

Bildungshintergrund haben, können die Populisten ihre Pseudowissenschaft leichter glaubhaft machen.

Klimaschutzskeptisch seien auch Teile des traditionellen Milieus – »die Sicherheit und Ordnung liebende Kriegs- und Nachkriegsgeneration«.[38] Das bedeute: Diesen Menschen sei es wichtig, konform mit der Mehrheit zu leben, und sie verlangten nach hierarchisch-autoritären Strukturen. Diesen Menschen gehe es um Sicherheit, und sie verspürten ein Unbehagen gegenüber Veränderungen, »Umweltfragen oder der Klimawandel stehen für die Traditionellen aktuell nicht an erster Stelle«.[39] Sie hätten »den Wunsch, Gewohntes und Bewährtes zu bewahren – wie die soziale Ordnung und die Natur«. Allerdings geht es dabei vor allem um Naturschutz, während Klimaschutz einer anderen Logik folgt, wie wir noch zeigen werden.[40] Teile dieser Generation sind sehr anfällig für die Rhetorik der Rechtspopulisten oder Anti-Klimaschutz-Narrative, weil sie Veränderungen scheuen. So sind in der AfD überwiegend Männer aus einer älteren Generation vertreten.[41] Die Psychologin Beate Küpper glaubt, dass sich in der Partei vor allem »Modernisierungsverlierer« wiederfinden, die ihre Privilegien nicht mit Frauen oder Migranten teilen wollen und ihren Status verteidigen.[42] Ein »Modernisierungsverlierer« habe laut Küpper jedoch nicht zwingend einen ökonomischen, sondern einen kulturellen Hintergrund: Es gehe um Werte und Gewohnheiten, die infrage gestellt würden – dazu gehöre die traditionelle Kleinfamilie ebenso wie das Essen von Fleisch. Es geht deshalb im engeren Sinne auch um einen gewissen Lebensstil, der ja durch die Fragen des Klimawandels infrage gestellt wird. Dieser Konflikt zwischen einem Ereignis (Klimawandel) und etablierten Grundwerten ihrer Lebensweise und Einstellung führt dabei zu einem inneren Widerspruch. Das ist auch beim »bürgerlichen Mainstream« der Fall, dem es vor allem um die Erhaltung eines Lebensstandards geht und der bei allen Vorhaben zuerst auf die Kosten schaut – aus sozialen Abstiegsängsten.[43]

Rechtspopulistische Anti-Klimaschutz-Politik

Dass der Umwelt- und Klimaschutz nicht bei allen auf der Prioritätenliste ganz oben steht, kann man niemandem zum Vorwurf machen. Problematisch wird es aber, wenn Parteien aus wahltaktischen Gründen gegen Klimaschutzpolitik Stimmung machen. Bei den Wählern die Angst vor Veränderung zu schüren, anstatt sie ermutigen, Verantwortung zu übernehmen, ist hinsichtlich der dramatischen Folgen des Klimawandels – auch und besonders für sozial schwache Schichten – gefährlich. Mit Slogans wie »Diesel retten«, »Klimaschutz als Deckmantel für staatliche Abzocke« zielen die Populisten auf die Verlust- und Abstiegsängste jener Gruppen ab.

Bis die AfD in den Bundestag einzog, war der Klimaschutz vielleicht nicht die Priorität aller Parteien, aber zumindest stellte niemand den wissenschaftlichen Konsens[44] über den menschengemachten Klimawandel infrage. Schon wenige Monate nach ihrem Einzug ins Parlament stellte die AfD einen Antrag, in dem sie die Abschaffung aller Klimaschutzmaßnahmen forderte.[45] Auch im Parteiprogramm heißt es: »Das Klima wandelt sich, solange die Erde existiert. (…) Kohlendioxid (CO_2) ist kein Schadstoff, sondern ein unverzichtbarer Bestandteil allen Lebens.«[46]

Spielten Umwelt und Klima lange Zeit im Wahlkampf kaum eine Rolle, hat die AfD das Thema nun entdeckt – sie scheint sich als maßgebliche Klimawandel-Leugner-Partei in Deutschland ein neues Alleinstellungsmerkmal zu schaffen. Denn der Klimaschutz ist seit der rot-grünen Koalition (1998–2005) zu einem festen Element der Innen- und Außenpolitik Deutschlands geworden. Durch die erstmalige Beteiligung der Grünen an einer Bundesregierung sind ehemals bewegungspolitische Positionen Bestandteil des politischen Mainstreams geworden. Viele Forderungen und Einstellungen der ehemals außerparlamentarischen Opposition, aus der die Grünen in den 1980er-Jahren hervorgingen, sind nun parteiübergreifend akzeptierter Konsens. Der Gründungsmythos der AfD hat seinen Ursprung genau darin, diese angebliche Vormachtstellung ehemals bewegungspolitischer Positionen – also linker und grüner Ansichten – zu bekämpfen und die Zeit zurückzudrehen, also revisionistisch zu einer Vor-68er-Hegemonie zurückzukehren. Das gilt für die Wirtschafts- und die Innenpolitik genauso wie für die Umweltpolitik: Überall spielt der Topos »Globalisierung gegen Nationalismus« eine entscheidende Rolle.[47] Für die AfD ist der Klimaschutz ein linkes Projekt – diese Argumentation benutzen auch andere Rechtspopulisten, wie Bolsonaros Regierung, Trump oder auch Matteo Salvini in Italien. So behauptete Bolsonaros Außenminister im November 2018, dass die Klimakrise ein »marxistisches Komplott« sei.[48]

Mittlerweile gehen auch im Deutschen Bundestag Klimawandel-Leugner ein und aus: So lädt die AfD-Fraktion regelmäßig Sachverständige ein und organisierte ein »alternatives Klimasymposium«, um »der wissenschaftlichen Wahrheit und dem gesunden Alltagsverstand ein Forum zu bieten«.[49]

Hört man dem Klimabeauftragten der AfD Karsten Hilse in seinen Reden zu, lernt man viel über die Argumentationsstrategien von Populisten und Klimawandel-Leugnern. Viele der von Hilse angeführten Fakten und Verschwörungstheorien findet man ebenso im rechten Spektrum,[50] aber auch in Kreisen neoliberaler Klimaschutz-Verweigerer. In seinen Bundestagsreden wettert der ehemalige Volkspolizist aus Hoyerswerda gegen die offizielle Klimaforschung und erklärt, dass das sogenannte Weltklima nur in den Köpfen von »Klimaideologen« existiere.[51] Es stimme nicht, dass der Mensch das Klima beeinflusse. Vielmehr würden viele Wissenschaftler dem Dogma des Weltklimarates folgen, um Geld für ihre Forschung zu bekommen. Dass die Wissenschaft korrupt sei, ist bei Klimawandel-Leugnern eine beliebte Verschwörungstheorie. Denn korrupte Institutionen haben keine Legitimation – also ist eine ernsthafte Auseinandersetzung mit klimawissenschaftlichen Studien hinfällig. Der Duktus der gesamten Antragsbegründung ist durchweg populistisch und durch das Fehlen von Quellenangaben und seriösen Referenzen schlicht ein Pamphlet. Es ist vom »sogenannten« Weltklimarat IPCC die Rede, dann folgen die üblichen Argumentationsketten, an deren Anfang die These vom CO_2 als »Gas des Lebens« steht, das nur das Pflanzenwachstum fördere und einen Beitrag zur Welternährung leiste.

AfD-Mann Hilse spielt zudem die Sozial- gegen die Umweltpolitik aus: Weil die Klimaschutzpolitik asozial sei, müssten sämtliche Programme schnellstmöglich beendet werden. Mit dem Abstempeln von Klimaschutz als asoziale Politik verknüpft die AfD geschickt ihre umweltpolitische Haltung mit der Forderung nach dem Abbau staatlicher Regularien. Dahinter steht das Versprechen, dass bei einer Selbstregulierung über den Markt der Bürger profitiere – eine klassische neoliberale Idee, die auch die FDP oder liberale Thinktanks vertreten.

Hilses Aussagen und der AfD-Klimaschutzantrag sind ein Beispiel für die Unverfrorenheit der Rechtspopulisten: Während sie Wissenschaftler für illegitim erklären, legen sie selbst einen Antrag vor, der nach wissenschaftlichen Standards nur ein »ungenügend« verdient. Die steile These, es gebe keinen menschengemachten Klimawandel, belegt die Partei nur mit wenigen Quellenverweisen: Einer davon leitet zum bekannten Klimawandel-Leugner-Verein EIKE (Europäisches Institut für Klima und Energie)[52] und zwei auf die AG Energiebilanzen, eine gemeinsame Einrichtung von Energiewirtschaft und -forschung. An den strittigen Stellen des Antrags, in denen es um den »postulierten anthropogenen Anteil« am Klimawandel geht, bezieht sich der Text weder auf Studien noch auf Aussagen von Klimaforschern, Meteorologen oder Physikern. An anderer Stelle wird behauptet – ebenfalls ohne Belege –, dass Energiewende und Klimaschutz die »völlige Zerstörung des Wirtschaftsstandortes Deutschland« zur Folge hätten. Nach einer zweiseitigen pseudowissenschaftlichen Herleitung über Kohlendioxid kommt der Antrag zu dem Schluss, dass »jegliches Klimawandelproblem« ein Nullproblem sei. Wieder fehlt jeder Verweis auf wissenschaftliche Veröffentlichungen.

Die Quellenangabe zum Klimawandel-Leugner-Verein EIKE ist entlarvend: Der Verein besteht aus einer Reihe von Personen, die in Deutschland seit zehn Jahren gegen die Klimawissenschaft kämpfen. Im sogenannten Fachbeirat sitzen vor allem Ingenieure, Geologen, Geografen, ein Ozeanograf und nur ein Klimatologe.[53] Die überwiegende Mehrheit von ihnen ist bereits im Rentenalter und pensioniert. Sein Vizepräsident – Michael Limburg – ist in der AG Energie der Partei tätig und hat eine Viertelstelle bei Karsten Hilse. Die AfD-Fraktion ließ ihren ersten Klima-Antrag von einem Abgeordneten einbringen, der vorher nie mit Umwelt- oder Klimapolitik zu tun hatte. Ziel war es, wissenschaftliche Fakten, die längst Konsens sind, anzuzweifeln. Es geht auch hier darum, zu bremsen und Aufmerksamkeit zu erheischen – konkrete Vorschläge zum Klimaschutz wurden nicht vorgebracht. Ein Bravourstück populistischer Klimawandel-Leugner.

Rechte Populisten mögen zwar den Klimaschutz ablehnen, aber sie haben trotzdem oftmals ein Umweltprogramm. In Frankreich etwa setzt der Rassemblement National von Marine Le Pen auf »patriotische Ökologie«, die gegen Windenergie und für Atomkraft ist, aber gleichzeitig ausländische Konzerne wie Coca-Cola besteuern will und Sojaimporte ablehnt, um durch regionale Produktion die Umwelt zu schonen.[54]

Auch die AfD hat sich mittlerweile solch eine Umweltstrategie zurechtgelegt, die ohne den Klimaschutz auskommt. Karsten Hilse nennt das »ehrlichen Umweltschutz«.[55] »Ehrlicher Umweltschutz« sei »Heimatschutz«, so der neue Ökoslogan der Partei. Als Schirmherren für das »Heimatschutzprogramm« hat die Partei ausgerechnet den Humanisten und Naturforscher Alexander von Humboldt ausgewählt. Der kann sich, da vor 160 Jahren gestorben, gegen die Vereinnahmung natürlich nicht mehr wehren. Und auch die menschengemachte Klimakrise gab es zu Humboldts Zeiten bekanntlich noch nicht.

Obwohl eigentlich auch Wind und Sonne »heimische« Ressourcen sind, solle ihre Nutzung laut AfD-Umweltverständnis abgeschafft werden. Diese schade den deutschen Kulturlandschaften und »heimischen Wäldern«. Stattdessen setzen sie lieber auf Atomkraft, damit Deutschland »nicht den Anschluss verliert«.[56]

Wie wichtig das Thema Umweltschutz der Partei im Verhältnis zu anderen Fragen ist, zeigt das AfD-Bundestagswahlprogramm: Hier steht das Thema an allerletzter Stelle. Das Wort selbst taucht nur einmal in der Kapitelüberschrift auf, das Wort »Naturschutz« im ganzen Programm immerhin zweimal. Ähnlich anderen konservativen oder rechten Bewegungen, beispielsweise in den USA, verteidigt die AfD ein ökonomisches Umweltverständnis, bei dem die Natur im Dienst des Menschen steht.

Der Umwelthistoriker Nils Franke sieht in dem Programm sogar »Züge rechter Naturschutzideologien«. Ihn erinnere das Umweltprogramm an das Reichsnaturschutzgesetz der Nationalsozialisten von 1935. »Die Partei macht viele Versprechungen im Bereich Naturschutz, dahinter steht aber ein Wirtschaftssystem, das auf einen ungeheuren Raubbau an den Ressourcen setzt.«[57] Die Partei ziele klar auf den konservativen Teil der Ökobewegung – teils bereits mit Erfolg. Denn im Gegensatz zu der in den Sechzigerjahren gewachsenen, eher linken Umweltbewegung vertrat die um 1880 entstandene Naturschutzbewegung nationalkonservative Werte und kollaborierte später teilweise mit den Nationalsozialisten.

Tatsächlich gibt es bis heute eine Trennung zwischen eher konservativen Naturschützern und der Grünen-nahen, von der AfD so gehassten Energiewende-Umweltbewegung. »Die Rhetorik der AfD erinnert an die frühe Tradition des 19. Jahrhunderts, wenn sie das Landschaftsbild gegen die Windkraft ausspielt«, glaubt Franke. Deshalb stellt sich die Partei auch so gut mit den Naturschutzverbänden, die gegen die Windkraft protestieren: Es sind die Werte einer konservativen Naturschutzbewegung, die sich gegen jene Umweltbewegung stellt, die aus der links-grünen Tradition stammt. Laut Umwelthistoriker Franke engagierten sich die Naturschützer eher für die »Ökologie vor ihrer Haustür«, während die Umweltbewegung eher größeren Zusammenhängen nachgehe – beispielsweise den Gefahren durch Atomkraft oder der Verschmutzung durch Kohlekraftwerke.

Ein markanter Vertreter einer solchen konservativen Naturschutzbewegung ist der bereits verstorbene Großgrundbesitzer

Enoch zu Guttenberg. Auf einer Anti-Windkraft-Veranstaltung in Baden-Württemberg 2015 tritt der einstige Mitbegründer des Bundes für Umwelt und Naturschutz (BUND) vor Gleichgesinnten ans Podium: »Ich bin entsetzt über die, die uns regieren, die schlimmsten sind aber die Grünen.« Zustimmendes Murmeln im Publikum. In seiner Rede teilt der adlige Waldbesitzer und Vater des Ex-Verteidigungsministers Karl-Theodor zu Guttenberg aus: »Kann denn Ökostrom tatsächlich über gerodete Wälder, über Vogel- und Fledermausmord und über die Zerstörung ganzer ökologischer Kreisläufe gewonnen werden?«

Enoch zu Guttenberg trat 2012 öffentlichkeitswirksam aus dem BUND aus, der die Energiewende befürwortet. Der Waldbesitzer wehrte sich seit Jahren gegen die Windkraft, weil dadurch ganze Landschaften zerstört und Tiere getötet würden. Einige aus dem BUND sind ihm gefolgt. Sie lehnen die Energiewende ab. Das macht sie nicht automatisch zu Klimawandel-Leugnern. Aber es zeigt das Potenzial, das Populisten wie die AfD in Naturschutzbewegungen sehen. Guttenberg selbst stritt eine Verbindung zur AfD zeitlebens ab. Bei anderen Naturschutzverbänden wurde diese Verbindung hingegen deutlicher: So ist der ehemalige Chef der Grünen Liga Sachsen, Jörg Urban, mittlerweile Vorsitzender des AfD-Landesverbandes Sachsen.[58] Nach dem Weggang ihres Vorsitzenden tat sich die Grüne Liga Sachsen ebenfalls mit Energiewendegegnern zusammen: mit dem Bundesverband Landschaftsschutz. Der wird von Lobbypedia als »Astroturfing«-Organisation eingestuft, also als Interessenverband, der sich als Bürgerinitiative ausgibt.[59] Dem Verband scheint es nicht um Landschaftspflege zu gehen. Stattdessen werde er von Windkraftgegnern genutzt, um die Energiewende zu stoppen, so die Autoren.[60] Sieger der sogenannten Wahlprüfsteine des Verbandes war 2014 mit Abstand die AfD.[61] Mittlerweile hat die Grüne Liga sich laut Aussagen der Zentrale in Berlin deutlich von der AfD distanziert und dies 2018 auch öffentlich erklärt.[62] Ob die Umweltschützer ihren Landesverband inzwischen »im Griff« haben, ist aber weiterhin unklar. Doch anders als rechte Populisten oder so manche Klimawandel-

Leugner suggerieren, sind die Bürger zunehmend unzufrieden über die Untätigkeit der Politik in Sachen Klimaschutz. Umfragen der Umweltbewusstseinsstudie 2018 zeigen eindeutig, dass immer mehr Menschen unzufrieden damit sind, dass so wenig passiert.[63] Nur 14 Prozent glauben, dass die Bundesregierung »genug« oder »eher genug« für den Klimaschutz tut, für die Industrie sind es nur acht Prozent. Eine Mehrheit plädiert zudem für mehr staatliche Steuerung – darunter Subventionsabbau, die Besteuerung klimaschädlicher Produkte und die Förderung von Erneuerbaren Energien. Den lauten Populisten, die sich wirkungsvoll durch soziale Medien in Szene setzen können, steht also zumindest in Deutschland eine vergleichsweise leise, aber umweltbewusste Mehrheit gegenüber. Und die will sich beim Klimaschutz nicht auf den Markt oder Selbstverpflichtungen von Unternehmen verlassen.

Neoliberale Thinktanks und ihre großzügigen Spender

Denkfabriken, sogenannte Thinktanks, sind auf der ganzen Welt Teil von Zivilgesellschaften. Sie produzieren Studien, liefern Argumente und bauen Netzwerke auf. Wir haben uns Thinktanks angeschaut, die seit Jahren Klimaschutz verhindern. Wir wollten wissen, welche Debatten sie anstoßen, wer ihre Argumente übernimmt, wie einflussreich sie sind, wer sie bezahlt und aus welchen Motiven sie handeln. Wir mussten feststellen, dass viele von ihnen in den USA, aber auch in Europa einer breiteren Öffentlichkeit gar nicht bekannt sind. Weil sie eher die Nähe zu Entscheidern oder Wirtschaftslenkern suchen, bekommen die meisten Menschen gar nicht mit, wie sie Diskurse beeinflussen und Debatten inszenieren. Wir wollten Licht ins Dunkel bringen und sind auf ein komplexes Netzwerk vorrangig neoliberal orientierter Denkfabriken gestoßen.

Die Denkfabriken der Klimaschmutzlobby

Nur wenige Städte sind schlechter für einen Klimawandel-Leugner-Kongress geeignet als New Orleans. Die Einwohner des Mississippi-Deltas kennen es, wenn das steigende Meerwasser über die unzähligen Kanäle der Stadt tritt oder auf den nahe gelegenen Inseln die Felder und Weiden überschwemmt. 2005 haben sie beim Hurrikan Katrina erfahren, wie Extremwetter Leben und Existenz bedrohen.

Doch die Boten des Klimawandels erreichen nicht die Mächtigen. Dreihundert Teilnehmer der »American First Energy Conference« treffen sich im August 2018 im Hilton Riverside Hotel in New Orleans, um die Kohle- und Frackingindustrie und Präsident Trump zu feiern, der bereits den Ausstieg aus dem Pariser Klimaabkommen plant. Trump rechne endlich ab mit den »linken Klima- und Genderaktivisten«, wie sie es hier nennen. Veranstalter ist das Heartland Institute, die wichtigste Organisation von Klimawandel-Leugnern in den USA.[1] Neben der Tradition als *»pro-tabacco campaigner«* bekommt das Institut vor allem Geld, um die Klimawissenschaft mit Publikationen, Lobbyismus im US-Kongress oder Events wie der »American First Energy Conference« zu konterkarieren. Schon die US-Bestsellerautorin und Klimaaktivistin Naomi Klein beschrieb Heartland in ihrem Buch *Die Entscheidung: Kapitalismus vs. Klima* als eine der einflussreichsten Anti-Klimaschutz-Lobbys der Welt.[2]

Klimaschutz und die menschengemachte Erderwärmung sind für diese meist weißen, betagten Herren ein Versuch der weltweiten »Linken«, die politische Hegemonie zu erobern: »Eine Menge Leute glauben, dass fossile Industrien die Erde zerstören – aber ich habe auch eine gute Nachricht: Wir haben Trump!«, ruft der Justizminister des US-Bundesstaates Louisiana und Keynotespeaker der Konferenz, Jeff Landry. Er ist auch Schirmherr der Heartland-Veranstaltung. Das Publikum johlt. Die 300 Gäste frühstücken Kaffee und French Toast mit Ahornsirup. Für einen Tisch mit VIP-Bewirtung haben sie 50 000 Dollar bezahlt. Die Vorträge haben Titel wie »Warum CO_2 keine Klimakrise auslöst« oder »Die Zukunft mit Kohle, Öl und Gas«.

Wer die angeblichen Handlanger hinter dieser »Klima-Verschwörung« sind, erklärt im schicken Hotelsaal einer der bekanntesten Klimawandel-Leugner der Welt, Marc Morano. Seine Organisation Committee for a Constructive Tomorrow (CFACT), die auch eine Zweigstelle im thüringischen Jena hat, ließ Plakate von Putin im Bundesstaat Louisiana aufstellen: »Russland finanziert grüne Organisationen, um Fracking zu verhindern«. Seine Unterstellung: Die »Grüne Maschine«, dazu zählt Morano auch Organisationen wie Greenpeace, sei von Russland bezahlt, um die fossile Energieproduktion der USA zu zerstören.[3] Denn

Putin wolle verhindern, dass die USA zum größten Lieferanten von Gas und Öl aufstiegen.

So krude die Theorie von Morano auch ist: Den gleichen Wortlaut findet man in einem Bericht des Wissenschaftskomitees des US-Kongresses:[4] Die Umweltorganisationen seien nur »*useful idiots*«, also nützliche Idioten, für die Interessen der Russen, ihre hohen Gas- und Ölpreise in Europa zu erhalten und die US-Konkurrenz auszustechen, so der Report in der martialischen Sprache des Kalten Krieges. Initiator des Berichtes ist der ultrarechte Republikaner Lamar S. Smith – einer der aktivsten Klimawandel-Leugner im US-Repräsentantenhaus und langjähriger Vorsitzender des Wissenschaftsausschusses.[5] Der Senator lässt sich regelmäßig von Öl- und Gasfirmen bezahlen, insgesamt waren es bis 2018 laut der Plattform »OpenSecrets« 62 000 Dollar.[6] Von ExxonMobil und den Koch Industries erhielt Smith 10 000 Dollar für diesen Wahlkampf.[7]

Das Beispiel zeigt: In den USA sind die Verbindungen zwischen Lobbyorganisationen, der Industrie und Politikern eng. Veranstaltungen wie im Hilton Hotel in New Orleans dienen dazu, der eigenen Klientel Argumente an die Hand zu geben und den Zusammenhalt zu stärken. Das ist alles nicht verwerflich. Denn dazu wurden politische Thinktanks erfunden: um Strategien zu entwickeln, ihre politischen Interessen im öffentlichen Diskurs zu platzieren und Politik zu beeinflussen.

Strategien im Geheimen zu entwickeln, um dann dem Gegner schlagkräftig eins auszuwischen: Die Idee stammt aus dem Ersten Weltkrieg, als US-Militärs in abgeschirmten Räumen, den »*tanks*«, ihre Pläne schmiedeten (»*think*«). Mit der Rand Corporation entstand nach dem Zweiten Weltkrieg ein Thinktank, der als Scharnier zwischen Rüstungsindustrie und US-Militär eine zentrale Rolle bei der Entwicklung der Atomkriegsszenarien im Kalten Krieg spielte. Seit den 1970er-Jahren wurden politiknahe Forschungs- und Beratungsinstitute unterschiedlichster Art als Thinktanks auf der ganzen Welt ein Teil der Zivilgesellschaft, stets im Spannungsverhältnis zur akademischen Forschung.[8] Mit ihren eigenen Experten, Studien und Veröffentlichungen untermauern sie ihre Argumente und Narrative und mischen bei Projekten öffentlicher Forschungshäuser mit.[9] In vielen Ländern gehören Thinktanks deshalb heute zur Forschungslandschaft dazu. Ihre Studien werden von Universitäten oder Behörden genutzt. Der Thinktank-Forscher Dieter Plehwe unterscheidet zwischen »akademischen oder advokatischen Denkfabriken« und »parteiischen Denkfabriken« – also jenen, die einen eher wissenschaftlichen Anspruch haben und Sacharbeit machen, und solchen Thinktanks, die klare politische Ziele verfolgen und »ihre weltanschaulichen und politischen Absichten häufig mit einem ›überparteilichen‹ und ›wissenschaftlichen‹ Anspruch zu verbergen suchen«.[10] Besonders viele von dieser zweiten Gruppe seien Thinktanks mit einer neoliberalen und rechtskonservativen Ausrichtung. Auch das hat historische Ursachen: Schon in den 1930er-Jahren gründeten sich die ersten neoliberalen Zirkel um eine Handvoll Wirtschaftswissenschaftler, darunter Friedrich August von Hayek, Ludwig von Mises und Wilhelm Röpke. Mit der 1947 gegründeten Mont Pèlerin Gesellschaft begann der Aufbau eines globalen Netzwerkes der neoliberalen Denkschule, die seit den 1980er-Jahren ihren Siegeszug in Universitäten, Wirtschaftskreisen und Regierungen feiert.[11] Es ist die Idee eines schlanken Staates, der den Markt so wenig wie möglich beeinflusst. Regulierungen sind dabei nur störend. Das, was dem Markt guttut, ist auch für die Gesellschaft und deren Wohlstand gut – so sehen es neoliberale Vertreter bis heute. Die Mitglieder der Mont-Pèlerin-Gesellschaft halfen damals mit, in den USA, aber auch in Europa neue Thinktanks zu gründen, die dann die frohe Botschaft weiterverbreiten sollten, darunter das American Enterprise Institute oder die deutsche Aktionsgemeinschaft Soziale Marktwirtschaft.[12]

An sich ist daran nichts falsch oder gar illegal. Thinktanks sind Teil der Zivilgesellschaft in allen Demokratien. Problematisch wird es nur, wenn diese Denkfabriken mit enorm viel Geld aus der Industrie gefüttert werden und am Ende Gesetze mitschreiben, Abgeordnete stellen oder sogar politische oder soziale Bewegungen gründen und so die Geschicke von ganzen Ländern lenken.[13]

Zudem arbeiten viele Thinktanks intransparent. Es bleibt für Außenstehende unklar, woher die Gelder kommen, und teilweise auch, wie sie ausgegeben werden. In Europa fehlen Auskunftspflichten und ein Transparenzregister – diese gibt es in den USA. Die sind laut einer Studie mit 1871 Thinktanks weltweit führend, während beispielsweise Deutschland 218 Thinktanks zählt.[14] Die Industrie hat es in den vergangenen 30 Jahren in den USA verstanden, die Thinktanks zu nutzen, um eine Art Konterwissenschaft aufzubauen.[15] Das Motto: Alles ist käuflich, auch die Wissenschaft. So haben Konzerne wie ExxonMobil oder auch die Koch Brothers viel Geld in Thinktanks investiert, um Forschungsergebnisse und Argumentationsketten in die Welt zu setzen, die ihren Geschäften Rückenwind geben, statt ihnen zu schaden – beispielsweise das Heartland Institute, das Science & Environmental Policy Project oder die Lobbyorganisation Global Climate Coalition. Doch dazu später mehr. Insbesondere neoliberale Thinktanks lassen sich von der Industrie finanzieren, weil sie naturgemäß wirtschaftsnah sind. Um der Klimapolitik zu begegnen, setzte die Industrie auf ein ganzes Netzwerk von Thinktanks – um Glaubwürdigkeit und Unabhängigkeit vorzugaukeln. Diese »parteiischen Denkfabriken«[16] können alles an Inhalten produzieren – wenn es nur dazu dient, unerwünschte Regulierungen anzuprangern und die Ideologie des freien Marktes zu stärken.

Da ist nur zu verständlich, warum Umweltorganisationen oder auch die Energiewende zu den Lieblingsfeinden für neoliberale Denkfabriken geworden sind: Weder beim Umwelt- noch beim Klimaschutz kommen Regierungen ohne Ordnungspolitik aus, wenn sie wirklich etwas erreichen wollen. Ohne das Verbot von FCKW Anfang der 1990er-Jahre hätte sich das Ozonloch kaum so schnell zurückgebildet. Oder das Beispiel Waldsterben in den 1980er-Jahren und die Luftverschmutzung durch Kohleverbrennung. Nur ein entschiedenes politisches Handeln der Politik – darunter der Einbau von Entschwefelungsanlagen in Kohlekraftwerken – und der Wegfall eines Großteils der osteuropäischen Industrie nach dem Mauerfall waren Gründe dafür, dass der Wald wieder gesundete und die Luftqualität

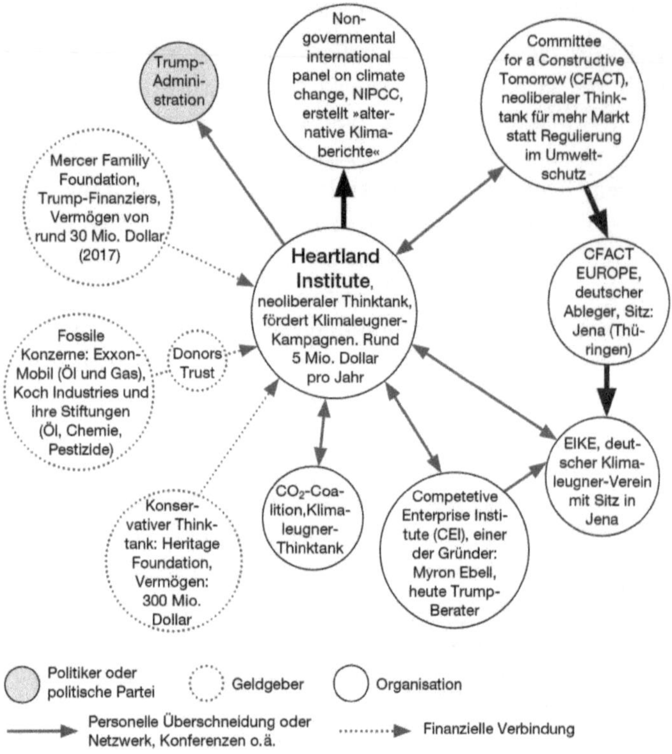

sich spürbar verbesserte. Gleichzeitig wird dieses Beispiel gern von Neoliberalen und Rechten genutzt, um zu sagen, dass das »Waldsterben ja auch irgendwann aufgehört« habe.[17] Auch hier werden wissenschaftliche Fakten – nämlich dass bei der Verbrennung von Öl und Kohle Schwefeldioxid entsteht und sich das Gas in der Luft mit Wasser anreichert und so zu Schwefelsäure wird – verharmlost. Auch das Heartland Institute sprach in den 1990er-Jahren von »*The great acid rain flimflam*« (»Der große Saure-Regen-Quatsch«) und machte gegen die »*Clean Air Legislation*« Stimmung.[18] Marktliberale Thinktanks wie Heartland haben sich also nicht erst beim Thema Klimawandel für den Einsatz von Fake-Science entschieden, um Ordnungsrecht zu verhindern, sondern kämpfen seit jeher gegen die »Regulierungswut« des Staates und für die »Freiheit« des Unternehmertums – egal, welchen Preis die Verbraucher oder im Fall des Klimawandels auch der ganze Planet dafür bezahlen müssen.

Neoliberale Thinktanks in Europa und den USA

Viele neoliberale Thinktanks in Europa weisen inhaltlich enge Verbindungen zu verschiedenen Organisationen wie etwa der Friedrich-Naumann-Stiftung auf. Jedes Jahr im Frühjahr treffen sich auf dem »European Resource Bank Meeting« Lobbyisten, die im Namen der Freiheit gegen Gesetze lobbyieren. Das Ziel des Treffens ist laut eigener Webseite, »Techniken und Fähigkeiten zu vermitteln, um unsere Message möglichst effektiv und breit zu verbreiten«.[19] 2019 hielt das Grußwort Barbara Kolm.[20] Die österreichische Unternehmensberaterin ist Präsidentin des Friedrich A. v. Hayek Instituts[21] und berät die rechtsextreme FPÖ. Sie hat für die Partei Koalitionsverhandlungen geführt und hält die Diskussion um den Klimawandel für »Panikmache«.[22] In einer Reihe von Publikationen lassen sich Hayek-Mitglieder und Gastautoren auf der Seite des Thinktanks darüber aus, warum Klimaschutz unnötig und die Klimawissenschaft ungesichert sei. Unter dem Titel »Hitzewellen und die Panikmache der Klimaalarmisten«[23] schreiben auch Mitglieder des Austrian Economics Center (AEC) auf der Hayek-Seite. Das marktliberale AEC wird ebenfalls von Hayek-Präsidentin Kolm geleitet. Kolm war schon mehrfach beim Heartland Institute zu Gast[24] – und beim deutschen Institut für Unternehmerische Freiheit (IUF), das dem Klimawandel-Leugner-Institut EIKE nahesteht und in dessen Vorstand der Klimawandel-Leugner Wolfgang Müller sitzt.[25] Der wiederum arbeitete bei der Naumann-Stiftung – allerdings nur bis 2006. Es bestehe kein Kontakt mehr zu Herrn Müller, erklärte die Naumann-Stiftung auf Anfrage.[26] Auf dem europäischen Treffen »European Resource Bank« hielt Raimar Wagner, Projektleiter Rumänien von der Friedrich-Naumann-Stiftung[27], die Willkommensrede[28] zusammen mit Kolm, also mit einer Beraterin der Rechtsextremen, die den Klimawandel leugnet. Dass die Naumann-Stiftung öfter mit Kolms Institut zusammenarbeitet, zeigt auch die gemeinsame Organisation von Veranstaltungen wie beispielsweise der »Free Market Road Show 2019«.[29] Von der Naumann-Stiftung heißt es hingegen, die Brüsseler Vertretung habe im September 2019 beschlossen, dass es »künftig keinerlei Kooperationen zu Veranstaltungen gibt, in denen Frau Kolm auftritt«.[30]

Bestes Beispiel für die Tradition neoliberal-rechter Denkfabriken in den USA ist das schon mehrfach benannte Heartland Institute. Die Verbindungen zur Industrie und zu Energiekonzernen sind evident: Nach unseren Recherchen bei der amerikanischen Steuerbehörde IRS nahm das Heartland Institute 2015 rund 4,6 Millionen Dollar ein, im Jahr 2016 5,5 Millionen Dollar, 2017 schließlich 5,9 Millionen Dollar.[31] Ein Teil des Geldes kam von der Mercer Family Foundation, die wiederum einer der größten Spender von Trumps Wahlkampf war.[32] Mehrere Leaks beweisen zudem, dass Heartland sowohl von Exxon-Mobil als auch von den Stiftungen der Charles Koch Brothers finanziert wurde.[33] Tatsächlich haben Letztere Heartlands Kampagnen gegen Klimaschutz nicht direkt finanziert. Jedoch spendet die Koch Brothers Foundation Geld an Stiftungen, die wiederum das Heartland Institute regelmäßig unterstützen, darunter Donors Trust und die Mercer-Family Foundation.[34] Die Gelder seien gezielt dafür geflossen, den Zweifel am menschengemachten Klimawandel durch Kampagnen und Publikationen zu streuen. Mit dem Geld organisierte Heartland außerdem Konferenzen und baute seine eigenen »Experten« auf. Dadurch entstanden auch sogenannte »alternative« Klimaberichte des NIPCC (Nongovernmental International Panel on Climate Change – in Anlehnung an den Weltklimarat IPCC).[35] Dessen Publikationen wie *Climate Change Reconsidered* sind Hunderte Seiten stark und versammeln unzählige angeblich wissenschaftlich überprüfte (peer-reviewte) Beiträge. NIPCC-Chefautor Fred Singer ist ein Star der US-Klimawandel-Leugner-Bewegung und hat eine lange Leugner-Karriere hinter sich – mittlerweile ist er ein Rentner von 94 Jahren.[36] Auch er ist laut Leaks und Medienrecherchen enger

Berater von Konzernen wie Exxon gewesen, arbeitete für Thinktanks wie die Heritage Foundation oder das Cato-Institut und bezog monatlich Geld vom Heartland Institute.[37] Sein eigenes Institut SEPP (Science & Environmental Policy Project) gründete er schon 1990. Ziel von SEPP war es ursprünglich, den Tabakgenuss als unbedenklich darzustellen und seine gesundheitlichen Risiken zu verschleiern.[38] Im späteren Verlauf spezialisierte sich SEPP ebenfalls auf Klimawandel-Leugnung und bekam direkte Spenden von Exxon, wie die Exxon-Leaks offenlegen.[39] Diese Geschichte durchlief auch das Heartland Institute, das lange mit der Tabakindustrie (Philip Morris) verbandelt und schließlich auch von der Öllobby finanziert wurde.[40] Heartlands ehemaliger Vorsitzender Tim Huelskamp, den wir noch 2018 auf der Konferenz in New Orleans interviewen konnten, erhielt während seines Wahlkampfs als Kongresskandidat ebenfalls fünfstellige Summen von fossilen Interessenverbänden wie den Koch Brothers, wie das Portal »OpenSecrets« offenlegt.[41] Uns sagte er ohne Augenzwinkern in die Kamera: »Wir arbeiten mit allen Gruppen weltweit zusammen, die für freie Märkte sind, und wir haben bereits zwölf Konferenzen organisiert, um zu zeigen, dass CO_2 kein Schadstoff ist.«[42]

Die Diskreditierung der Wissenschaft

In den USA kann man zudem besonders gut beobachten, welche ausgeklügelten PR-Strategien bestimmte Leugner-Thinktanks lancieren, um die Wissenschaft zu diskreditieren. Schon Ende der 1980er-Jahre gründeten die großen Ölmultis wie Shell, BP und Exxon die Lobbyorganisation Global Climate Coalition[43], die intern Strategien zum Umgang mit dem Klimawandel diskutierte, in der Außenwirkung aber jede Verantwortung zurückwies und gegen Klimaschutzgesetze lobbyierte. Bester Beweis dafür ist der 1998 entwickelte PR-Plan »Global Climate Science Communications Action Plan« des American Petroleum Institute – Mitglieder sind hier unter anderem Shell, BP und Exxon. NGOs wie dem Climate Investigations Center fiel er erst Jahrzehnte später in die Hände: In diesem Plan ging es um nichts anders als eine PR-Strategie, zusammen mit führenden Denkfabriken wie dem Committee for a Constructive Tomorrow (CFACT) oder dem Competitive Enterprise Institute (CEI)[44] gezielt vor allem die Medien zu beeinflussen und das Kyoto-Protokoll vor und während der Klimakonferenz in Buenos Aires schlechtzumachen und Zweifel zu streuen.[45] Unter dem Punkt »Der Sieg ist erreicht, wenn« heißt es beispielsweise: »Der Durchschnittsbürger versteht, dass es Unsicherheiten in der Klimaforschung gibt«, und weiter: »Jene, die das Kyoto-Protokoll auf der Basis von Wissenschaft vertreten, erscheinen realitätsfern.«[46] Dafür wurden laut Plan zwei Millionen Dollar bereitgestellt. »Es ging darum, die Politik zu verunsichern und den Bürgern zu suggerieren, dass die Wissenschaft sich nicht sicher ist beim Thema Klimawandel«, meint der Politikwissenschaftler Lance Bennett von der Universität Washington.[47]

Was ist das Kyoto-Protokoll?

Das Kyoto-Protokoll ist das Vorgängerabkommen des Pariser Weltklimavertrages, der im Dezember 2015 beschlossen wurde. Es läuft mit Inkrafttreten des Weltklimavertrages 2020 aus und wurde auf dem UN-Klimagipfel im japanischen Kyoto 1997 (COP3) verabschiedet. Es war das erste Klimaabkommen, das die Industrieländer verpflichtete, ihre Treibhausgasemissionen zu reduzieren. Entwicklungs- und Schwellenländer waren CO_2-Zielen nicht unterworfen. Das Protokoll wurde von 191 Staaten ratifiziert, allerdings musste nur eine Handvoll Staaten wirklich CO_2 einsparen, da die USA das Kyoto-Protokoll nicht ratifizierten und Kanada 2013 austrat. Große CO_2-Emittenten wie China, Indien und Brasilien galten als Schwellenländer und wurden vom Kyoto-Protokoll nicht erfasst – ganz im Gegensatz zum Weltklimaabkommen von 2015, das alle Staaten zum Klimaschutz verpflichtet.

Zwei der ältesten Widersacher und Fake-News-Verbreiter in Sachen Klimawissenschaft sind die Koch Brothers, David und Charles Koch, Besitzer von Koch Industries. Die Mitglieder der Industriellenfamilie zählen zu den reichsten Menschen der Welt. Und sie sind durch Rohstoffe und Produkte reich geworden, die nun unseren Planeten bedrohen: Erdöl, Erdgas, Kohle und Plastik. Der 1940 gegründete Mischkonzern ist heute einer der größten »Verschmutzer« der USA, laut einer Liste des Political Economy Research Institute der University of Massachusetts Amherst.[48] Seit 1980 unterstützen die konzerneigenen Stiftungen, die Koch Family Foundations, konservative und neoliberale Thinktanks, Lobbyisten und Bewegungen wie die Tea Party mit über 100 Millionen Dollar.[49] Die Mitglieder der Koch-Familie sind mehr als Unternehmer: Mit ihren Millionen begannen sie, selbst Wissenschaft zu betreiben – dank bereitwilliger Thinktanks. Teilweise gründeten sie auch eigene Thinktanks wie das Cato-Institut.[50] Die Stiftungen der Koch-Familie unterstützten außerdem aktiv politische Kräfte, die für eine Rettung der fossilen Energiegewinnung eintreten, wie ein Blick in die US-Transparenzregister zeigt. Allein für die Präsidentschaftswahlen 2016, bei denen Trump als Spitzenkandidat der Republikaner antrat, machten die Koch Industries sechs Millionen Dollar locker. Die Demokraten bekamen dagegen den symbolischen Betrag von fünf Dollar.[51]

Die Beziehungen zwischen marktradikalen Thinktanks und der Klimawandel-Leugner-Szene sowie ihre Verbindungen zur Industrie sind in den USA durch zahlreiche geleakte Dokumente und Studien bestens untersucht. Laut investigativen Recherchen von Greenpeace spendete allein der Exxon-Konzern zwischen 1998 und 2014 über 30 Millionen Dollar an Thinktanks, Wissenschaftler und Politiker, um die Klimawissenschaft zu diskreditieren.[52] Der Ölkonzern organisierte nachweislich seit den 1980er-Jahren die Klimawandel-Leugner-Szene, um die Erkenntnisse der Klimawissenschaft abzuqualifizieren.[53] Von der fossilen Industrie geförderte Abgeordnete, Klimawandel-Leugner in hochrangigen Positionen bis hin zu einflussreichen Thinktanks: Die Klimawandel-Leugner-Szene in den USA ist stark. Der Arm

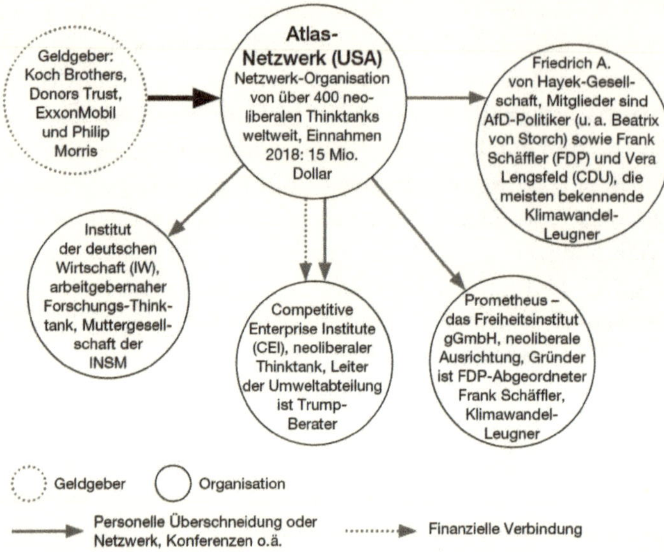

dieser mächtigen US-Thinktanks reicht bis nach Europa.[54] Auch in der EU gab und gibt es längst mächtige Thinktanks und Netzwerke, die im Namen von Parteien- und Unternehmensinteressen gegen einen ehrgeizigen Klimaschutz arbeiten.

Ein verbindendes Glied all dieser Denkfabriken ist das Atlas-Netzwerk – eine der größten marktliberalen Thinktank-Kooperationen der Welt mit 450 Mitgliedern in 90 Ländern.[55] Wenig überraschend ist, dass Atlas ein Partner von so ziemlich allen neoliberalen Thinktanks ist, die klimaskeptische Thesen vertreten:[56] Das Netzwerk wurde 1981 ins Leben gerufen – laut US-Transparenzregistern[57] und Leaks der Umweltorganisation Greenpeace[58] vor allem mit Unterstützung der Koch Brothers, von Donors Trust, ExxonMobil und Philip Morris. Deutsche Partner sind unter anderem das Institut der deutschen Wirtschaft (IW)[59], die Friedrich A. von Hayek-Gesellschaft oder Prometheus – Das Freiheitsinstitut des FDP-Abgeordneten und bekennenden Klimawandel-Skeptikers Frank Schäffler.[60] Allein 2018 investierte Atlas laut Steuerunterlagen rund eine Million Dollar in seine europäischen Partner.[61]

Neoliberale hofieren Klimawandel-Leugner

Neoliberaler Vorreiter der EU ist die New Direction Foundation.[62] Der Thinktank ist eine Art Dachorganisation für euroskeptische Konservative und Wirtschaftsliberale, die im Europäischen Parlament in der Fraktion Alliance Conservatives and Reformists in Europe (ACRE) organisiert sind. In der Fraktion sind 30 Parteien aus 29 Ländern organisiert, darunter die polnische PIS-Partei[63], die britischen Tories[64], die spanische VOX-Partei sowie Bernd Luckes Partei LKR.[65] Doch dabei bleibt es nicht: Die New Direction Foundation hat eine Reihe weiterer internationaler Partner, darunter auch die US-amerikanischen Republikaner. Finanziell unterstützt wurde die New Direction in der Vergangenheit auch durch das Atlas-Netzwerk.[66]

Die Stiftung und ACRE unterstützten oder organisierten in den vergangenen Jahren regelmäßige Treffen, auf denen Klimawandel-Leugner geladen waren oder entsprechende Thesen verbreitet wurden, darunter die »Miami Conference of the Conservatives International«, der »Future of Europe Summit«[67], die »Free Market Road Show« oder auch der »Blue-Green Summit«.

So lud man zum »Blue-Green Summit« 2017 auch den Trump-Berater Myron Ebell ein – Chefklimalobbyist beim Competitive Enterprise Institute (CEI).[68] Dem CEI wird vorgeworfen, maßgeblich daran beteiligt gewesen zu sein, dass Bush 2002 das Kyoto-Protokoll nicht unterzeichnete. Beweise gibt es dafür nicht.[69] Doch das CEI schmückt sich gern mit diesem »Erfolg«. Und so bekannte der damalige CEI-Präsident Fred Smith, man habe die Gunst der Stunde damals erkannt und alle, von denen man gedacht habe, dass »die Einfluss haben«, gewarnt und auf Linie gebracht.[70] Zudem deckte der *Guardian* anhand einer E-Mail auf, dass das CEI gemeinsam mit der Regierung Bush versuchte, Berichte über den Klimawandel zu verharmlosen und unliebsame Leiter der Umweltbehörde EPA loszuwerden.[71] Im Jahr 2005 versuchte ein Senior Fellow des CEI, Chris Horner, eine Anti-Kyoto-Koalition aus Thinktanks, Politikern und Unternehmen in Europa zu schmieden – allerdings ohne Erfolg. Dazu schrieb er auch Unternehmen wie RWE an.[72] Das CEI hat seitdem nicht aufgehört, Fake News zu verbreiten – unter anderem auch in der von Ebell gegründeten »Ad-hoc-Gruppe« Cooler Heads Coalition – einer der ältesten und effektivsten Klimawandel-Leugner-Initiativen in den USA.[73] Im Oktober 2019 deckte der *Guardian* auf, dass Google das CEI finanziell unterstützt und auch Amazon eine CEI-Gala sponserte. Google erklärte gegenüber dem *Guardian*, dass das Unternehmen mit der Klimapolitik des CEI nicht einverstanden sei und das Institut aufgrund seiner Technologie-Politik, darunter die Verhinderung von Regulierungen im Netz, gefördert habe.[74] Thinktank-Forscher Dieter Plehwe geht davon aus, dass es mittlerweile allein rund 500 global agierende Thinktanks gibt, die sich vor allem konservativen und neoliberalen Werten verschrieben haben. Viele von ihnen gehen auf die Mont Pèlerin Society und den Einfluss der Hayek-Institute zurück. »Neoliberale Denkfabriken unterstützen direkt oder indirekt das Verharmlosen oder Leugnen des Klimawandels, weil der Klimaschutz eine starke Ordnungspolitik verlangt«, so Plehwe.

Nachdem viele dieser Netzwerke jahrzehntelang Klimapolitik ausgebremst und die Wissenschaft infrage gestellt haben, ändert sich bei manchen Vertretern der neoliberalen Schule nun, langsam, aber stetig, die Rhetorik: Es werden technikgläubige Lösungen diskutiert, wie CO_2-Verpressung, Atomkraft oder Geoengineering. Außerdem setzen viele weiterhin auf marktbasierte Instrumente wie den Emissionshandel, der innerhalb von 20 Jahren erwiesenermaßen kaum eine Wirkung zeigte und keineswegs zur Umstellung auf kohlenstoffarme Technologien in der Industrie führte, wie es die Erfinder eigentlich vorhatten.[75] So schreibt der Sachverständigenrat für Umweltfragen SRU im Jahr 2018 in einem Papier, dass vom Handel mit CO_2-Zertifikaten »nur mit einer geringen Lenkungswirkung zu rechnen ist«. Die Schlupflöcher, falsche Annahmen und der stetige Druck der Lobbys auf das Marktinstrument haben den Handel jahrelang zu einem zahnlosen Tiger gemacht, von dem die Unternehmen teilweise sogar profitieren.[76] Wertvolle Zeit verfloss, ohne dass Kohle, Öl und Gas teurer wurden.

Bisher war die neoliberale Lobby mit diesem Programm sehr erfolgreich. In kaum einem Land gibt es eine ehrgeizige klimapolitische Ordnungspolitik. Dafür gibt es jede Menge Anreizprogramme, freiwillige Kompensationsangebote, Ausschreibungsmodelle oder komplizierte Cap-and-Trade-Systeme. Dass die Länder aber bisher ihre Klimaziele gar nicht schaffen und kein Land der Erde mit seinen Maßnahmen »*on track*« des Pariser 2-Grad- oder gar 1,5-Grad-Ziels ist, sagt viel darüber, welche Interessen sich hier schlussendlich durchgesetzt haben. Die neoliberalen Instrumente gegen den menschengemachten Klimawandel wie der Emissionshandel oder folgenlose Selbstverpflichtungen haben bisher nur schwache Ergebnisse geliefert.

»Die neoliberale Schule hat es verstanden, mit ihrer Denkschule die Welt zu erobern und mit ›*nudging*‹ Prozesse anzustoßen. Da können Umwelt- und Klimaschützer noch viel lernen«, glaubt der US-amerikanische Politikwissenschaftler Lance Bennett.[77] »Die Frage ist deshalb auch, wie man den Klimaschutz so attraktiv macht wie die Heilsversprechen des Neoliberalismus.« Oder wie Wissenschaftler Plehwe es ausdrückt: »Tatsächlich muss die Linke von den Bemühungen der Rechten lernen, sich grenzüberschreitend zu organisieren und zu koordinieren. Paradoxerweise ist die Rechte zu einer internationalen Partei geworden.«[78]

Wie die Agrarlobby klimafreundliche Ernährung verhindert

Wir haben gesehen, wie Leugner, Neoliberale und Populisten den Klimaschutz bremsen. Aber es gibt noch eine vierte Gruppe, die häufig unterschätzt wird: die Lobbyisten der Agrarwirtschaft. Die konventionelle Landwirtschaft heizt ungebremst den Klimawandel an und trägt global jedes Jahr mehr zur Erderwärmung bei. Ihre Vertreter aber treten als neutrale Experten auf und haben Verbündete in den europäischen Regierungen.

Subventionen für die Landwirtschaft und der Klimawandel

An seiner Garagenwand hängen zwei ausgestopfte Wildschweinköpfe, Jean-Philippe Frère hat sie selbst geschossen auf den Hügeln über dem südfranzösischen Grasse. Am vergangenen Wochenende hat er – wie er es regelmäßig tut – mit seinen Kameraden mehrere dieser borstigen Tiere erledigt, im Regal stehen Dutzende Gläser mit eingemachter Schweinssülze.

Seine etwas archaische Freizeitbeschäftigung hält Frère nicht davon ab, klar in die Zukunft zu sehen: »Der Klimawandel wird unsere Ernten zerstören, es werden Hungersnöte ausbrechen. Die Natur wird uns Menschen erziehen, weil es unsere Politiker nicht vermögen.«[1] Frère zeigt auf seinen ziemlich runden Bauch und sagt: »Das ganze Fressen ist bald vorbei.« Es ist erstaunlich, dass Frère das sagt, denn er ist Präsident des Bauernverbandes FDSEA in Südfrankreich, und eigentlich müsste er als solcher an die Macht der Politik glauben. Aber Frère, der seit vierzig Jahren auf fünf Hektar Oliven anbaut, ist ernüchtert. »Die Lobby der Großbauern und der Industrie hat dafür gesorgt, dass Politik für sie gemacht wird: für die Getreideproduzenten und Fleischfabrikanten.« Frère erhält von der Europäischen Union 850 Euro monatlich, »ein Witz«, sagt er, im Vergleich zu den Hunderttausenden, die Großgrundbesitzer aus Brüssel beziehen. Das sogenannte GAP-Programm der EU fördert bislang Bauern und Bäuerinnen nach der Größe ihres Landes. 58 Milliarden Euro Agrarsubventionen werden jährlich in den Ländern der Europäischen Union verteilt,[2] rund sechs Milliarden Euro davon gehen nach Deutschland. In der Verordnung[3] zu den Subventionen steht explizit, dass die Mitgliedsstaaten »generell keine Direktzahlungen gewähren, (...) wenn die beihilfefähige Fläche des Betriebs, für den die Stützung beantragt wird, weniger als ein Hektar beträgt«.

In den Alpes-Maritimes, dem französischen Département, dessen Bauern Frère vertritt, ist das Land aber hügelig und karg, hier fällt das Alpenmassiv ins Meer. Quadratkilometergroße Flächen wie in Nordfrankreich oder in weiten Teilen Deutschlands fehlen. In der Folge sind die Höfe klein und profitieren wenig von den EU-Subventionen. Deshalb ist Frère einer der seltenen Bauernfunktionäre, der über die Geldspritzen aus Brüssel schimpft. Wegen der vergangenen Hitzesommer erntet er nicht wie früher jährlich 20 Tonnen Oliven, sondern nur noch rund 10 Tonnen, 2019 waren es noch weniger. Er komme so über die Runden, sagt er, und klebt während unseres Gesprächs Etiketten auf seine Gläser mit Olivenpaste. Er wird sie an kleine Märkte liefern, er und noch sieben andere Familien leben in den Südalpen von den Oliven. Vor wenigen Jahrzehnten ernährte die ölige Frucht noch Hunderte Familien. Frère ist ein Beispiel für einen Bauern, der unter dem Klimawandel leidet und unter der Europäischen Union. Weil sie die Großen subventioniert und noch größer macht, geht es den Kleinen schlechter. Und umso mehr, als sie gerade in Südeuropa unter dem Klimawandel leiden.

Wie konnte es so weit kommen, dass in Europa und in Deutschland genau diejenigen gefördert werden, die auf großen

Flächen anbauen, mit spritfressenden Maschinen fahren und zum Großteil konventionell Fleisch oder Getreide produzieren? Es ist ein Erbe aus der Nachkriegszeit, das bis heute niemand zu verändern gewagt hat. Als 1957 die Europäische Wirtschaftsgemeinschaft gegründet wurde, lebten viele Menschen noch unter dem Eindruck des Hungers und der Lebensmittelknappheit während und nach dem Zweiten Weltkrieg. Die heimische Bevölkerung zu versorgen war eines der wichtigsten Ziele der Wirtschaftsgemeinschaft. Damals war aber auch noch rund ein Viertel der Bevölkerung Bauern – heute sind es zwei Prozent.[4] In den vergangenen 60 Jahren wurden die Subventionen für die Landwirtschaft nicht verringert, sondern auf immer weniger Höfe verteilt. Vor allem: auf klimaschädliche Höfe.

In der Kritik an den Brüsseler Direktzahlungen sind sich Klima- und Agrarwissenschaftler aus ganz Europa weitgehend einig. Deshalb hofften Klimaforscher und Biobauern, dass Europa künftig nur noch diejenigen fördert, die klimabewusst und gesundheitsfreundlich anbauen. Aber auch nach 2020 wird Klimaschutz für das größte Budget der EU nur eine Nebenrolle spielen. Der wissenschaftliche Beirat des deutschen Landwirtschaftsministeriums kam in einer Studie 2019 zu dem Schluss, dass etwa 73 Prozent der EU-Mittel der »Gemeinsamen Agrarpolitik« GAP (etwa 40 Milliarden Euro jährlich) mittels sogenannter flächengebundener Direktzahlungen (DZ) direkt an Großgrundbesitzer durchgereicht werden. »Diese Zahlungen (…) sind verteilungspolitisch nicht zu rechtfertigen (…). Schließlich fehlen diese Mittel für eine gezielte Honorierung von Gemeinwohlleistungen« wie Klimaschutz.[5] Diese Studie von zehn Wissenschaftlerinnen und Wissenschaftlern empfing Ministerin Julia Klöckner eigenhändig – und sagte sofort: Sie wolle die bisherigen Direktzahlungen beibehalten.[6]

An den Direktzahlungen will die EU auch nach 2020 weitgehend festhalten – obwohl sie von allen Seiten kritisiert werden. Beispielsweise schrieb der Europäische Rechnungshof in aller Deutlichkeit: »Die vorgeschlagene Reform der Gemeinsamen Agrarpolitik für die Zeit nach 2020 wird den ehrgeizigen Bemühungen der EU um einen umweltfreundlicheren und stärker leistungsgestützten Ansatz nicht gerecht.«[7] Die Prüfer monierten, dass viele Optionen an den alten Regelungen festhielten und die Klimaschutzziele im Agrarbereich daher »unrealistisch« seien.

Deutschland fördert auf viele Arten konventionelle Bauern: beispielsweise mit Geld für Tierställe. Außerdem bezahlen Landwirte weniger Geld für einen Liter Diesel und sind zudem von der Kfz-Steuer befreit.[8] Die Kfz-Steuer wurde den Bauern mit einem Gesetz von 1922 erlassen.[9] Damals sollten sie von Pferden und Eseln loskommen und sich motorisieren können. Heute kostet das den Bund 500 Millionen Euro im Jahr. Eine halbe Milliarde Euro, die beispielsweise für die Umstellung auf klimafreundlichen Ökolandbau fehlt.

Wieso hat ein 98 Jahre altes Gesetz heute noch Bestand, das Bauern beim Traktorfahren und Verbrennen von fossilem Kraftstoff unterstützt?

Die Privilegien von konventionellen Bauern, das werden wir später sehen, werden dank ihrer guten Lobbyarbeit nicht angetastet. Dabei ist es wichtig zu unterscheiden: Die meisten Landwirte gehören mit rund 3000 Euro monatlich zu den durchschnittlichen Verdienern. Dabei ist es lukrativer, Tiere zu züchten, als Gemüse oder Getreide anzubauen: Fleischproduzenten verdienen rund 600 Euro mehr monatlich.[10] Die Agrarlobby macht also nicht die Bauern reich – nur die wenigsten dürften Millionäre sein. Der Profit geht zu den Konzernen, die die technischen Mittel liefern: Traktoren, Düngemittel und Viehfutter gehören hierbei zu den klimaschädlichsten. Und Politiker wollen nicht an einem System rütteln, das billige Lebensmittel produziert. Billig zumindest, solange niemand die externen Kosten wie etwa durch Nitrate verunreinigtes Trinkwasser einbezieht. »Die Umweltprobleme der Landwirtschaft sind weniger Resultat individuellen Fehlverhaltens einzelner landwirtschaftlicher Betriebe als vielmehr Ausdruck von Markt und Politikversagen«, heißt es in einem Positionspapier zur Landwirtschaft des Umweltbundesamtes.[11]

Inzwischen loben zwar auch der mächtige Bauernverband und Agrarkonzerne wie Bayer/Monsanto den Klimaschutz. In Wirklichkeit aber torpedieren sie in Brüssel und Berlin wichtige Gesetze: Sie wollen weiterhin intensivierte Landwirtschaft mit schweren Maschinen, stickstoffhaltigen Düngemitteln und Massentierhaltung. Die Lobby der konventionellen Landwirte ist eine der erfolgreichsten überhaupt: Trotz ihres hohen Anteils an klimaschädlichen Emissionen fehlen bislang Gesetze, um sie einzuschränken.

Laut dem Bundesumweltamt ist die Landwirtschaft weltweit für rund ein Viertel aller Treibhausgase verantwortlich.[12] Rund ein Viertel – das ist in etwa so viel wie auf den gesamten Verkehr, inklusive Autos und Flüge, in der Europäischen Union entfällt.[13]

Noch immer bestellen rund 93 Prozent aller Bauern ihre Höfe in Europa mit konventionellen Mitteln.[14] Der größte Teil der Emissionen entweicht, wenn Bauern mit Gülle oder stickstoffhaltigen Lösungen düngen oder Feuchtgebiete umbaggern. Rinder und Schafe pusten bei der Verdauung knapp ein Drittel der klimaschädlichen Gase der Landwirtschaft in die Luft, und sie fressen, zusammen mit den Schweinen, rund 60 Prozent der deutschen Ernte. Konsequenter Klimaschutz würde also implizieren, dass alle Europäer deutlich weniger Fleisch essen und Landwirte weniger oder besser gar keine künstlichen Düngemittel mehr verwenden, die Moore in Ruhe lassen und vor allem mehr auf lokale Produktion setzen sollten. So hat eine Studie des Potsdamer Instituts für Klimafolgenforschung ergeben, dass mit einer Versorgung von Städtern aus nahen Feldern rund vier Prozent der globalen Emissionen eingespart werden könnten.[15]

Aber die Anreize dazu fehlen. Diese Bauern können auch nach zahlreichen Klimaschutzpaketen mit ihren tonnenschweren Traktoren Sprit verbrennen und Böden verdichten, sie können Fabriken mit Tausenden methanfurzenden Kühen planen und klimaschädliche Düngemittel versprühen. Kein europäisches Land hat dieses System bislang verändert. Laut Bundesumweltamt sind Lachgase 300 Mal so schädlich wie CO_2 – und der Einsatz künstlicher Düngemittel ist eine der Hauptquellen für Lachgas.[16]

Die Lobby der Bauern hat es sogar geschafft, von der CO_2-Steuer der Berliner Bundesregierung, dem zentralen Mittel des Klimaschutzpakets, ausgenommen zu werden. »In den Verhandlungen wurde schnell klar, dass der Treibhausgas-Ausstoß etwa von Kühen nicht taxiert werden soll«, sagt uns ein Informant aus dem Mercator-Institut[17], das die Bundesregierung maßgeblich zur CO_2-Steuer beraten hat. Das sei zu kompliziert, habe es geheißen, obwohl laut dem Forscher ganz klar ein CO_2-Preis pro Kuh hätte beschlossen werden können. »Das war ein Tabu.« Nun steht im Paket lediglich die Nullaussage, dass es »neben Forschung und Züchtung auf die künftige Entwicklung der Tierbestände ankommen« wird.[18] Die Aussage lässt offen, ob die Bauern künftig weniger oder mehr Tiere halten sollen.

Während Klimaaktivisten sich 2019 vor der Internationalen Automobilausstellung in Frankfurt anketteten und Greenpeace-Schiffe einen mit Autos beladenen Tanker vor Großbritannien stoppten, müssen sich Landwirte nur selten in der Öffentlichkeit für ihre Klimabilanz verantworten. Dafür sind sie die Ersten, die aufgrund der immer heißeren und trockeneren Sommer vom Staat – also mit Steuergeldern – entschädigt werden. Bund und Länder halfen deutschen Bauern im Hitzesommer 2018 mit rund 340 Millionen Euro[19], französische Landwirte erhielten Dutzende Millionen Euro und mussten weniger Steuern zahlen.[20]

Die Lobby der konventionellen Agrarwirtschaft kann deshalb als eine der erfolgreichsten angesehen werden, weil sie von der Öffentlichkeit nicht als Lobby für Klimaschmutz wahrgenommen wird. Zwar demonstrieren jedes Jahr mehr Menschen für eine Agrarwende, aber ihnen geht es (noch) vornehmlich darum, für weniger Pestizide, artgerechte Tierhaltung und weniger gentechnisch veränderte Pflanzen zu kämpfen. Klimaschutz in der Landwirtschaft ist bislang wenig präsent.

Die Bauernlobby kann offener als andere Lobbyisten in der Öffentlichkeit auftreten. Ihre Vertreter werden als Experten und

Fachleute interviewt und eingeladen, sie sitzen in Gremien der Welternährungsorganisation der UNO (FAO), weil ihnen – zu Unrecht – ein unparteiisches Image anhaftet. Das macht sie als Interessenvertretung ihrer Zunft umso stärker: Was der Bauernverband zum Klimaschutz sagt, wird in der Politik selten angezweifelt.

Denn in der an Bauern besonders reichen CDU/CSU-Fraktion sitzen vornehmlich Landwirte mit Hunderten von Hektar Land oder Hunderten von Tieren, wie etwa der Schweinebauer Johannes Röring, auf den wir noch zurückkommen werden. Von den Mitgliedern im Agrarausschuss des Bundestages der CDU/CSU-Fraktion haben 85 Prozent einen direkten Bezug zur Land- und Agrarwirtschaft, also etwa zu Düngeherstellern oder Fleischproduzenten.[21] Und ihre Interessen, das sind die der großen Höfe. Es sind nicht die Familienbetriebe, nicht die konvertierten Büroarbeiter, die idealistisch auf dem Land ein paar Marktkörbe füllen. Es sind die Gewinner des herrschenden Agrarsystems, die nicht für das Klima ihren Profit schmälern wollen.

Aus zwei Gründen ist die Agrarlobby so mächtig: Nur wenige Menschen wissen heute noch, wie Weizen, Kartoffeln oder Äpfel angebaut werden. Die Bauernverbände und wissenschaftlichen Vertreter des herkömmlichen Systems haben die Deutungshoheit. In der öffentlichen Wahrnehmung produzieren sie lebensnotwendige Ernten für uns alle, und für viele sind Bauern nicht reiche Firmenbosse, sondern traktorfahrende Burschen. Sie haben einen Sympathiebonus. Und zweitens ist die Agrarlobby mächtig, weil ihre Vertreter in allen wichtigen Gremien, vom Agrarministerium der Bundesregierung über die meisten europäischen Regierungen bis zur Agrarkommission des Europäischen Parlaments, sitzen und so direkt Entscheidungen beeinflussen können.

Ist die aktuelle Landwirtschaft wirklich alternativlos?

Immer wieder argumentieren Politiker und Verbände, jeder Mensch müsse Lebensmittel essen, und deswegen könnten in der Landwirtschaft nicht so viele Treibhausgase eingespart werden wie etwa beim Autoverkehr. Das ist das Narrativ des im Angelsächsischen so benannten »TINA-Prinzips«: »*There Is No Alternative*«, mit dem schon Margaret Thatcher ihre neoliberale Politik in Großbritannien durchdrückte, Angela Merkel den Afghanistaneinsatz verlängerte, das Bahnprojekt Stuttgart 21 und der Ausbau des Frankfurter Flughafens gerechtfertigt wurden.

Es ist eine Methode, um politische Entscheidungen ohne Debatten um andere Optionen durchzusetzen. Das Wort »alternativlos« wurde in Deutschland 2010 sogar zum Unwort des Jahres gewählt. Die Begründung der Jury: Es sei eine »Basta-Politik«, die die Politikverdrossenheit fördere.[22] Lebensmittel- und Agrarkonzerne aber erzählen schon lange diese Geschichte: Weil die Bevölkerung auf der Erde anwächst, brauchen wir die konventionelle Landwirtschaft, brauchen wir Pestizide gegen Schädlinge und große Maschinen für die Ernte.

Auch CDU-Landwirtschaftsministerin Julia Klöckner beharrt in ihren Reden immer wieder darauf, dass wir für die Ernährung von Milliarden Menschen auf eine »produktive Landwirtschaft« angewiesen seien.[23] Auch wiederholt sie immer wieder diesen Satz: »Ganz ohne Emissionen ist die Produktion von Lebensmitteln und nachwachsenden Rohstoffen nicht möglich.«[24] Klöckner nutzt dasselbe Argument wie der Deutsche Bauernverband, der rund 90 Prozent aller Bauern vertritt. »Prioritäre Aufgabe der Landwirtschaft ist die nachhaltig ausreichende Versorgung der Bevölkerung mit Nahrungsmitteln«, schreibt der Verband in seiner Klimastrategie. Der Schutz der Umwelt und des Klimas stünden dahinter zurück.[25] Eine Seite weiter schreibt der Verband sogar, die Emissionen der Landwirtschaft entstünden zu großen Teilen als Folge natürlicher, unvermeidbarer Prozesse, die nicht treibhausgasneutral gestaltet werden könnten.[26]

Das entspricht nicht der Realität, wie wir noch sehen werden.[27] Der entscheidende Subtext: Mit einer klimafreundlichen Anbauweise werden wir weniger ernten, vielleicht sogar Hunger leiden. Es gibt also keine Alternative und damit auch keine Bringschuld.

Tatsächlich ist die Landwirtschaft weit davon entfernt, »ganz ohne Emissionen« auszukommen, obwohl es viele Möglichkeiten gibt, etwa durch den Aufbau von Humus, ausreichend Lebensmittel für alle anzubauen und dennoch keine einzige Tonne Treibhausgase zu emittieren oder sogar CO_2 einzuspeichern. Aber diese kämen einem radikalen Umbau der Landwirtschaft gleich, der nicht im Interesse der aktuellen Profiteure wäre. Eine klimafreundliche Landwirtschaft würde beispielsweise bedeuten, den Boden nicht mehr umzupflügen, denn dabei entweicht Kohlendioxid aus der Erde. Die Ernährungs- und Landwirtschaftsorganisation der UNO, die FAO, empfiehlt daher schon lange, möglichst wenig umzugraben.[28] Dies würde für viele Landwirte eine große Veränderung bedeuten – schließlich pflügen Bauern seit Jahrhunderten mit Eseln oder eben Traktoren ihren Boden um. Vor allem aber würde es den Herstellern von Traktoren, Pflügen und Düngesprühern missfallen. Sie erzielen weltweit einen Umsatz von mehr als 100 Milliarden Euro. Ein bislang sogar steigend profitables Geschäft: In den ersten sechs Monaten 2019 beispielsweise wurden zehn Prozent mehr Traktoren in Europa verkauft als noch ein Jahr zuvor.[29] Eine klimafreundliche Landwirtschaft würde bedeuten, auf die großen Maschinen zu verzichten, die nicht nur viel Sprit verbrauchen, sondern auch Lebewesen zu Tode häckseln und Bakterien und Pilze stören. Eine klimafreundliche Landwirtschaft würde auch bedeuten, stickstoffspendende Pflanzen anzubauen, statt flüssigen Stickstoff der Chemiekonzerne auf den Feldern zu verteilen. Denn bislang ist es sogar so: Bauern überdüngen ihre Pflanzen. Um sicherzugehen, dass ihr Mais oder Weizen wächst, bringen sie viel zu viel stickstoffhaltigen Dünger aufs Feld. Und um die Gülle von ihren Tierställen loszuwerden, verteilen sie sehr häufig viel mehr Gülle auf den Feldern, als die Pflanzen aufnehmen könnten. Dazu schreibt das Umweltbundesamt:

»Nährstoffüberschüsse im Boden führen zu Stickstoffemissionen, die gravierende Folgen für Umwelt und Gesundheit haben. Deutschland verfehlt seit vielen Jahren die Vorgaben der Nitrat-, Wasserrahmen- und Fauna-Flora-Habitat-Richtlinien sowie der Richtlinie über nationale Emissionshöchstmengen für bestimmte Luftschadstoffe.« In einer Studie schlugen zwölf Forscher im Winter 2019 erneut Alarm: Die Menge an klimaschädlichen Lachgasen in der Atmosphäre sei stark unterschätzt worden – und sie werde vor allem durch Stickstoffdünger in der Landwirtschaft verursacht.[30] Dabei gäbe es hier eine einfache Lösung: Stickstoffspendende Pflanzen erhöhen den Nährgehalt des Bodens – ihr Stickstoff ist aber nicht auswaschbar, landet also nicht wie Flüssig- oder Kügelchendünger im Grundwasser.[31]

Aber diese Alternativen entzögen Großkonzernen wie Bayer/Monsanto oder Syngenta die Geschäftsgrundlage. Die Politik müsste dafür sorgen, dass statt ihrer Maschinen und Produkte wieder viel mehr Menschen im Anbau von Gemüse, Obst und Getreide arbeiten. Und nicht zuletzt müssten auch wir alle unseren Konsum ändern: Die Produktion von Fleisch und Milch verbraucht mehr Fläche als alle anderen Lebensmittel und ist durch Sojaimporte als Futtermittel aus dem mehr als 10 000 Kilometer entfernten Brasilien besonders schlecht für die Klimabilanz.

Die Biolandwirtschaft ist dazu schon eine Alternative – sie verursacht beispielsweise 24 Prozent weniger Lachgase in der Tierhaltung.[32] Allerdings benötigt die biologische Tierhaltung mehr Fläche als die konventionelle. Auch der Getreide- und Gemüseanbau könnte noch wesentlich klimaneutraler sein, wenn es denn dafür ausreichend Forschung und Versuche gäbe. Vereinzelt gibt es aber schon Forscher, die die Effizienz von klimafreundlicher Landwirtschaft bestätigen können. Der Franzose Konrad Schreiber ist einer von ihnen, ein studierter Chemiker, der früher auf Düngemittel und Pestizide vertraute und inzwischen Vorträge mit Zehntausenden Klicks auf YouTube[33] darüber hält, wie eine dauerhafte Bodenbedeckung das Klima und die Umwelt zugleich retten kann. Seine Formel ist so einfach wie überzeugend: Ähnlich einem Wald sollten Bauern ihre Felder mit Grünzeug bedecken, das dank der Würmer und Bakterien im Boden in nährstoffreichen Humus umgewandelt wird. Mit dieser Anbauweise entfielen sowohl Dünger als auch das Pflügen der Felder. Mehr noch: Über die ständige Bodenbedeckung könnten viele Tonnen CO_2 eingelagert werden, sie würde Humus produzieren und damit künstlichen Dünger überflüssig machen. Die Landwirte, die zu Schreibers Vorträgen kommen, werden immer zahlreicher, und auch der sozialistische Landwirtschaftsminister unter der Pariser Regierung von François Hollande empfing ihn schon. Nur Forschungsmillionen, die bislang in neue Technologien fließen, etwa in Drohnen für den Pestizideinsatz[34], hat er noch nicht erhalten.

In den meisten europäischen Ländern wächst die Zahl der Bauern, die sich dieser neuen Landwirtschaft verschrieben haben.[35] In Deutschland versucht der Verein Gesellschaft für konservierende Bodenbearbeitung, Ökobauern davon zu überzeugen, auf den Pflug zu verzichten und mit Untersaaten beispielsweise den Boden zwischen dem Mais zu bedecken.[36] So würde der Ökolandbau, der bislang ebenfalls auf große Maschinen angewiesen ist und durch das Umgraben Kohlendioxid freisetzt, klimafreundlich weiterentwickelt. Dann könnte die Landwirtschaft sogar das Klima retten: Mit mehr Humus, weniger Umgraben und Abholzen könnten bis 2050 alle Menschen ernährt werden – und 30 Prozent aller Treibhausgasemissionen im Boden eingelagert werden, schreiben Forscher in einer *Nature*-Studie.[37] Doch Agrarpolitiker halten weiter an der Industrielüge fest, dass es keine emissionsfreie Landwirtschaft geben kann. »Wer das fordert, nimmt leere Kühlschränke in Kauf«, schreibt eine Sprecherin des Bundeslandwirtschaftsministeriums in einer Mail.[38]

Eine klimaneutrale Landwirtschaft umzusetzen hieße, ganze Industrien lahmzulegen: die der Düngemittel, die der Pestizidhersteller, die der Pflugmaschinen oder die der Wurstproduzenten. Ein Systemwechsel, eine Alternative, die die Politik nicht erwähnen möchte. Und das, obwohl die industrielle Landwirtschaft weltweit mehr als 80 Prozent[39] der Agraremissionen ausstößt, zugleich aber nur rund 30 Prozent aller Menschen auf der Welt ernährt.[40] So steht es in einem viel zitierten Bericht der Welternährungsorganisation FAO. Denn auch wenn es in der aktuellen Diskussion untergeht: Noch immer ernähren Kleinbauern die große Mehrheit aller Menschen.

Der Mythos der smarten Landwirtschaft

Der Profit der tonangebenden Bauern wäre aber mit einer Landwirtschaft basierend auf Humus und ohne Chemie in Gefahr. Einige wenige Großbauern haben den passenden Fuhrpark für die konventionelle Landwirtschaft, sie besitzen Hunderte von Hektar Land, zu deren Bestellung sie auf die großen Maschinen angewiesen sind. Deshalb agiert die Agrarlobby wie auch die Lobby im Auto- und Flugverkehr: Sie verspricht Klimaschutz durch technischen Fortschritt. Bei ihr heißt er nicht »3-Liter-Auto«, sondern »klimasmarte Landwirtschaft«. Für diese techniknahe Landwirtschaft warb das CDU-Bundeslandwirtschaftsministerium von Julia Klöckner auf der »Grünen Woche« in Berlin 2019, einer der größten landwirtschaftlichen Ausstellungen der Welt. Klimafreundliche Landwirtschaft sah im Ministerium so aus: Drohnen fliegen über den Acker, um mit Sensoren die Bodenfeuchtigkeit zu messen und kranke Pflanzen zu bestimmen. So könne der Einsatz von Pestiziden und Düngemitteln gezielter und seltener zum Einsatz kommen, so das Versprechen.[41] Der Klimagewinn allerdings bleibt im Dunkeln.

Die Stickstoffüberschüsse beim Düngen können damit vielleicht begrenzt werden, das Agrarministerium geht davon aus, mindestens 1,9 Millionen Tonnen CO_2 mit »präzisem Techniкeinsatz« einsparen zu können.[42] 1,9 Millionen – das ist wenig angesichts von rund 65 Millionen Tonnen CO_2, die die Landwirtschaft jährlich in Deutschland emittiert.[43] Und eines der schädlichsten Treibhausgase, das Methan in der Tierhaltung, wird durch technische Mittel nicht verringert. »Digitale Technologien und Präzisionslandwirtschaft werden helfen, Emissionen zu mindern«[44], heißt es trotzdem in den Agrarministerien unisono mit dem Bauernverband.

Klöckner verbreitet das Versprechen der großen Agrarkonzerne – obwohl die Wissenschaft längst deutlich wirksamere Mittel zum Klimaschutz in der Landwirtschaft gefunden hat. Etwa, den Boden mit seinen eigenen Mitteln zu düngen, zum Beispiel mit Leguminosen wie Klee oder Saubohnen, die den Boden mit Stickstoff anreichern und beispielsweise nach der Hauptkultur Weizen oder Mais angebaut werden könnten. Bei dieser wirklich klimafreundlichen Landwirtschaft lässt sich heute ganz klar berechnen, wie viel CO_2 eingespart werden kann, wenn nicht chemischer Dünger eingesetzt wird, sondern stattdessen nährstoffspendende Pflanzen wie Hülsenfrüchte aller Art angebaut werden: Mit einem Hektar Ackerbohnen beispielsweise lassen sich 480 Kilo CO_2 einsparen, die zur Herstellung von Dünger für dieselbe Fläche benötigt würden.[45] Und dieser Stickstoff der Pflanzen würde auch nicht, wie bei herkömmlichen Düngern, hinterher im Trinkwasser landen.

Diese Methode ist allerdings für Düngemittel- und Saatguthersteller wie Monsanto oder Syngenta nachteilig: Ihre Produkte würden schlicht überflüssig. Sie haben sich in der Lobbygruppe Global Alliance for Climate-smart Agriculture zusammengefunden, die genau für diese technikbasierte Landwirtschaft forscht und Werbung macht. Die Allianz hat es geschafft, Partner der FAO, der UN-Welternährungsbehörde, zu werden.

In dieser Allianz sitzen mehr als ein Dutzend Länder (wie beispielsweise Frankreich), der Weltbauernverband, aber auch Unternehmen wie Kellogg's oder Syngenta.[46] Das bedeutet: In einer Arbeitsgruppe zur »klimasmarten Landwirtschaft« der wichtigsten Ernährungsorganisation der Welt sitzen Firmen, die mit konventioneller und damit klimaschädlicher Landwirtschaft Milliardengewinne machen. Kellogg's ist der zweitgrößte konventionelle Getreide- und Maishersteller der Welt mit einem Gewinn von 13 Milliarden Euro im Jahr 2018[47], die chinesische Syngenta ist der größte Pestizid- und Fungizidkonzern der Welt und machte mit ihren Chemieprodukten und den dazu passenden Samen 2018 ebenfalls 13 Milliarden Euro Gewinn.[48] Auch der Verband der europäischen Düngemittelhersteller, »Fertilizers Europe«, ist Teil der Allianz – in dem Verband sind wiederum Chemiekonzerne wie BASF vertreten.[49] Erneut ist die Lobby der klimaschädlichen Landwirtschaft erfolgreich. Sie ist wie der Elefant im Raum, zu groß, um sie als Lobby wahrzunehmen, darf sie an mächtigen Gremien teilhaben. Mit diesen industrienahen Mitgliedern ist absehbar, in welche Richtung die »smarte Allianz« der FAO und mit ihr viele Regierungen marschieren werden: Dass die Gewinner der Landwirtschaft der vergangenen Jahrzehnte unter »smarter, klimafreundlicher« Landwirtschaft eine Weiterführung ihres bisherigen Profitmodells verstehen, ist naheliegend. Sie raten daher zu mehr Drohnen und automatisierten Traktoren statt tatsächlich wirksamen, systemverändernden Lösungen. Auch Bundeslandwirtschaftsministerin Julia Klöckner folgt dieser Linie, die aus der Perspektive des Klimaschutzes nicht als großer Gewinn anzusehen ist: »Bis 2050 werden wir zwei Milliarden mehr Menschen auf der Welt sein, und aktuell hungern bereits über 800 Millionen. Hier kann der Ausbau digitaler Anwendungen und Lösungen helfen«, sagte sie in einem Interview.[50]

Zu der »smarten Landwirtschaft« zählt sie vor allem sogenannte Präzisionstechniken. Das ist ein Begriff dafür, mit chemischen Analysen genauer zu bestimmen, wie viel Stickstoff oder Phosphor eine Pflanze benötigt, um dann bestenfalls weniger Dünger zu spritzen. Diese Methode hat aber zwei entscheidende Haken: Erstens ist sie nur bei Monokulturen anwendbar. Nur wenn auf meinem Feld nur eine Pflanzenart wie etwa Mais steht, kann ich versuchen, ihren Bedarf zu messen. Sobald dazwischen noch, wie es für das Bodenleben und auch die Klimabilanz gut wäre, etwa Sonnenblumen oder Klee wachsen, funktioniert es nicht mehr: Das Düngemittel kann nur auf ganze Felder und nicht auf einzelne Pflanzen versprüht werden. Zweitens, und das ist der gewichtigere Grund, sind diese Techniken keineswegs so präzise, wie ihr Name glauben machen möchte. Eine Bestimmung des Phosphorgehalts im Boden ist bis heute nicht möglich, es existieren in Europa allein 16 verschiedene Messmethoden.[51] Hier wird also, typisch für Lobbykampagnen, ein neues Wording erfunden. Und ausgerechnet eine Methode als präzise und neu beschrieben, die in der realen Anwendung keine präzisen Messergebnisse liefert.

»Climate Smart Agriculture ist der neue Slogan für (…) Konzerne, sich als Lösung für die Nahrungs- und Klimakrise zu präsentieren. Für die Kleinbauern der Welt ist dies nicht smart. Es ist nur ein weiterer Weg, unternehmenskontrollierte Technologien auf ihre Felder loszulassen und sie ihres Landes zu berauben«, sagt Pat Mooney von der ETC-Gruppe,[52] einer weltweiten NGO, die die Auswirkungen von Technologien untersucht.

Smart wäre es hingegen gewesen, strenge Vorgaben für chemische Düngemittel einzuführen. Die stickstoffhaltigen Kügelchen oder Flüssigkeiten treiben Pflanzen in der häufig ausgelaugten Erde zum Wachsen an, sie werden mit viel Energie hergestellt und häufig weit transportiert. Klimafreundliche Bauern hingegen reichern ihren Boden mit Kompost oder stickstoffhaltigen Pflanzen wie Bohnen und Klee an.

Die im Juli 2017 in Kraft getretene neue Düngeverordnung ist aber ein stumpfes Schwert, ein Verbot von Düngen im Winter und geplante Obergrenzen wurden schließlich gestrichen. Die Bundesregierung will die Landwirte nur dazu anregen, »Dünger besser und effizienter« zu nutzen. Prompte Sanktionen drohen keine. Verschiedene Umweltorganisationen beurteilten auch die 2019 leicht geänderte Fassung als »Skandal«.[53] Besonders ein Detail lädt zum Missbrauch und damit dazu ein, den Dünger nicht zu reduzieren: Die Bauern erhalten die Möglichkeit, ihren Düngerverbrauch auf ihr durchschnittliches Gelände zu beziehen und somit auch brachliegende Flächen, die überhaupt nicht gedüngt werden, mit einzubeziehen.[54]

Bei der Werbung für »smarte Landwirtschaft« wird außer Acht gelassen: Der schnellste und wichtigste Fortschritt für das Klima bleibt, weniger Fleisch und Milchprodukte zu essen. Die Massentierhaltung ist für den Großteil der CO_2-Emissionen verantwortlich. Laut dem Umweltbundesamt (UBA) kann eine vegetarische Ernährung auf einen Schlag die Klimagase im Agrarsektor um mehr als ein Drittel reduzieren, wer auch noch auf andere tierische Produkte wie Milch und Käse verzichtet, halbiert sofort die Emissionen.[55] Eine Kampagne über die Nachteile von Fleisch oder etwa für vegetarische Schulessen möchte Klöckner allerdings nicht führen. »Wir leben in einem freien Land. Und der Verbraucher entscheidet selbstständig«, sagte sie in einem Interview mit der *taz*.[56] Im selben Interview nutzt Klöckner, die als Landwirtschaftsministerin im Rahmen des Pariser Abkommens verpflichtet ist, die Emissionen in der Landwirtschaft bis 2030 um 40 Prozent zu senken,[57] eine gängige Argumentation der Klimaschutz-Bremser: Sie verweist auf andere Länder, in denen mehr Fleisch gegessen wird. »Sagen Sie mal einem Argentinier, er soll seinen Fleischverbrauch um zwei Drittel reduzieren. Das werden Sie nicht schaffen, auch aus kulturellen Gründen nicht.« Abgesehen davon, dass ein durchschnittlicher Argentinier nur wenig mehr Fleisch isst als ein Deutscher (rund 100 Kilo jährlich im Vergleich zu rund 90 Kilo),[58] müsste sich Ministerin Klöckner unabhängig vom argentinischen Konsum um den deutschen kümmern. Dieses Statement zeigt ihre echte oder gefühlte Ohnmacht: Klimapolitik muss eine Kultur und kulturelle Vorlieben ändern können, wenn wir, wie vertraglich unterschrieben, bis 2050 auf eine nahezu klimaneutrale Gesellschaft kommen wollen.

Um den Fleischkonsum zu reduzieren, gäbe es wieder zahlreiche Alternativen: Der Staat könnte beispielsweise den ermäßigten Mehrwertsteuersatz von sieben Prozent auf tierische Lebensmittel auf die regulären 19 Prozent anheben und zugleich Gemüse und Obst weniger besteuern. Das Umweltbundesamt hat dies schon 2017 vorgeschlagen und berechnet, dass dadurch rund zehn Prozent weniger Fleisch konsumiert werden könnten.[59] Das UBA hat auch noch weitere Ideen: beispielsweise Bürgerinnen und Bürger im Laden mit Bonuspunkten zu belohnen, die sie in Geld eintauschen können, wenn sie nachhaltige Lebensmittel – also regional, biologisch und saisonal – einkaufen. Oder in öffentlichen Kantinen, in Altenheimen, Krankenhäusern und Kindergärten nur solches Essen anzubieten.[60] Aber je stärker Fleischproduzenten im Bundestag, in Agrarausschüssen und im Europaparlament vertreten sind, umso besser können sie jede Veränderung verhindern.

Die Fleischlobby in den Parlamenten

Die Fleischindustrie ist bis jetzt von ambitionierten Klimaschutzprogrammen ausgenommen. Nur wenige haben wie die Firma Rügenwalder Mühle umgedacht und bieten nun auch vegetarische Produkte an.[61] Ja, die meisten der zwanzig größten Fleischhersteller der Welt, darunter Aldi-Lieferant Clemens Tönnies, haben nicht einmal einen Plan, wie sie ihre Emissionen reduzieren könnten.[62] Tönnies ist im Herbst 2019 mit einer besonders rassistischen und falschen Aussage bekannt geworden: Er kritisierte Steuern für den Klimaschutz und schlug vor, stattdessen 20 Kraftwerke in Afrika zu bauen. »Dann würden die Afrikaner aufhören, Bäume zu fällen, und sie hören auf, wenn's dunkel ist, Kinder zu produzieren«, sagte Tönnies.[63] Nach einer öffentlichen Entschuldigung durfte Tönnies schließlich doch Aufsichtsratschef vom Fußballclub Schalke 04 bleiben. Tönnies machte mit Schweine- und Rindfleisch mehr als sechs Milliarden Euro Umsatz im Jahr 2018 – jedes dritte Stück Schweinefleisch in Deutschland kommt aus einer Tönnies-Fabrik. Klimaschädliche Wurst- und Fleischimperien in Deutschland sind einflussreiche Konzerne.[64]

Eine internationale Studie von 2018 brachte erstaunliche Zahlen über die Fleischwirtschaft zutage: Die 20 größten Fleisch- und Milchkonzerne der Welt emittieren mehr Treibhausgase als ganz Deutschland oder Australien.[65] Auch die Welternährungsorganisation FAO wurde von den Fleischindustriellen unterwandert: Unter dem Einfluss von Industriegruppen wie der International Feed Industry wurde festgeschrieben, dass es eine nachhaltige industrielle Tierhaltung geben könne.[66]

Auch unter den Abgeordneten im Europaparlament und im Bundestag befinden sich besonders viele Fleisch- und Milchbauern, die mit der intensivierten Landwirtschaft und der fabrikähnlichen Haltung von Tieren reich geworden sind. Jedoch treten sie in der Öffentlichkeit immer nur als Politiker auf – aber nicht als die Landwirte, die sie auch sind. Der Vorsitzende des Berliner Ausschusses für Ernährung und Landwirtschaft, Alois Gerig, hat sich beispielsweise in der Debatte um eine Fleischsteuer vehement gegen höhere Steuern gewehrt. Gerig ist selbst Landwirt und hält auf seinem baden-württembergischen Hof Rinder, Schweine und Hühner.[67] Auf eine Frage zu seinen Interessenkonflikten antwortete Gerig bei »abgeordnetenwatch.de«, in einer Demokratie dürfe sich jeder politisch engagieren – auch Landwirte.[68]

Die meisten Agrarlobbyisten sind im Bauernverband und in der CDU/CSU. Keinem anderen Wirtschaftsverband in Deutschland wird so großer, so unmittelbarer Einfluss auf die Politik zugeschrieben. Über die Hälfte der CDU-Mitglieder im Agrarausschuss des Bundestages hatte 2018 zugleich ein Amt beim Bauernverband inne.[69] Ohne größere öffentliche Kritik über offensichtliche Interessenkonflikte konnten sie im Bundestag und im Europäischen Parlament Platz nehmen. Eine ganze Reihe von Politikern in den deutschen Bundesländern sowie in Berlin und Brüssel sind auch Landwirte. Viele von ihnen haben gemeinsam an den agrarwissenschaftlichen Hochschulen in Göttingen, Gießen oder Bonn studiert und bilden so ein Netzwerk, das die Interessen der Branche vertritt.

Die Liste an Landwirten an den Schaltstellen der Macht ist noch länger: Ein weiteres Beispiel ist Peter Bleser (CDU). Er ist selbst Bauer und war im Kuratorium der Heinz-Lohmann-Stiftung,[70] die vom größten deutschen Geflügelmäster PHW mit der Marke »Wiesenhof« gegründet wurde.[71] Zugleich war er zehn Jahre lang Vorsitzender im CDU-Bundesfachausschuss Ernährung, Landwirtschaft und Verbraucherschutz und anschließend sieben Jahre lang Staatssekretär im Bundeslandwirtschaftsministerium;[72] Franz-Josef Holzenkamp ist Landwirt in der

Schweinehochburg Vechta-Cloppenburg und Chef des Raiffeisenverbandes – ein Megaverband von Agrarunternehmen. Er war bis 2017 Vorsitzender der Arbeitsgruppe Ernährung und Landwirtschaft und Obmann im Agrarausschuss der CDU-Fraktion.[73]

Johannes Röring, Präsident des Westfälisch-Lippischen Landwirtschaftsverbandes – also des münsterländischen Bauernverbandes – und ebenfalls CDU-Bundestagsabgeordneter, sitzt im Präsidium des Bauernverbandes und hat als Mitglied des Landwirtschaftsausschusses gleichzeitig privilegierten Zugang zu Informationen, etwa über bevorstehende Gesetzentwürfe. Röring ist Chef eines Schweinemastbetriebs im münsterländischen Vreden, im Wahlkampf verteilt er häufig Grillwürstchen. Zudem betreibt er mit Röring Energie seine eigene Düngemittelfirma.[74] Der 61-Jährige ist einer der wohlhabendsten Abgeordneten und verdient mindestens 225 000 Euro in seinen zahlreichen Nebenfunktionen in Bauernverbänden. Röring hat nicht nur 15 Nebenjobs in der Agrarbranche, er hat sie offenbar noch verschleiert: Laut der *Süddeutschen Zeitung* mahnte ihn Bundestagspräsident Wolfgang Thierse ab, weil er trotz Ermahnung zwei Nebeneinkünfte aus der Agrarbranche nicht rechtzeitig angegeben habe.[75]

Röring verteidigt auf seiner Internetseite seine zahlreichen Nebentätigkeiten. »Als selbstständiger landwirtschaftlicher Unternehmer muss ich dafür Sorge tragen, dass mein Unternehmen auch noch existiert, wenn ich aus dem Deutschen Bundestag ausscheide. Eine Rückkehrmöglichkeit in die vorausgegangene Berufstätigkeit ist auch ein Beitrag zur Gewährleistung der Unabhängigkeit von Abgeordneten.«[76] In einem *Spiegel*-Artikel wird er zitiert mit den Worten, die Veröffentlichung der Nebeneinkünfte »macht die Leute scheu«.[77]

Aber wie unabhängig kann Röring für eine klimafreundliche Landwirtschaft, für weniger Düngemittel und weniger Tierhaltung eintreten, wenn er selbst Schweine mästet und Dünger verkauft? Röring stimmte immer, wenn er konnte, gegen Klimaschutz: Er stimmte gegen das Aus von Kohlekraftwerken und dagegen, die Fahrverbote für Dieselautos in den Innenstädten zu erweitern. Ebenso lehnte er es im Bundestag ab, die klimafreundlichere Weidetierhaltung zu fördern.[78]

Schließlich ist er selbst Massentierhalter: Die Tierschutzorganisation PETA hatte in einem verdeckt gedrehten Video in den Mastbetrieben von Röring und Holzenkamp erbärmlich leidende Tiere gefunden und die Funktionäre angezeigt.[79] Rörings Antwort: Er könne »keinen Verstoß gegen geltendes Recht« erkennen.[80]

Die Bauern haben ihre eigene Propagandaabteilung für die kommende Generation: Auf der Seite des Vereins information.medien.agrar (i.m.a.)[81] können laut eigener Aussage »Pädagogen, Landwirte und Verbraucher« kostenlose Broschüren bestellen. Zu bestellen sind aber auch ein Hausaufgabenheft inklusive Lineal und Informationen über Kühe, Milch und Bauern sowie[82] ein »Bestseller«-Aufkleber mit dem Slogan »Landwirtschaft dient allen«. Betrieben wird die Seite von den großen Bauernverbänden, was auf der Seite mit »Organisationen der deutschen Landwirtschaft« umschrieben ist.[83] Der Präsident des Vereins ist zugleich Präsident des Deutschen Bauernverbandes.[84] Offizielles Ziel des Vereins ist es, Menschen die Landwirtschaft näherzubringen.

Der i.m.a. ist als »Bildungsanbieter« auf der »didacta« vertreten, der Messe für Lehrerinnen und Lehrer. Regelmäßig lädt der Verein zudem Schulklassen aus Berlin und Brandenburg zu Informationsveranstaltungen ein. Auf der wichtigsten Landwirtschaftsmesse, der »Grünen Woche«, empfing der i.m.a.-Stand 2019 rund 300 Redakteure von Schülerzeitungen zu einer Pressekonferenz. 300 scheint viel, aber i.m.a.-Geschäftsführer Patrik Simon schreibt auf seiner Facebook-Seite[85], es hätten sich noch wesentlich mehr Schülerinnen und Schüler angemeldet.

Eine Lobbyarbeit, die weder von Journalisten noch von Lehrern als solche erkannt wird. Auch in diesem Jahr habe es wieder »eine gute Presse-Resonanz auf die Messe-Angebote unseres i.m.a.-Standes gegeben«, schreibt Simon in einem weiteren Post und zeigt einen lobenden Artikel der *Berliner Morgenpost*.[86]

Auch hier ist wieder das Ziel, die Landwirtschaft positiv darzustellen und nicht als Mitverursacher des Klimawandels zu benennen. Unter den Hunderten Broschüren und Postern ist nicht ein einziges dem Klimawandel gewidmet. Wer nach dem Wort »Klima« im Arbeitsheft »Landwirtschaft im Wandel« für die Sekundarstufe 1[87] sucht, findet zwei Absätze: Im ersten steht, dass fossile Energieträger zu Klimaveränderungen führten – und daher die »Energiebereitstellung« in der Landwirtschaft, etwa durch Rapsöl, wieder bedeutsamer werde. Und das Wort »Klima« befindet sich auch im folgenden Abschnitt: »Ein besseres Stall*klima* und Wellness-Angebote tragen zum Wohlbefinden der Tiere bei: Schweine haben Spielzeug, Ställe haben mehr Tageslicht und sind oft klimatisiert.« Abgesehen von der parodistischen Schönschreibung der oftmals miserablen Bedingungen im Stall ist hier vor allem auffällig: Der Klimawandel wird in der 24-seitigen Broschüre nicht erwähnt.[88]

»Sie kommen nicht mehr aus dem System heraus«, sagt der französische Olivenbauer Frère. »Über Jahrzehnte wurden sie von der Politik hineingepresst.« Sowohl Politiker als auch Landwirte setzen deswegen gemeinsam alles daran, das klimaschädliche System zu erhalten. Wer sich dagegen wendet, bekommt es mit der geballten Kraft der Lobby zu tun. Als im Herbst 2019 mehr als 60 Bürgermeisterinnen und Bürgermeister[89] in Frankreich entschieden, Pestizide nur noch in mindestens 150 Metern Entfernung von Wohnhäusern zu erlauben, gingen die Landwirte auf die Straße, und die Präfektur in Rennes erklärte das örtliche Verbot für ungültig.[90] Im Dezember 2019 verabschiedete die französische Regierung ein neues Gesetz: Ab 2020 müssen Landwirte fünf Meter Abstand halten, wenn sie Pestizide versprühen.[91] Der Agrarminister beschwerte sich im Fernsehen über das angebliche »Agri-Bashing« in Frankreich.[92] Ein Wort, das die Lobby der konventionellen Landwirte ständig benutzt.[93] Hier werden, wie so häufig in der Landwirtschaft, die Verursacher zu Opfern gemacht.

Wie die Klimaschmutzlobby ihre Ziele erreicht – USA, Brasilien, Europa

Der Klimawandel verändert die gesamte Erde. Lobbys, Politiker und Wirtschaftslenker, die gegen Klimaschutzgesetze kämpfen, kennen keine Ländergrenzen. Wenn in Ländern wie den USA ein Klimawandel-Leugner Präsident ist, hat das auch Auswirkungen auf Europa. Auch die klimafeindliche Politik des brasilianischen Präsidenten Jair Bolsonaro ist keine lateinamerikanische Angelegenheit. Wir zeigen, wie Anti-Klimaschutz-Thinktanks international agieren und wie sie sich auf Konferenzen und Netzwerktreffen austauschen und gegenseitig unterstützen.

Das Netzwerk der Leugner-Thinktanks

Als wir im August 2018 nach New Orleans zur »American First Energy Conference« des Heartland Institute fuhren, waren wir mit unserer grenzüberschreitenden Recherche noch am Anfang. Wir tauchten ein in den US-amerikanischen Kosmos erzkonservativer und neoliberaler Weltsichten, ganz auf die Politik von Donald Trump zugeschnitten. Die 300 Teilnehmer und geladenen Redner stammten alle aus den USA. Auf großen Bildschirmen im Kongresssaal des Hilton Hotels liefen zwischen den Vorträgen patriotische Werbefilme über ein starkes Amerika. Erdölpumpen vor Sonnenuntergängen, Frackingtürme in schönen Landschaften und sich verbrüdernde Kohlekumpel. Die Botschaft: Patriotismus und fossile Energien seien die Garantie für Wohlstand und Freiheit. Von diesem »Framing« könnten sich die Europäer noch einiges abschauen. Und scheinbar haben einige Klimawandel-Leugner in Europa auch genau das vor.

Ein Jahr nach der Konferenz in New Orleans trifft sich das Heartland Institute im Juli 2019 wieder zu einer jährlichen Klimakonferenz.[1] Dieses Mal in Washington, D. C., im Trump International Hotel, einem Luxushotel in Gehentfernung zum Weißen Haus, in dem man für ein Zimmer zwischen 400 und 1700 Dollar pro Nacht zahlt. War das Hilton in New Orleans schon ein schicker Ort, ist der Prunk im Trump Hotel kaum mehr zu toppen. Und in jedem Fall sind die Konferenzteilnehmer auf Linie mit dem Gastgeber. Doch nicht nur der Ort hat sich verändert – auch die Tonlage ist noch selbstbewusster geworden. Sponsoren sind die üblichen Verdächtigen: darunter die amerikanische Klimawandel-Leugner-Organisation CFACT, mit der das deutsche Klimawandel-Leugner-Institut EIKE verbunden ist,[2] sowie die CO_2-Coalition, SEPP[3] und die Heritage Foundation[4] als Silver-Sponsor sowie das Competitive Enterprise Institute.[5] Redeten die Heartland-Speaker 2018 nur über die USA und ihre Energiepolitik, wird es dieses Mal international: Der frisch ins Amt gehobene Heartland-Direktor Frank Lasee begrüßt das Publikum mit der Kernbotschaft: »Ich werde Heartland noch größer machen, damit wir unseren Lebensstil schützen können!« Für den 57-jährigen Republikaner ist die Konferenz ein Heimspiel. Er übernimmt die Leitung des bekanntesten Klimawandel-Leugner-Instituts in einer Zeit, in der die sogenannten Klimarealisten im Aufwind sind. Schwanden die Hoffnungen auf ein Rollback unter Obama, ist nun wieder alles möglich: der Einstieg in die Kohle, ungebremstes Fracking nach Gas und Öl und der Abbau von lästigen Umweltauflagen. Und das wünscht sich der Trump-Anhänger auch für Europa. Lasee verpackt es als Sorge um die europäischen Bürger, die wegen der »Klimahysterie« unter einer lahmenden Wirtschaft leiden würden. Der neue Heartland-Präsident macht unmissverständlich klar: Nachdem die »Vernunft« in den USA gesiegt habe, wolle man nun auch anderen Ländern helfen, sich vom Klimaschutz zu befreien.

Das Publikum ist davon begeistert: Die Keynotespeaker haben an diesem Julimorgen für Europa nur Mitleid übrig. Zwar gehe es dem Kontinent schlecht, aber immerhin gebe es nun in Polen und Österreich vernünftige Regierungen: »Der Klimarealismus ist auf dem Durchmarsch – wir gewinnen Europa zurück!«, erklärt James Taylor, Senior Fellow von Heartland. Und er begrüßt in seiner Rede seinen »guten deutschen Freund« Wolfgang Müller – eine zentrale Figur der internationalen Klimawandel-Leugner-Szene.

Müller ist Generalsekretär des deutschen Leugner-Vereins EIKE und sitzt im Vorstand des marktliberalen Instituts für Unternehmerische Freiheit (IUF) in Berlin. Er war schon öfter bei Heartland. Neu ist, dass er an diesem Morgen sogar ans Rednerpult darf, um für EIKE zu werben. Immerhin stehe EIKE in guter Tradition des Heartland Institute: »Wir haben uns euch zum Vorbild genommen, Topwissenschaftler aus aller Welt zusammenzubringen, um die Alarmisten zu stoppen«, lobt Müller.[6] Was die EIKE-Mitglieder sonst nicht so gern zugeben, sagt Müller hier in Washington ganz offen: Man freue sich über die regelmäßige Unterstützung von Heartland, ohne die die Arbeit von EIKE nicht so erfolgreich wäre. Über Müller selbst ist wenig bekannt: Auf seiner verwaisten Facebook-Seite steht, dass er bei der FDP-nahen Friedrich-Naumann-Stiftung gearbeitet hat. Womit Müller sein Geld verdient und ob Heartland seinem deutschen Verein EIKE auch finanzielle Hilfe leistet, bleibt undurchsichtig – dank der schwachen Transparenzregeln in Deutschland, wonach Vereine ihr Budget nicht offenlegen müssen.[7] Aber Müller und sein EIKE-Verein sind nicht der einzige Partner von Heartland in Europa.

Per Skype zugeschaltet wird auch der polnische Gewerkschaftler Dominik Kolorz.[8] Seine Gewerkschaft Solidarność hat auf der polnischen UN-Klimakonferenz in Katowice 2018 eine Kooperation mit Heartland und EIKE geschlossen, in der »die Wiederherstellung der wissenschaftlichen Methodik und die Eliminierung ideologischer Dogmen der UN« gefordert wird. Der Duktus: Die polnische Gewerkschaft, bekannt für ihren Widerstand gegen den Kommunismus, geht zusammen mit den Klimawandel-Leugnern erneut in den Widerstand – dieses Mal gegen den »Klima-Alarmismus«.

Die Widerstands- und Opfer-Erzählung ist bei europäischen wie amerikanischen Klimawandel-Leugnern ein beliebtes Mittel, um jene politischen Kräfte anzusprechen, die gegen den angeblichen »links-grünen Eliten-Mainstream« ankämpfen wollen.

Auf der Heartland-Konferenz im Trump-Hotel erklärt der polnische Gewerkschaftler Kolorz: »Sie werden uns mit ihrem Klimaschutz in die soziale Krise führen. Und dabei gibt es keinen Beweis, dass der Mensch für den Temperaturanstieg verantwortlich ist.« Er freue sich deshalb, dass endlich auch mal andere Stimmen in der wissenschaftlichen Debatte zu Wort kämen. Die polnische Gewerkschaft, so stellt es Kolorz da, stelle sich nur schützend vor ihre Mitglieder, von denen viele in der Kohle arbeiten würden. »Jedes Land sollte selbst wählen können, welche Energieform es nutzt«, meint Kolorz schließlich. Der Klimaschutz aber mache die Menschen arm. Der Gewerkschaftler scheint sich aus der Argumentenkiste von Heartland zu bedienen – daher rührt sicher auch die neue Kooperation. Heartland-Vertreter James Taylor leistete knapp einen Monat vor der Konferenz sogar Hilfe vor Ort und ließ sich von der Gewerkschaftszeitung interviewen. Es scheint so, als ob Menschen wie Kolorz dringend eine Lobby brauchten, die ihnen das erzählt, was die Kohlebranche hören will: dass es nicht ihre Emissionen sind, die zum Klimawandel führen, und es mit der fossilen Energie auch im 21. Jahrhundert weitergehen kann. Für ein Land wie Polen, das zu 70 Prozent von der Kohleverbrennung abhängig ist, eine nachvollziehbare, wenn auch kurzsichtige Denke.[9] Im Trump Hotel mit dabei sind auch andere Figuren der Klimawandel-Leugner-Szene, die gern in den USA und Europa ihre Thesen verbreiten, darunter der britische Mathematiker Lord Christopher Monckton[10], nach eigenen Angaben angeblich ehemaliger Berater von Margaret Thatcher. Monckton ist so ziemlich auf allen Klimawandel-Leugner-Konferenzen unterwegs und war im Mai 2019 auch auf einer Anhörung der AfD im Bundestag.[11]

Ein weitaus einflussreicherer Redner ist hingegen Myron Ebell[12], der sich an diesem Tag über »Politischen Selbstmord durch CO_2-Steuern und Trumps Klimaerfolge« auslässt. Er erhielt 2017 von Heartland den »Speaks Truth To Power Award«[13] – ein Preis für seine »wahren Reden an die Mächtigen«. Ebell ist nicht nur einer der bekanntesten Klimawandel-Leugner der USA, sondern auch enger Berater von Präsident Trump. Für den leitet er das Übergangsteam zum Umbau der US-Umweltbehörde EPA. Dabei geht es allerdings weniger um einen Umbau als um einen Abbau – von Regulierungen und Arbeitsplätzen. Nicht zuletzt als Leiter des Competitive Enterprise Institute (CEI)[14] hat Ebell auch Kontakte nach Europa. So bestehen enge Verbindungen zur Anti-EU-Fraktion Europäische Konservative und Reformer (EKR) im Europaparlament.[15] Ebell lud die europäischen Konservativen 2017 sogar zu einem Kongress nach Miami ein. Das Competitive Enterprise Institute war dabei einer der wichtigsten Sponsoren.[16] Auch bei britischen Thinktanks wie der Global Warming Policy Foundation (GWPF)[17] oder dem deutschen Verein EIKE ist Ebell ein gern gesehener Gast.[18] Beiträge von Mitgliedern des CEI finden sich regelmäßig auf der Seite von EIKE.[19] In einem Skypecall mit EIKE kurz nach der Wahl von Donald Trump erklärt Ebell seinen deutschen Kollegen, wie er die EPA und die Klimapolitik umbauen will.[20] Er spricht vom »Climate Industrial Complex«, den es nun Stück für Stück abzubauen gelte. Ebell begrüßt EIKE-Vorstandsmitglied und Geschäftsführer Wolfgang Müller freundschaftlich mit Vornamen und lobt die Arbeit von EIKE und die gute Kooperation. Auch Holger Thuß wird von Ebell freundlich mit Vornamen begrüßt – man kennt sich. Vielleicht auch von der »Cooler Heads Coalition« – einer der ältesten Klimawandel-Leugner-Plattformen in den Staaten –, die Ebells CEI sponserte und die auch mit CFACT kooperierte. Ebell wurde auch auf der 13. »Klimakonferenz« des Vereins im November 2019 wieder per Skype zugeschaltet.[21]

Thuß und Ebell haben eines gemeinsam: Sie sind beide studierte Geisteswissenschaftler und – wie es scheint – eher zufällig auf das Klimathema gestoßen. EIKE-Chef Thuß ist promovierter

Historiker und publiziert in seinem Verlag neben den üblichen Klimawandel-Leugner-Pamphleten[22] auch Bücher über Goethes Liebesleben *(Christiane – Goethes Geliebte und Gefährtin)*, Fürst Pückler oder Kapitalismus-Lobeshymnen wie *Alternativlos – Warum wir jetzt erst recht ungezügelte Finanzmärkte brauchen.* Eine Mischung aus heimatbezogenem Intellektualismus und neoliberaler Ideologie.

Myron Ebell, der es als Klimawandel-Leugner wesentlich weiter gebracht hat als Thuß, ist studierter Philosoph und begann seine Karriere als Tabaklobbyist.[23] Neben seiner Lobbyarbeit im CEI arbeitete er ab 1996 auch im ultramarktradikalen »Frontiers of Freedom«-Thinktank, der sich für einen Minimalstaat und freie Märkte einsetzt.[24] Laut ExxonSecrets erhielten auch solche neoliberalen Organisationen Hunderttausende Dollar von dem Ölkonzern.[25] So ist es wenig verwunderlich, dass Trump Leute wie Ebell, nämlich neoliberale Klimawandel-Leugner, einsetzt, um die US-Umweltbehörde zu demontieren. Verständlicherweise sind Lobbys, die glauben, dass »die Umwelt am besten durch freie Märkte geschützt ist«, gegen staatliche Regulierungen oder internationale Verträge wie das Kyoto-Protokoll oder das Weltklimaabkommen.[26]

Die Finanzierung des Klimawandel-Leugnens

Jedoch spielen EIKE und die amerikanischen Thinktanks sehr wahrscheinlich finanziell nicht in derselben Liga. Das Leugner-Netzwerk in den USA ist seit Jahrzehnten mit horrenden Geldbeträgen aus der Industrie ausgestattet. Selbst wenn einige Vereine wie EIKE sporadisch Spenden von der Industrie erhalten haben sollten – was nie bewiesen wurde –, erreicht dies vermutlich nicht annähernd das Niveau ihrer amerikanischen Freunde. Das ist vielleicht der Grund, warum EIKE sich so um seine Partner in Übersee bemüht. Von ihnen kann man lernen, sich an die richtigen Geldgeber heranzurobben und sich politisch richtig zu positionieren. Denn ebenso wie Heartland und Co von der Trump-Präsidentschaft profitieren, streckt der EIKE-Verein seine Fühler auch nach Rechtspopulisten wie der AfD aus. Da diese nun im Bundestag und in Landtagen über erhebliche Geldmittel verfügen, könnte auch EIKE bald ein größeres Budget haben.[27] Zwar scheint eine schwarz-blaue Koalition im Jahr 2021 noch unwahrscheinlich – allerdings hätten sich viele US-Amerikaner vor November 2016 auch nicht träumen lassen, dass sie einen wild twitternden Klimawandel-Leugner als Präsidenten bekommen.

Im Dezember 2019 kam heraus, dass Heartland die deutsche Bloggerin Naomi Seibt zu einer Art »Anti-Greta« aufbaut. Die 19-Jährige geriert sich als ehemalige »naive« Umweltschützerin, die »aufgewacht« ist und die »Klimalüge« nun durchschaut hat. Auf Deutsch und Englisch reproduziert sie die typisch neoliberalen Heartland-Thesen: Sie wendet sich gegen die »Staatsmedien«, die den Bürgern das Geld aus der Tasche ziehen würden, gegen Abtreibung und gegen die Seenotrettung von Flüchtlingen. Ihr YouTube-Kanal finanziert sich über Spenden und hat mittlerweile rund 37 000 Abonnenten, die Videos wurden bis zu 100 000 Mal geklickt, darunter finden sich zahlreiche lobende Kommentare.[28] Naomi Seibt spricht mittlerweile auch offiziell auf Heartland-Veranstaltungen, zuletzt im Dezember 2019 in Madrid, wo EIKE und Heartland ein jährlich stattfindendes Parallelevent zum UN-Klimagipfel abhielten.

Solche Konferenzen sind keine einmaligen Testballons. Sie finden seit Jahren statt – in den USA und Europa und parallel zu den UN-Klimakonferenzen. Schon zum Weltklimagipfel in Paris 2015 organisierte Myron Ebell zusammen mit EIKE eine Gegenkonferenz.[29] Redner waren unter anderem Wolfgang Müller von EIKE sowie Vertreter von Heartland, CFACT und Nicolas Loris von der Heritage Foundation.

Die Verquickung der US-Thinktanks und ihrer Geldgeber ist verblüffend: Der CFACT-Thinktank hat heute ein vergleichbar kleines Budget von einer Million Euro.[30] Gesponsert wird die Non-Profit-Organisation unter anderem von den Koch Brothers und Donors Trust und bis 2007 auch von ExxonMobil.[31] Die

Heartland-Konferenz-Sponsoren der CO_2-Coalition haben rund eine halbe Million Dollar pro Jahr – seit 2015 hat sich ihr Einkommen fast verdoppelt.[32] Spender sind unter anderem die Mercer Family Foundation, die auch das Heartland Institute und Trump im Wahlkampf unterstützten.[33] Ein weiteres Teil im Thinktank-Puzzle ist das Science & Environmental Policy Project (SEPP)[34], das 2016 mit über zwei Millionen Euro operierte. Interessanterweise sind einige der Klimawandel-Leugner-Organisationen am selben Ort registriert: CFACT, das Leadership-Institute, die CO_2-Coalition und SEPP sitzen alle in Arlington County (Virginia) – direkt »gegenüber« von Washington, D. C., der Hauptstadt der Vereinigten Staaten.[35]

Ein wahrer Tanker und der wahrscheinlich größte Sponsor der Klimawandel-Leugner-Szene ist der konservative Riesen-Thinktank Heritage Foundation, der mit Nicolas Loris auch auf der Gegenkonferenz beim Paris-Gipfel im Dezember 2015 vertreten war. In der Kurzbeschreibung für die jährliche Einkommenserklärung wird festgelegt: »konservative Politikansätze zu formulieren und zu fördern, auf der Grundlage freien Unternehmertums, begrenzter Regulierung, individueller Freiheit, traditionellen amerikanischen Werten und einer starken nationalen Verteidigung«.[36]

Auch diese Organisation ist »gemeinnützig«, und ihr Einkommen betrug 2017 sage und schreibe 82 Millionen Dollar – ihr Gesamtvermögen beträgt sogar mehr als 300 Millionen Dollar.[37] Rund 150 000 Dollar investierte die Stiftung auch in Europa in »Medien und Regierungsverbindungen«, wie es im Steuerbescheid heißt. Über Klimaschutzpolitik sagt die Stiftung: »Die Realität ist, dass die Klimaschutzpolitik enorm viele Kosten verursachen wird, aber die Erderwärmung nicht verringern würde – und das, selbst wenn wir eine kommende Katastrophe hätten, wie die Nationale Klimabehörde behauptet«, heißt es in einem Beitrag von Nicolas Loris auf der Webseite der Stiftung.[38] Loris ist ein Fellow der Stiftung, ehemals »assoziiert« mit der Charles G. Koch Charitable Foundation und heutiger Direktor des Thomas A. Roe Institute for Economic Policy Studies – eine Unterorganisation der Heritage Foundation.[39]

Als Klimalobbyist verkehrt Loris nun in ganz hohen Kreisen: Im Juni 2019 verteidigte er vor dem Kongress den Rollback in der Energie- und Klimapolitik der Trump-Regierung.[40] Einige handeln ihn sogar schon als nächsten Energie- oder Klimabeauftragten der Trump-Administration.[41] In seiner Aussage vor dem Kongress wiederholt der Thinktank-Fellow die üblichen Klimawandel-Leugner-Thesen: »Selbst wenn die USA ihren CO_2-Ausstoß um 100 Prozent verringern würden, würde das an der Erwärmung nichts ändern.«[42] Dann zitiert er Daten, die beweisen sollen, dass der Beitrag der USA zu gering sei, um einen Effekt auf das globale Klima zu haben. Die Daten von Loris sind zwar an sich nicht falsch – aber seine Bewertung entspricht der typischen Klimawandel-Leugner-Rhetorik: In einem einzelnen Land können wir nichts bewegen und schon gar nicht die Klimakrise aufhalten. Kosten überstiegen die Wirkung. Dabei ist eine Senkung der globalen Temperatur um 0,2 Grad, so wie es Loris beschreibt, keineswegs »eine Kleinigkeit«, besonders wenn er davon ausgeht, dass es sich um den Jetztzustand handelt. Rechnet man bis 2050 – und so lange wird die USA sicher noch CO_2 ausstoßen –, ist ein »Weiter so« des fossilen Riesen USA ein Problem für alle Menschen auf der Welt. Allein der Anteil der USA an den eingereichten Paris-Zielen bis 2030 liegt Berechnungen zufolge bei 21 Prozent, die nun wahrscheinlich nicht eingehalten werden.[43] Nicolas Loris ist nicht der einzige Heritage-Vertreter, der sich unter Trump gute Karrierechancen ausrechnet. Manche Heritage-Fellows bekamen schon kurz nach der Wahl von Trump einen Job: so wie David Kreutzer, ebenfalls Heritage-Fellow[44], Teil des Übergangsteams von Trump[45] und verantwortlich für die Abwicklung der Umweltbehörde. Er dürfte auch dazu beigetragen haben, dass Trump sich für den Ausstieg aus dem Weltklimaabkommen entschied. Zum globalen Klimaschutz hat der Lobbyist eine klare Haltung: »Es geht ums Geld, nicht ums Klima. Trump ist der Einzige, der das sieht«, so David Kreutzer in einem Medieninterview im Jahr 2017.[46] Und weiter: »Wir sollten alle aussteigen. Denn es geht nur darum, den armen Ländern Geld zu geben. Es gibt keinen Beweis, dass es mehr Katastrophen oder einen Temperaturanstieg gibt. CO_2 trägt zur globalen Erwärmung bei, aber die Daten zeigen, dass es keine Häufung von negativen Folgen wie Dürren oder Überflutungen gibt.«

Laut Medienberichten sollen allein im »*Transition Team*« der Trump-Administration an die 30 Mitglieder der Heritage Foundation mitgewirkt haben.[47] Nicht alle arbeiteten am Abbau der Klimapolitik – einige auch an der Lockerung von Waffengesetzen oder Steuervergünstigungen für die US-amerikanische Oberschicht.[48] Wie das *New York Times Magazine* in einer Titelstory schreibt, hatte Trump vor der Wahl keine engen Verbindungen zu Heritage. Doch sein Überraschungssieg führte zu einer Personallücke: Der neue Präsident hatte einfach nicht genug qualifiziertes Personal für seine ganzen Vorhaben. Hier kam die Schützenhilfe der Stiftung gerade recht.[49]

Laut ExxonSecrets erhielt die Heritage Foundation seit 1998 780 000 Dollar von ExxonMobil, um Kampagnen gegen die Klimawissenschaft zu organisieren.[50] Von den Stiftungen der Koch Brothers erhielt der Thinktank laut Greenpeace zwischen 1997 und 2017 sogar über sechs Millionen Dollar.[51] Ein weiterer großer Geldgeber ist der Donors Trust, einer der größten konservativen Thinktanks, der nachweislich von den Koch Brothers und anonymen Spendern aufgebaut wurde.[52] Der 188 Millionen schwere Thinktank Donors Trust[53] ist so etwas wie der Goldesel der Klimawandel-Leugner-Szene: Er überweist Geld an viele Player in der US-amerikanischen Klimawandel-Leugner-Szene, aber auch an Gas- und Atomlobbyisten, unter anderem an die Heritage Foundation, das Cato Institute, Leadership Institute[54], State Policy Network[55], Competitive Enterprise Institute, die Atlas Economic Research Foundation, an Students for Liberty[56], aber auch an das marktradikale Ludwig Von Mises Institute.[57]

Das »*dark money*«-System

Donors Trust und Donors Capital Trust sind steuerbefreite Stiftungen, die Spendengelder von Unternehmen an konservative und marktliberale Thinktanks weiterleiten. Im US-Steuerrecht müssen diese Stiftungen offenlegen, an wen sie die Gelder vergeben. Woher die Donors-Stiftungen ihr Kapital beziehen, bleibt allerdings im Dunkeln, weil sie ihren Spendern Anonymität gewähren. Auf diese Weise können beispielsweise Öl- oder Kohlekonzerne über den Donors Trust oder Donors Capital Kampagnen gegen Klimaschutz unterstützen, ohne sich »outen« zu müssen. Experten vermuten, dass Konzerne diese Spendenmasche gezielt nutzen, um ihre Interessen zu verfolgen. Donors Trust und Donors Capital Trust seien aber wahrscheinlich nur die Spitze des Eisberges jener Unternehmen, die das »konservative *Rollback*« der letzten Jahre in den USA finanziert haben.[60]

Intransparenz ist ihr Geschäft – Begegnungen mit Klimawandel-Leugnern

Die Kooperationen zwischen US-Instituten und Europäern zeigen eines: Während man bei Heartland und CEI die Sponsoren zumindest teilweise kennt und die Links zu fossilen Lobbyverbänden und Industrie offensichtlich sind – wie wir in Kapitel 1 ausgeführt haben –, liegt die Finanzierung von europäischen Vereinen und Thinktanks völlig im Dunklen. Der Grund: In Europa gibt es weniger geleakte Dokumente und keine Transparenzdatenbanken, in denen undurchsichtige Vereine wie EIKE oder Müllers Thinktank IUF ihre Steuererklärung offenlegen müssten. Deshalb können auch Transfers zwischen den Staaten nur selten nachgewiesen werden. Eine Ausnahme ist beispielsweise die Überweisung von 15 000 Dollar des US-Klimawandel-Leugner-Thinktanks Committee for a Constructive Tomorrow (CFACT) zu seinem europäischen Ableger CFACT Europe im Jahr 2010. CFACT Europe ist unter derselben Adresse wie EIKE gemeldet. Beide Organisationen werden von dem Verleger Holger Thuß geleitet.[61] Auf die finanziellen Verbindungen zwischen Heartland, CFACT, CFACT Europe und EIKE wollte

Holger Thuß auch nach wiederholten Anfragen nicht eingehen. Wie ungern der Verleger[62] mit Medien spricht, zeigten auch die Hausverbote gegen die Autorinnen auf der EIKE-Konferenz im November 2018 in einem Münchener Hotel.[63] Holger Thuß, Präsident von EIKE, verlor die Nerven, als wir zusammen mit einem WDR-Fernsehteam im Konferenzvorraum auftauchten, um ihn dennoch zur Rede zu stellen – immerhin galt das Hausverbot nicht für das ganze Hotel. Er verglich die Nachfragen von uns mit den autoritären Verhältnissen in der DDR. Eine typische Populismus-Rhetorik à la AfD, und Thuß wurde nicht nur verbal ausfallend, sondern schubste unseren Fernsehkollegen vor sich her.

Ähnlich erging es uns auch auf einer europäischen Leugner-Konferenz in Portugal an der Universität in Porto.[64] Auch hier waren wir am zweiten Tag nicht mehr willkommen, man hielt uns sogar die Tür zum Hörsaal zu. Am zweiten Tag gaben die Teilnehmer uns zu verstehen, dass die »Lügenpresse« hier nicht erwünscht sei – nachdem sich aber eine ganze Reihe der betagten Herren von uns hatte interviewen und fotografieren lassen. Fragen nach den Sponsoren – etwa einem ominösen International Committee on Geoethics – blieben unbeantwortet. Angeblich seien alle auf Selbstkostenbasis angereist. Lehrer und Studenten der Universität Porto protestierten gegen das Klimawandel-Leugner-Treffen mit einem offenen Brief.

Die Leugner blieben aber unter sich, um ihre »neuesten wissenschaftlichen Erkenntnisse« zu besprechen. Auch EIKE ist mit dabei und sogenannte Klimaexperten aus Schweden, Frankreich und Großbritannien. Die Mission: Die mehrheitlich grauhaarigen Männer um die 60 führen einen Kreuzzug gegen den übermächtigen Weltklimarat IPCC.

Wir treffen zum Beispiel Howard Dewhirst, Geschäftsführer von Petroalbion[65], einer englisch-australischen Beraterfirma für Fracking, Gas- und Ölbohrungen. Fracking, sagt der Mann mit dem karierten Flanellhemd, sei ein Wundermittel, das von linken Fanatikern verunglimpft werde. Dewhirst trägt ein Band um den Hals mit dem Aufdruck der American Economic

Association. Interviews wie dasjenige mit Christopher Monckton bleiben uns besonders im Gedächtnis: Der betagte Brite im tadellosen Nadelstreifenanzug und in glänzenden Lederschuhen will uns weismachen, dass die »Afrikaner« dringend Kohlekraftwerke brauchten, damit sie nachts endlich Licht und nicht so viel »unkontrollierten« Sex hätten. Interessanterweise wiederholt nur wenige Monate später der deutsche Fußballclub-Präsident Clemens Tönnies diese Aussage. Auch er wünscht sich Kraftwerke, damit die »Afrikaner aufhören, Kinder zu produzieren«.[66]

Christopher Monckton erzählt uns außerdem, dass er DIE Studie erarbeitet habe, die endgültig beweisen solle, dass der IPCC falschliege. Monckton wird auf der Konferenz von den übrigen Teilnehmern wie ein VIP behandelt. Mit seinem eckigen Kopf, den großen hervortretenden Augen und seiner spitzen Nase ähnelt er Comicfiguren. Der Brite lächelt in einem fort und begrüßt die Hälfte der Teilnehmer wie alte Schulkameraden. Seinen Vortrag ziert schließlich eine Reihe von schrill-bunten PowerPoint-Charts und unverständlichen Zahlenreihen, die jeweils mit »Christopher Monckton« und einer goldenen Krone signiert sind. Wie ernst sollten wir solche Leute nehmen, fragen wir uns anschließend.

Aber auch Vertreter vom Heartland Institute halten Vorträge, und AfD-Mitglied und EIKE-Vizepräsident Michael Limburg ist ebenfalls unter den Gästen. Und auch der Mitbegründer des dubiosen Committee on Geoethics, Nils-Axel Mörner.

Der schwedische Meeresforscher mit kleinem Bierbauch und ausladenden Gesten spricht am liebsten über den Meeresanstieg. »Als ich diese wundervollen Bilder von den Fidschi-Inseln gesehen habe, wollte ich sofort hinfahren und forschen«, sagt er. Was er herausgefunden haben möchte: Der Meeresspiegel steigt gar nicht an. Seine Schriften stehen im Gegensatz zu Beiträgen zahlreicher Wissenschaftler, die einige Fidschi-Inseln zu den ersten Opfern des Klimawandels erklären. Laut dem UNFCC-Journal wurde schon eine Stadt auf den 300 Fidschi-Inseln von ihren Bewohnern für eine höhere Ebene verlassen, weil sie dabei war unterzugehen. Daten der britischen Marinebehörde, aufbereitet in einem weltweiten »Sea-Level-Rise«-Projekt, zeigen beispielsweise 25 Zentimeter höhere Pegelstände an dem Hafen von Suva.[67]

Um seine Forschungen zu finanzieren, nutzt Mörner die Hilfe der gut ausgestatteten US-Denkfabriken: Mörner veröffentlichte in einer Zeitschrift namens *International Journal of Earth & Environmental Sciences*.[68] Die Zeitschrift ist ein Open-Access-Journal: Mörner selbst zahlt also für die Publikation, die Leser können sein Paper gratis lesen. Den Autorinnen gegenüber räumt Mörner in Porto freimütig ein, 20 000 Euro von der CO_2-Coalition bekommen zu haben.[69] Im Aufsichtsrat des US-Thinktanks sitzt Patrick Moore, ehemaliger Greenpeace-Aktivist, der nun mit klimawandel-leugnerischen Vorträgen um die Welt tingelt. Gründer der CO_2-Coalition ist William Happer, der inzwischen Topberater von Trump im nationalen Sicherheitsrat ist. Spender für die CO_2-Coalition ist, wie oben bereits erwähnt, die Trump nahestehende Mercer-Familie.

Der Einfluss der Klimawandel-Leugner auf die Politik

Nicht nur auf die US-Administration haben Thinktanks mit glasklaren wirtschaftlichen Interessen einen enormen Einfluss. Dem brasilianischen Rechtspopulisten Jair Bolsonaro geht es ebenfalls weniger um »Ideologie« als um handfeste Wirtschaftsinteressen: Das Agrobusiness ist in Brasilien eine extrem starke Lobby, die versucht, alle Regulierungen im Umwelt- und Klimaschutz loszuwerden. Die Agrarlobby macht zwischen vier und fünf Prozent des brasilianischen BIPs aus, und Fleisch ist unter den Top 5 der Exportgüter.[70] Im Jahr 2014 lag allein die Fläche für Sojaanbau bei 30 Millionen Hektar – das sind 42 Millionen Fußballfelder oder über 200 Mal die Fläche des Saarlandes.[71] Regenwald zu erhalten bringt hingegen weit weniger Devisen. Schon die Idee, das Umwelt- im Landwirtschaftsministerium aufgehen zu lassen, zeigt die Prioritäten dieser Regierung.

Sein neuer Umweltminister, Ricardo Salles, ist ebenfalls ein

Klimawandel-Leugner. »Seine Politik ist schlicht wirtschaftsliberal und ein Raubbau am brasilianischen Regenwald – wir nennen das Necropolitics – die Politik des Todes an der Umwelt«, so Esther Solano von der Universität São Paulo.[72] Auch Salles ignoriere ebenso wie der Präsident die bisherigen Forschungen von Umwelt- und Klimawissenschaftlern und tue sie als linke Ideologie ab. »Die Diskreditierung und Entmündigung der Wissenschaft macht es der brasilianischen Regierung sehr einfach, alle Regulierungen aus dem Weg zu räumen, die der Agrarwirtschaft bisher im Weg standen«, so die brasilianische Politikwissenschaftlerin.

Umweltminister Ricardo Salles hat vielleicht sogar ein persönliches Interesse daran, dass es mit den Umweltvorschriften nicht so genau genommen wird. Seit 2017 ist eine Klage gegen ihn anhängig, weil er den Plan für ein Naturschutzgebiet verändert haben soll. Nutznießer waren laut einer Gerichtsentscheidung im Dezember 2018 Bergbauunternehmen, denen Salles einen Gefallen tun wollte.[73] Doch Salles ist nicht nur mit der Industrie, sondern auch mit Thinktanks gut vernetzt. Der Gründer der ultrarechten Bewegung »Movimento Endireita Brasil«, die gegen die ehemalige Premierministerin Dilma Rousseff und den ehemaligen Präsidenten Lula da Silva mobil machte, ist auch Mitglied des bereits oben erwähnten Atlas-Netzwerks.[74] Zudem absolvierte er nach der Gründung seiner Bewegung im Jahr 2006 ein Trainingsprogramm beim ultrakonservativen Thinktank Leadership Institute[75], der sich die Ausbildung der künftigen konservativen Politikelite auf die Fahnen geschrieben hat. Der Thinktank gibt seinen Schülern allerdings nicht nur Handwerkszeug mit, sondern auch eine klare politische Agenda gegen linke Bewegungen und gegen Umwelt- und Klimaschutz. So ist das Institut auch regelmäßiger Sponsor der jährlichen Klima- und Energiekonferenzen des Heartland Institute.[76] Zudem ruft das Leadership Institute beispielsweise dazu auf, an Universitäten »Global Warming Beach Partys« zu feiern: »Hier haben Sie eine gute Möglichkeit, Gespräche über die globale Erwärmung auf dem Campus zu führen«, heißt es dazu lakonisch, während in einem Video erklärt wird, warum der menschengemachte Klimawandel wissenschaftlich nicht bewiesen sei.[77] Eingeblendet werden auch ähnliche Aktionen gleichen Namens des Thinktanks CFACT, der eng mit Heartland und in Deutschland mit EIKE verbunden ist.[78] Das Jahresbudget des Leadership-Instituts zeugt von großem Einfluss: Die letzte verfügbare Bilanz beziffert das jährliche Budget der Non-Profit-Organisation auf 29 Millionen Dollar (2016).[79] Im Jahr 2002 waren es nur knapp 17 Millionen. In der *»taxform«* von 2016 steht auch, dass immerhin 120 000 Dollar nach Europa flossen – für *»educational seminars«*.

Doch zurück zu Umweltminister Salles: Während seiner ersten Monate im Amt setzte Salles dann auch um, was er gelernt hat: eine klare Politik im Sinne der Agrarwirtschaft und gegen Umweltschützer und Indigene. Ironischerweise lässt es sich der Minister nicht nehmen, sich immer wieder mit »einfachen« Menschen und sogar Indigenen abfilmen zu lassen. Diese zeigen sich dann – sichtlich verunsichert – »dankbar«, dass sie nun auch ihren Wald »nutzen« dürfen und die Umweltschützer endlich gestoppt sind.[80] So begründet Salles auch die Lockerung der Umweltregulierungen für das Amazonas-Gebiet: Die Indigenen müssten das Recht haben, ihren Wald zu nutzen. Allerdings profitieren vor allem große Agrarkonzerne von den geduldeten Brandrodungen. Laut der NGO Amazon Watch sind es nicht die Kleinbauern, sondern große Unternehmen wie Archer Daniels, Midland Marfrig, Minerva sowie große US-amerikanische und europäische Investoren, die Brasilien zum weltgrößten Exporteur von Soja und Rindfleisch machen.[81]

Gleichzeitig hat Umweltminister Salles Meetings mit rechten US-Thinktanks, wie im September 2019 mit dem Competitive Enterprise Institute (CEI) – und dies nur wenige Tage vor dem UN-Klima-Aktionsgipfel in New York.[82]

Ricardo Salles ist nicht der Einzige, der durch die Schule US-amerikanischer Thinktanks ging. Die »Freies-Brasilien«-Bewegung (MBL), die entscheidend an der Amtsenthebung von Dilma Rousseff beteiligt war, für eine neoliberale Politik in der Tradition des Thatcherismus eintritt und durch die rechte Regierung unter Jair Bolsonaro an die Regierung kam, ist ein Teil der Organisation Students for Freedom. Diese Studentenorganisation wiederum gehört zu Students for Liberty[83], einer Art globalen konservativen Organisation, die wiederum Teil des Atlas-Netzwerkes ist. So heißt es in einem Beitrag des Atlas-Netzwerkes stolz: »Viele Mitglieder der ›Freies-Brasilien‹-Bewegung haben das führende Trainingsprogramm des Atlas-Netzwerks und der Atlas Leadership Academy durchlaufen und wenden jetzt das Gelernte dort an, wo sie leben und arbeiten.«[84] Laut Helio Beltrão – dem Leiter des neoliberalen Instituto Mises Brasil[85] – ist der Einfluss von amerikanischen Thinktanks und dem Atlas-Netzwerk in den letzten zehn Jahren stark angestiegen. Insgesamt sollen es nun rund 30 marktliberale Institute sein, die unter dem Einfluss von Atlas in der brasilianischen Politik und Zivilgesellschaft mitmischen.[86]

Die Atlas-Organisation Students for Liberty gibt es weltweit – auch in Europa.[87] In Deutschland hat sie Partnerorganisationen in 19 Städten, darunter sind auch »Hayek-Clubs und Kreise«.[88] Die Organisation operiert mit fünf Millionen Dollar[89], hat ihren Sitz in Arlington bei Washington und organisiert mit ihren Partnerorganisationen weltweit Events und Workshops. Laut Source Watch und unseren Recherchen erhält Students for Liberty auch finanzielle Hilfen von der Charles G. Koch Foundation (290 435 Dollar von 2009 bis 2015), dem Charles Koch Institute (13 800 Dollar allein 2015) und von Donors Trust und Donors Capital Fund (rund eine Million Dollar von 2010 bis 2015).[90]

Sie vertritt einen marktradikalen, neoliberalen Kurs und stört sich beim Klimaschutz vor allem an staatlicher Regulierung. In zahlreichen Beiträgen ist zu lesen, dass es an »objektiven« wissenschaftlichen Beratern und Berichten fehle. Stattdessen würden »grüne NGOs« und eine »gut ausgestattete Umweltlobby« die Politik zu marktfeindlichen Gesetzen überreden wollen.[91] An anderer Stelle ist auf den Seiten der Students for Liberty zu lesen, dass »das Klima sich ohne Zweifel wandelt«, aber die Innovationskraft habe ja auch bisher Hunger und Armut verringert und unsere Lebenserwartung gesteigert. Nun müsse man erneut darauf vertrauen, dass die Industrie »es schon lösen« werde.[92]

Auch Klimakonferenzen sind vor den organisierten Leugnern nicht sicher, wie eine Recherche des Climate Investigations Centers (CIC) zeigt. Anhand von historischen Dokumenten aus den 1990er- und 2000er-Jahren – die erste UN-Klimakonferenz fand 1995 in Berlin statt – belegt das CIC, wie Lobbyisten der fossilen Industrie (Exxon, Shell, BP Chevron, Total u. a.) die Klimakonferenzen verlangsamt und ausgebremst hätten.[93] Insgesamt 6400 Delegationen der fossilen Lobbys seien auf UN-Klimakonferenzen akkreditiert gewesen. Auf diesem internationalen Parkett vernetzten sich die Verschmutzer, um die Diplomaten aus 197 Ländern zu verunsichern.[94]

Doch wie werden diese Lobbys und Bremser in Europa aktiv? In Deutschland, aber auch in Frankreich, Großbritannien, Polen und vielen osteuropäischen Ländern beeinflusst die Klimaschmutzlobby seit Jahrzehnten politische Entscheidungen. In Teil 2 haben wir uns genauer angesehen, wie es dazu kam und welche Entwicklungen auch heute noch von jenen bestimmt werden, die andere Ziele verfolgen als einen effektiven Klimaschutz.

TEIL 2

Die Klimaschmutzlobby in Aktion

Die Klimaschmutzlobby in Brüssel

Wir haben gesehen, wie sich Klimawandel-Leugner, Populisten und wirtschaftsnahe Thinktanks weltweit koordinieren, um Klimaschutz zu verhindern. Wir wollen nun für Deutschland und weitere bevölkerungsreiche Länder Europas zeigen, wie diese Lobby Gesetze für weniger Treibhausgasemissionen erfolgreich verhindert. Erst im Dezember 2019 hat die neue EU-Kommissionspräsidentin Ursula von der Leyen den »Green New Deal« vorgestellt, ein Programm, mit dessen Hilfe Europa bis 2050 klimaneutral sein soll. Allerdings befürchteten viele Expertinnen und Experten sogleich, dass die notwendigen Maßnahmen von den Lobbys der einzelnen Länder blockiert werden würden.[1] Denn Brüssel ist das europäische Zentrum der Lobbyisten.

Ein unmoralisches Angebot

Als der spanische Europaabgeordnete Xabier Benito Ziluaga an jenem Frühlingsmorgen 2019 seine E-Mails öffnete, winkte ihm ein Deal mit gutem Gewissen: Sollte er einen Vertreter der Gasindustrie treffen, würde dieser 50 Euro an das Kinderhilfswerk Unicef spenden.[2] Er müsse nur etwa 10 bis 20 Minuten mit einem Vertreter von FTI sprechen, der PR-Agentur der Gasindustrie, entweder in Brüssel, Straßburg oder am Telefon, das Treffen könne auch vertraulich ablaufen.

Doch die Gasindustrie hatte sich in diesem Fall den Falschen ausgesucht, um ihre Interessen durchzudrücken: Ziluaga ist ein entschiedener Gegner von Gaskraftwerken, seine Tweets enden oft mit dem Hashtag #gasnoessolucion – Gas ist keine Lösung. Ziluaga schrieb einen Brief an den damaligen Brüsseler Parlamentspräsidenten und forderte, sowohl FTI als auch Eurogas zu sanktionieren. Schließlich breche das »unmoralische Angebot« mit den Vorschriften des europäischen Transparenzregisters. »Es ist ein immaterielles Geschenk, um Abgeordnete zu beeinflussen«, sagte Ziluaga. Offenbar aber erhielten 200 Personen das Angebot.[3]

Dann kamen die EU-Wahlen 2019, Ziluaga zog nicht wieder ins EU-Parlament ein, und FTI weigert sich heute, zu benennen, wie viele Abgeordnete für eine 50-Euro-Spende die Argumente der Gasindustrie gehört haben. Auf unsere Anfrage weist ein Manager lediglich darauf hin, dass solche *»modest charitable donations«* (»bescheidene karitative Spenden«) eine lange Tradition hätten.[4]

Eine Spende für ein paar Minuten Aufmerksamkeit? Eine einfallsreiche Idee, um das Verbot zu umgehen, Abgeordnete für ein Gespräch mit Lobbyisten direkt zu bezahlen. Aber kein Einzelfall. Brüssel ist das europäische Mekka der Interessenverbände. Hier werden weitreichende Klimaschutzgesetze für ganz Europa verabschiedet. In der vergangenen Legislaturperiode beispielsweise wurden Gesetze zu Erneuerbaren Energien verabschiedet, der Zertifikathandel reformiert, künftige Grenzwerte für Emissionen von Häusern und Transportmitteln diskutiert.

Die vermögenderen Lobbys wie der europäische Arbeitgeberverband BusinessEurope und der Deutsche Bauernverband haben ihre Büros in Sichtweite zum Parlament, unter, über und neben ihnen andere Lobbyisten, Coffeeshops, Sushi-Restaurants und Consulting-Firmen. Denn es steht viel auf dem Spiel für die Kohle- und Zementindustrie, für die Autohersteller, die konventionellen Landwirte, die Öl- und Gas- und Chemiefirmen: Bis 2050 hat sich die EU in ihrer Klimastrategie[5] auf eine CO_2-neutrale Wirtschaft festgelegt. Um das zu erreichen, braucht es radikale Schritte. Und Gesetze und Verordnungen, die nicht im Interesse von CO_2-intensiven Industriezweigen sind.

Tatsächlich steigt die Anzahl der Lobbyisten in Brüssel: Im Transparenzregister der Europäischen Union sind zurzeit knapp 12 000 Organisationen registriert[6], mehr als die Hälfte sind von Industrie- und Wirtschaftsverbänden. Damit steht Brüssel tatsächlich weltweit unter dem größten Einfluss von Lobbyisten – nur in der US-Hauptstadt Washington tummeln sich noch mehr Interessenvertreter.[7] Die meisten von ihnen unterstützen formal die Klimaziele, lobbyieren aber tagtäglich gegen neue Gesetze. Dabei kämpfen sie auch gegen den Willen der Bevölkerung: Umfragen in Europa zeigen, dass sich Bürgerinnen und Bürger inzwischen mit großer Mehrheit – je nach Umfrage zwischen 73 und 80 Prozent – eine Politik wünschen, die CO_2-Emissionen und damit das Klimachaos begrenzt.[8]

Wie Industrielobbyisten arbeiten

Seit Jahren stocken klimaschädliche Industrien ihre Büros in Brüssel auf: Die Leverkusener Chemiefirma Bayer gibt jährlich laut »Lobbyfacts« knapp vier Millionen Euro aus und hat 15 Angestellte in ihrem Brüsseler Büro[9], der europäische Luftfahrtverband EBAA ist erst seit 2014 im Europaparlament vertreten, gibt aber seitdem jedes Jahr eine halbe Million Euro für seine vier Lobbyisten aus[10] – hinzu kommen noch einige weitere nationale Luftfahrtverbände. Insgesamt können Firmen je nach Branche zwischen 10 und 20 Mal so viel Geld in Brüssel für ihre Lobbyarbeit investieren wie Umweltverbände.[11] Das Argument, alle Interessenverbände hätten gleiches Recht darauf, Lobbyarbeit in Brüssel zu betreiben, läuft hier also fehl: Umweltverbände, die für einen gebremsten Klimawandel für alle kämpfen, stehen gegenüber großen Konzernen auf verlorenem Posten.

Das Ziel der Industrie: möglichst viele Kontakte zu Europaparlamentariern, zu der Europäischen Kommission und dem Europäischen Rat aufzubauen. Am wichtigsten sind zunächst die Beamten der Europäischen Kommission: Schließlich hat diese das Recht, Gesetze anzustoßen. Der französische Soziologe

Sylvain Laurens hat dazu 2015 eine Studie mit Dutzenden Interviews geführt[12] und kam zu dem Schluss: »Die von der Öffentlichkeit wenig beachteten Beamten der Kommission – immerhin 32 000 Menschen[13] – sind es, die von Lobbyisten am meisten bearbeitet werden. Sie können Gesetzesvorlagen frühzeitig durchstechen oder darüber entscheiden, wie Gesetze formuliert werden – mehr als die Kommissare, die letztlich nicht über alle ihrer Themen Bescheid wissen können.« In dieser Phase dann werden Positionspapiere eingereicht, per Mail oder bei einem persönlichen Treffen, es werden Experten in die sogenannten Stakeholder-Anhörungen gesandt, direkte Änderungsvorschläge unterbreitet. Denn auch wenn das Parlament später das Gesetz noch abändern kann: Der erste Vorschlag gibt schon mal die Richtung und die Marge vor, etwa für CO_2-Grenzwerte von Autos.

Liegt die Gesetzesvorlage einmal vor, konzentrieren sich die Lobbyisten auf die Abstimmungen und Änderungsvorschläge im Europaparlament. Hier wiederum sind es die »*rapporteurs*«, die Berichterstatter in den Ausschüssen, die wichtig sind: Sie sind es, die über die Änderungen einer Vorlage bestimmen und in ihrem Ausschuss die Diskussionen dazu führen. Deswegen findet das Lobbying vor allem in der Vorbereitung eines Gesetzestextes und in der Phase statt, in der die Mitglieder des Europäischen Parlaments Änderungen vorschlagen können.

Bis es zum finalen Votum im Plenarsaal kommt, ist das Spiel schon längst gelaufen: Aufgrund der Menge an Beschlüssen, über die im Plenarsaal nahezu im Sekundentakt abgestimmt wird, richten sich die meisten Abgeordneten nur nach der Wahlliste ihrer Fraktion. Auf dieser ist notiert, welches Gesetz, welcher Änderungsantrag ein »Ja« und welcher ein »Nein« erhält. Deshalb ist es für die Industrie am wichtigsten, die Rapporteure und Fraktionschefs zu beeinflussen, weil diese wiederum maßgeblich die Abstimmungslisten bestimmen. »Oft werden Abgeordnete über Jahre hinweg kontaktiert und mit Informationen gespeist, in der Hoffnung, der- oder diejenige würde mal zu mehr Macht kommen«, sagt die dänische Politikwissenschaftlerin

Maja Kluger Rasmussen.[14] Sie hatte für eine Studie[15] Interviews mit 145 Abgeordneten geführt und kommt zu dem Schluss: Die großen Fraktionen sind sehr offen für direkte Gespräche mit den Lobbyisten. Diese zu organisieren, versuchten natürlich auch die Umwelt-NGOs. Aber diese hätten neben ihren geringen finanziellen Ressourcen einen Nachteil: Ihre Wunschliste gelte vielen Abgeordneten als realitätsfern, so Rasmussen. Auch wenn es für den Klimaschutz notwendig wäre, radikale Gesetze zu beschließen.

Die Industrie aber hat Erfolg. Lange Zeit galt das Umwelt-Komitee der Europäischen Union ENVI (Environment, Public Health and Food Safety Comittee) als nah an den Umweltverbänden, als »Umwelt-Champion«.[16] Damals war es auch alleinig für den Umweltschutz verantwortlich. Heute wiederum entscheidet über Umweltfragen auch je nach Thema das Industrie-Komitee mit. Und das hat, wie wir noch anhand der Gesetze für die Gasindustrie und die Luftfahrtindustrie sehen werden, die Umwelt- und Klima-Entscheidungen stark an die Interessen der Industrie gerückt.

Viele industrienahe Lobbys sind zudem in einer der Beratergruppen tätig – in der Europäischen Kommission gibt es mehr als 1000 dieser Gruppen, die zu neuen Gesetzen beraten sollen.[17] Dazu gehören auch immer wieder Vertreter von klimafeindlichen Lobbys wie dem arbeitgebernahen IW-Institut aus Köln[18], das sich beispielsweise gegen »zu ambitionierte Klimaziele« wendet, weil diese die Industrie gefährdeten.[19] Genau dieser Geist weht auch im Brüsseler Büro, das das IW seit 2015 unterhält. Im Juni 2019 wurde IW-Direktor Michael Hüther in die Gruppe des EU-Entbürokratisierungsprogramms REFIT (Regulatory Fitness and Performance Programme) berufen. REFIT soll zu Bürokratieabbau und Kosteneinsparungen in der EU-Gesetzgebung beitragen – ist aber auch eine wichtige Gruppe, um bestehende Gesetze abzuändern oder abzuschwächen. In dieser Gruppe kann Hüther also eine Schlüsselrolle spielen und klimapolitische Regulierungen mit dem Verweis auf »zu aufwendige Verfahren« zurückweisen.[20]

Im Europäischen Parlament sind es wiederum die konservativen und liberalen Parteien, die den Industrielobbys nahestehen. Nach verschiedenen Studien ist deutlich, wer klimafreundliche Gesetze, etwa einen geringen CO_2-Grenzwert für Autos, bislang in Brüssel verhindert: Es sind die Fraktion der konservativen Parteien EVP und die verschiedenen Fraktionen der Populisten. Die einflussreichen CDU/CSU-Parlamentarier – sie stellen bei Weitem die größte Gruppe in der konservativen Fraktion – schneiden in einem Ranking des Climate Action Network[21] besonders schlecht ab. »Sie gehören zu den Dinosauriern«, sagte eine Verfasserin der Studie. Sie liegen aber in etwa gleichauf mit den rechtsextremen und rechtspopulistischen Parteien: Laut einer Studie[22] des Berliner Thinktanks Adelphi stimmte diese Gruppe schon bis zur Europawahl 2019 systematisch gegen alle Gesetze, die klimaschädliche Emissionen reduzieren sollten. Sie wollten weder das Klimaabkommen der Vereinten Nationen ratifizieren noch in diesem Juni CO_2-Emissionen von Klein- und Schwerstwagen begrenzen. Auch Gesetze zur Förderung Erneuerbarer Energien lehnen die Leugner im Parlament stets ab. Das Thema eignet sich, um Stimmung gegen »die Lügenpresse« oder »die Elite« zu machen.

So geht der Lobbyismus, in diesem Fall die einseitige Interessenvertretung, manchmal auch von den Parlamentariern selbst aus: Die Mehrzahl der 2019 ins Parlament eingezogenen Männer und Frauen übt neben ihrem Job in Brüssel noch andere Aktivitäten aus, ein Drittel macht Geld in der Privatindustrie. Laut Transparency International[23] verdienen bis zu 48 Parlamentarier mehr als 100 000 Euro jährlich nebenbei und damit mehr als in der Politik. Oder anders ausgedrückt: Die Politik wird zum Zuverdienst. Oder auch zum Sprungbrett in die meist höher dotierten Jobs in der Industrie. Julie Girling beispielsweise, zehn Jahre lang Mitglied im Ausschuss für Umweltfragen, öffentliche Gesundheit und Lebensmittelfragen des Europaparlaments und Sprecherin für England im Agrarausschuss, wechselte im September 2019 zu BCW, einer der führenden PR-Organisationen in Brüssel.[24] Als Senior Adviser, so heißt es auf der Seite von

BCW, werde Girling mit ihren profunden Kenntnissen über die Arbeitsweise des Parlaments ein großer Trumpf sein. BCW hieß kürzlich noch Burson Marsteller, zählte etwa den Agrarchemiekonzern Monsanto, die Tabakindustrie und Facebook zu seinen Kunden und wurde vom *Guardian* als die »größte PR-Firma der Welt« bezeichnet.[25]

Eine dieser »*revolving doors*« (»Drehtüren«) nutzte auch der britische Abgeordnete Martin Callanan, der jahrelang im Umweltausschuss des EU-Parlaments über das Plastik-Verbot verhandelt hatte. Nach seinem Ausscheiden landete er als Senior bei einem Plastikproduzenten.[26] Insgesamt, so kalkulierte die Anti-Lobby-NGO European Observer, wechselte jeder dritte Kommissar nach seiner Amtszeit in einen finanziell lukrativen Job in der Privatwirtschaft, in vielen Fällen natürlich zu seinem vorher bearbeiteten Thema.[27] Manche Abgeordnete müssen also nicht mühsam von den Klimaschmutzlobbyisten aufgesucht werden. Sie öffnen ihre Türen, um anschließend lukrative Jobs zu erhalten. Und viele haben ein Interesse daran, ihre Kontakte mit Lobbyisten geheim zu halten. »Seitdem Bürger und NGOs Informationsanfragen ans Parlament stellen dürfen, kommunizieren die Parlamentarier und Lobbyisten noch verdeckter: Anstatt E-Mails zu schreiben, sprechen sie sich neuerdings häufig über die privaten Nachrichten bei Twitter ab«, sagt Pascoe Sabico von Corporate Europe Observatory, einer NGO, die über Lobbyismus in Europa recherchiert.[28] Wie ein investigativer Journalist versucht Sabico, an alle Dokumente und Schriftwechsel heranzukommen, meistens über den Artikel 15 des Europäischen Vertrages, der jedem Bürger und jeder Bürgerin Zugriff auf EU-Dokumente verspricht.[29] Aber seine Arbeit wird zunehmend schwieriger: »Die EU blockt immer mehr. Unter fadenscheinigen Begründungen, etwa das Dokument sei zu groß, erhalten wir immer weniger Informationen«, sagt Sabico.

Oftmals bekämen sie nur Informationen über Treffen, ohne transparente Informationen zu deren Inhalt. »Da steht dann nur: Shell kommt rein, Shell ging wieder raus. Weil die einzelnen Abgeordneten und die Kommission immer weniger niederschreiben«, so Sabico. Einige Parlamentarier hingegen seien auf der Seite der Transparenz: Sie meldeten sich, sobald sie Einladungen oder Geschenke von der Industrie erhalten hätten. »Wir müssten die gesamte Kultur verändern: Wir brauchten eine ›*fossil free politic*‹ – also eine Politik ohne Interessen der fossilen Kultur«, so Sabico. Davon ist die EU allerdings noch weit entfernt. In der Vergangenheit hat auch der Einfluss der Lobbyisten dazu geführt, dass die Treibhausgasemissionen in der EU stetig angestiegen sind.

Die Klimaschmutzlobby gewinnt: Politik für die Kohleindustrie und die Luftfahrtindustrie

Eine in der Öffentlichkeit bekannte Lobby ist die der Automobilhersteller. Die Fahrzeugproduzenten machten über ihren europäischen Verband ACEA (Association des Constructeurs Européens d'Automobiles) Kampagnen gegen höhere CO_2-Grenzwerte in der EU. Strengere Normen für Lastwagen bezeichneten sie beispielsweise als »aggressive Politik«[30] oder behaupteten in einer Pressemitteilung, höhere CO_2-Standards würden Autofahren für Geringverdiener unerschwinglich machen.[31] Laut der NGO InfluenceMap zählt die ACEA zu den klimafeindlichsten Verbänden in der EU[32], dazu zählt natürlich auch ihr deutsches Mitglied, der Verband der Automobilindustrie.

Die Lobby hatte Erfolg. Der durchschnittliche CO_2-Ausstoß leichter Nutzfahrzeuge musste bis 2014 auf 175 g/km reduziert werden, im Jahr 2020 wird ein Grenzwert von 95 g/km verbindlich.[33] Nach eindeutiger Meinung von Wissenschaftlern waren die Werte viel zu hoch und der Anspruch zu niedrig. Von VW über Opel bis hin zu BMW oder Mercedes konnten alle Autobauer die ersten Grenzwerte locker erreichen.[34]

2019 hat die Europäische Union, sicherlich auch unter dem Eindruck der Dieselaffären, strengere Grenzwerte beschlossen. Demnach müssen die CO_2-Emissionen von Neuwagen dann um

37,5 Prozent (PKW) bzw. 31 Prozent (Nutzfahrzeuge) unter den bereits beschlossenen Emissionslimits von 2021 liegen.[35] Mit dem Abgasskandal 2015 wurde klar, dass die Autoindustrie zu illegalen Strategien griff, um ohnehin schon niedrige Emissionsgrenzwerte (in dem Fall für Luftschadstoffe) zu erreichen. Ihre Fortschritte wurden teilweise nur im Labor und nicht unter realen Bedingungen erreicht.

Eine klar rechtswidrige Manipulation.[36] Aber das nächste Ziel steht an: bis 2050 auf eine klimaneutrale Wirtschaft umzusteigen. In einem Positionspapier hat sich die Lobby ACEA dagegen ausgesprochen: Es solle weniger auf Reduzierungen von CO_2 ankommen als auf die Wirtschaftlichkeit. Ein Ruf, den die EU gehört hat: Auch nach dem Skandal lässt sie Schlupflöcher bei den Abgastests und beschönigende Labortests zu.[37] Und die Verantwortung wird auf Autofahrer und die öffentliche Hand verschoben: Diese sollten »ökonomisch« fahren, und es solle eine bessere Straßeninfrastruktur – also mehr Straßen – geben.[38]

Eine der ehemals einflussreichen Lobbys ist die Kohleindustrie. Nachdem sich die Branche jahrzehntelang gegen ihren Untergang gewehrt hatte, sah es kurzfristig so aus, als ob diese Ära endgültig zu Ende ginge: Die EU-Kommission lässt Beihilfen und Subventionen seit 2018 nicht mehr zu – obwohl sich Länder wie Polen lange gegen das Aus wehrten.[39] Die letzte Hoffnung der europäischen Kohlelobby kostete die Steuerzahler ganze vier Milliarden Euro. Mit dem Geld wollte die EU die Technologie CCS fördern, um das CO_2 aus Kohlekraftwerken unterirdisch zu speichern.[40] Der Europäische Rechnungshof musste aber den Misserfolg im Oktober 2018 einräumen: Die Einführung von CCS sei nicht gelungen.[41]

Vorbei ist es mit der Kohle aber in Europa noch lange nicht: In Deutschland liefern Ende 2019 noch mehr als 100 Kraftwerke Strom, das jahrzehntelang gerichtlich bekämpfte Dattelner Kraftwerk soll 2020 ans Netz gehen.[42] Und Polen will an seinen Kohlekraftwerken, inklusive dem größten Kraftwerk Europas in Bełchatów, vorerst festhalten und sucht sogar noch neue Vorkommen der schwarzen Energie.

Einer, der noch immer für die Kohle kämpft, ist Brian Ricketts. Der Generalsekretär des Europäischen Stein- und Braunkohleverbandes Euracoal hat sein Büro keine hundert Meter vom Parlament entfernt, in einer Seitenstraße beim Place du Luxembourg. Bevor er bei Euracoal anfing, schrieb er über die Möglichkeiten von »*clean coal in China*« – »saubere Kohle in China« – für die Internationale Energieagentur.[43] Euracoal gab für das aktuell verfügbare Jahr 2017 laut dem EU-Transparenzregister bis zu 300 000 Euro für seine Lobbyisten in Brüssel aus. Ricketts ist eine von drei im Parlament akkreditierten Personen, er hat also Zugang zum Europäischen Parlament und seinen Abgeordneten.[44]

Erst wirkt Ricketts so, als hätte sich der betagte Brite mit dem Niedergang der Kohle abgefunden. Vorsichtig beginnt er das Interview, das wir mit ihm führen, fast ein wenig misstrauisch. Man müsse beim Strukturwandel helfen, meint Ricketts. Doch nach rund einer halben Stunde Gespräch hat er scheinbar Vertrauen gefasst, und es platzt aus ihm heraus: »Das ist alles politisch motiviert«, erklärt Ricketts, als wir über die UN-Klimakonferenzen sprechen. »Vor Kurzem waren es noch zwei Grad, nun sind es plötzlich 1,5 Grad – wir verstehen nicht, was hier vorgeht!« Für Ricketts geht es beim Thema Klimaschutz um die Existenz. Kein Wunder, dass der eher bedächtige Brite dabei leicht aufgebracht ist und sein Sprecher während seines Ausbruchs nervös mit den Augen flackert. Den Weltklimarat hält der Kohlelobbyist allenfalls für ein politisches Gremium, das nichts mit Wissenschaft zu tun habe. Mitglied von Euracoal sind auch der Deutsche Braunkohlen-Industrie-Verein (DEBRIV) und viele osteuropäische Verbände, auch sechs polnische Gruppen gehören dazu.[45] Der Verband versuchte, zum Gegenangriff überzugehen: In einer 2015 veröffentlichten Broschüre entwirft Euracoal das Verschwörungsszenario von einflussreichen grünen NGOs, die sich mithilfe von reichen US-Geldgebern in Europa Einfluss erkauft hätten.[46] Eine kleine Gruppe von Superreichen habe die gesamte Klima-Szene Europas im Griff, so die gewagte Theorie.

Neben der Kohle- und Autoindustrie konnten in den vergangenen Jahren zwei für das Klima besonders schädliche Industrien unbehelligt weiterwachsen: die Luftfahrtindustrie und die Gasindustrie. Die eine kann seit Jahrzehnten unbehelligt weiter Treibhausgase ausstoßen, ohne Steuern dafür zu bezahlen, die andere erhielt Milliardenzuschüsse für ihre Projekte.

Flüge machen drei Prozent der weltweiten Kohlendioxidemissionen aus. Ihre Wirkung ist allerdings weitaus größer: »Die gesamte Klimaschädigung durch den Flugverkehr in Deutschland liegt zwischen sechs und zehn Prozent«, sagt Lars Mönch, Fachgebietsleiter »Schadstoffminderung im Verkehr« beim Umweltbundesamt. Das liege an den Emissionen von Stickoxiden und anderen Substanzen in hohen Luftschichten. »Im Grunde genommen ist jeder Flug mindestens doppelt so schädlich, wie eigentlich mit der CO_2-Angabe ausgewiesen wird.«

Wer einen Flieger von Berlin nach London und zurück nutzt, produziert nach dieser Rechnung beispielsweise rund 530 Kilo CO_2, von Berlin nach New York sind es schon 3200 Kilo klimaschädliches CO_2.[47] Oder im globalen Maßstab ausgedrückt: Ein Flug nach New York produziert so viel CO_2, wie 15 Nepalesen oder zwei Marokkaner durchschnittlich pro Jahr verursachen.[48]

Seit Langem fordern deshalb Umweltverbände, auf das Kerosin, das Flugzeuge tanken, Abgaben zu erheben. Schließlich wird es seit dem Chicagoer Abkommen von 1944 nicht besteuert. Denn beim internationalen Flugverkehr zahlen die Gesellschaften weder eine Mineralöl- noch eine Mehrwertsteuer und auch keine CO_2-Abgabe. Zum Vergleich: Autofahrer zahlen für einen Liter Benzin in Deutschland rund 67 Cent an Steuern.[49]

Eigentlich sollten Flugbetreiber schon ab 2012 für alle Flüge in die EU, von der EU und innerhalb der EU Emissionszertifikate kaufen. Sie hätten also für ihre klimaschädlichen Gase Zertifikate einkaufen oder ihre Emissionen reduzieren müssen. Aber diese Vorgabe ist letztlich gescheitert, nur innereuropäische Flüge müssen Zertifikate besitzen. Die besonders klimaschädlichen Transatlantikflüge sind ausgerechnet kostenlos.[50]

Die kuriose Steuer-Ausnahme gilt seit 1944 – als der Klimawandel noch niemandem ein Begriff war. Damals unterzeichneten 52 Staaten das Chicagoer Abkommen, angeblich, um die

Freundschaft zwischen den Völkern sowie die Weltwirtschaft zu fördern. US-Präsident Franklin D. Roosevelt warb damals blumig, der »Himmel der Welt soll vom Menschen für die ganze Menschheit genutzt werden«.[51] Das ist nun fast 80 Jahre her, und heute muss die Weltwirtschaft nicht wie am Ende des Zweiten Weltkrieges gepäppelt, sondern der Himmel der Welt muss vor Kerosinen geschützt werden. Der Flugverkehr muss im 21. Jahrhundert nicht staatlich gefördert werden. Jedes Jahr fliegen mehr Menschen, und die Flüge wurden in den vergangenen Jahren jedes Jahr ein paar Prozentpunkte günstiger.

Und das Klimaproblem Fliegen wird sich noch verschärfen: Weltweit sind mehr als 420 neue Flughäfen geplant, hinzu kommen Hunderte neue Startbahnen schon existierender Airports.[52]

Wie kann dieser große Klimasünder so lange unbehelligt bleiben? Natürlich haben auch hier wieder die Akteure der Flugindustrien ihre Muskeln spielen lassen. Sie sind in Brüssel gut vernetzt, ihre rund zwölf verschiedenen Interessengruppen investieren mehrere Millionen Euro in »Fact-Sheets« und persönliche Treffen. Die größte dürfte die »Airlines for Europe«-Gruppe sein, die 1,5 Millionen Euro jährlich investiert und acht Lobbyisten in Vollzeit angestellt hat.[53] Die European Business Aviation Association investiert jährlich eine halbe Million Euro[54] in den Kampf gegen eine Kerosinsteuer, ebenso wie ihre Schwester, die General Aviation Manufacturers Association.[55] Die Aviation Advocacy[56], deren Spezialgebiet es ist, die EU-Zertifikate für innereuropäische Flüge möglichst günstig zu halten, zahlt ebenso eine halbe Million Euro für Lobbyisten. Doch wie gehen sie vor?

Zunächst einmal wie viele Lobbyisten: Sie treffen Entscheidungsträger. In der Datenbank von »integritywatch.eu« ist zu sehen, dass Flugkonzerne wie Airbus, Lufthansa oder KLM Royal Dutch Airlines in den ersten sechs Monaten 2019 mindestens zwölf Treffen mit hochrangigen Vertretern der Kommission hatten, meistens direkt mit Henrik Hololei, dem einflussreichen Generaldirektor für »Mobilität« in der Europäischen Kommission.[57]

Ihre wichtigste Taktik ist, die Flugsteuer von der Agenda zu nehmen, indem ein technischer Fortschritt versprochen wird, der Flüge in nächster Zukunft klimafreundlicher machen soll. Sie behaupteten schon vor zwanzig Jahren, ihre Maschinen würden windschnittiger werden, sie würden mit alternativen Treibstoffen wie Tierfetten oder mit Elektromotoren betrieben werden können. Die Seite mit dem irreführenden Namen »Klimaschutz-Portal.aero« wird von der deutschen Luftfahrtindustrie betrieben und behauptete beispielsweise Ende 2019: »Neue Verfahren zur Kerosinherstellung, alternative Antriebe sowie klimaoptimierte Flugverfahren werden in Zukunft ein nahezu klimaneutrales Fliegen ermöglichen.«[58] Allerdings: Das behauptet die Flugindustrie schon, seit das Kyoto-Protokoll 1997 die Minderung der Emissionen forderte – die klimaschädlichen Gesamtemissionen von Flügen sind trotzdem jährlich angestiegen.

Der Humanökologe Stefan Gössling hat die Prophezeiungen der Luftfahrtindustrie der letzten Jahrzehnte in einer Studie untersucht. Er sagt: »Diese Versprechen sind reine Mythen. Nicht ein Fortschrittsversprechen hat sich bewahrheitet.« Gössling forscht an der Universität in Freiburg, im schwedischen Kalmar und in Lund zu umweltbewusstem Reisen. »Diese Mythen haben die Politik jahrzehntelang eingeschläfert«, sagt er. Beispielsweise der Mythos der alternativen Treibstoffe für Flugzeuge. Noch 2013 sagte ein Experte im Jahresreport[59] »Getting Green« der Internationalen Zivilluftfahrtbehörde ICAO, das Ziel sei, »bis 2020 ein karbonneutrales Wachstum« zu erreichen. Leigh Hudson, Umweltmanagerin bei British Airways, schwärmte im selben Dossier von einem »Green Sky«-Projekt, in dem 500 000 Tonnen Hausabfall erst zu einem Gas und schließlich zu 50 000 Tonnen Sprit werden sollten. Hudson präsentierte computeranimierte Bilder von den geplanten »BioSynGas«-Anlagen und schließlich dem Flugzeug der Zukunft. Eigentlich sollte bis 2017 der erste Versuch starten – bis dann schließlich 2016 das Projekt gestoppt wurde.[60] Hier wandte die Lobby wieder eine ihrer üblichen Strategien an: ihre Infos über alle Kanäle zu wiederholen. »*Repeat, repeat, repeat*«, heißt es dazu im Buch *Lobby-Planet* der Brüsseler NGO Corporate Europe.[61] Die Message, ein klimaneutraler

Flugverkehr sei irgendwann möglich, wurde über alle Kanäle ausgespielt, über Positionspapiere, Jahresberichte, über Fernsehinterviews und Zeitungsanzeigen.

Die Ankündigungen hinterlassen ihre Spuren. Jedes Jahr, so scheint es, werden neue bald produktionsreife Innovationen mit großen Medienauftritten beworben – und schließlich, dann wieder ohne Zuschauer, versenkt. 2008 war ein Jahr, in dem Jatropha gehypt wurde. Die tropische Kletterpflanze sollte zum Biotreibstoff der Zukunft werden. Airbus, Boeing und die Air Transport Action Group bewerben Jatropha in bunten Broschüren – sie könne die Emissionen um »80 Prozent senken«.[62] Medien berichten weltweit über die neue Superpflanze und »grüne Flüge«. Nur: Dieser Biostoff hat es bis heute nicht dazu gebracht, ein Passagierflugzeug über den Atlantik zu bringen. Die Forschung an Jatropha ist tot, genauso wie das solarbetriebene Passagierflugzeug von der Wissenschaft inzwischen mehrfach als »nicht realisierbar« eingeschätzt wurde.

Trotzdem möchten Politiker, vielleicht auch aus Trägheit und dem eigenen Lebensstil heraus, lieber an den Fortschritt als an Gesetze glauben. Beispielsweise sagte der britische Energieminister Ed Davey dem *Guardian*: »In Zukunft wird es möglich sein, mit all unseren technischen Fortschritten, ohne CO_2-Ausstoß zu fliegen.«[63] Der klimapolitische Sprecher der FDP, Lukas Köhler, sagte in einem Interview im Herbst 2019, die Luftfahrt solle Kerosin durch Biokraftstoffe ersetzen.[64]

Eine zweite Strategie der Lobby ist es, Fliegen als Beschleuniger für Entwicklungen darzustellen. Das EU-Parlament schreibt in seinem Text zur Luftfahrtstrategie: »Die Zunahme des Flugverkehrs und die Verfügbarkeit und Vielfalt von Flugverbindungen fördern das wirtschaftliche Wachstum, woraus deutlich wird, dass die Luftfahrt ein Katalysator für die Wirtschaftsentwicklung ist.«[65] Katalysator – das ist das Wort, mit dem die Flugfahrtlobby am häufigsten ihre Vorzüge beschreibt.[66] Es wird in Dutzenden Veröffentlichungen benutzt und findet schließlich sogar Eingang in einen offiziellen EU-Text. Die Lobbyarbeit der Luftfahrtindustrie hat gewirkt.

Einer der besonders erfolgreichen Lobbyisten ist dabei das deutsch-französische Konsortium Airbus, neben dem amerikanischen Boeing-Konzern der wichtigste Flugzeugbauer der Welt. Airbus gelang es, bei der EU-Kommission niedrige Grenzwerte durchzusetzen. Eine Sternstunde des Lobbyismus: Im Februar 2016 fand eines der wichtigsten Meetings für den Klimaschutz statt. Die Internationale Zivilluftfahrtbehörde ICAO sollte CO_2-Limits für die Herstellung von Flugzeugen verabschieden. Mit am Tisch sitzen 24 der 192 Vertragsstaaten, acht davon kommen aus der EU. Auch einige NGOs nehmen teil, aber sie werden, wie wir noch sehen werden, nicht an Entscheidungen beteiligt. Das ICAO-Treffen ist nicht öffentlich.

Um den Entwurf für das Treffen vorzubereiten, hat sich das Transport-Generaldirektorat MOVE der Europäischen Kommission mit den acht Mitgliedsstaaten abgesprochen. So weit, so unbedenklich. Und an dieser Stelle treten nun die Lobbyisten von Airbus in Aktion.[67]

Den Autorinnen liegen E-Mails vor, die den direkten Einfluss von Airbus auf den Entwurf und schließlich den Abschlussbericht bezeugen. Airbus-Managern wurde im Vorhinein der Entwurf zugesandt – den Umweltorganisationen hingegen nicht. Eine Reihe von persönlichen Treffen und Telefonanrufen folgte, einige von ihnen gingen direkt von der Kommission aus. »Es ist wichtig, dass wir bis zum Ende der Woche klar wissen, welche CO_2-Standards Airbus erreichen kann«, schreibt ein Kommissionsmitarbeiter in einer E-Mail. Dann, am 4. Dezember – wenige Tage vor dem Meeting –, schickt Airbus eine Nachricht mit dem Betreff: »*latest comments on EU-Draft*«. Der Konzern ändert noch einige Details, streicht beispielsweise die Deadlines für weniger CO_2-Emissionen bei der Herstellung von Flugzeugen. Er schreibt an seinen eigenen Auflagen mit. Und so geht die gesamte Kommission mit einem Papier in die Verhandlung, welches nur die Industrie, nicht aber das Klima vor Veränderungen schützt. Schließlich schickt Airbus noch eine Korrektur an die Kommission: »*Please confirm that the Commission and Europe will support Airbus and respect those red lines.*« – »Bitte bestätigen Sie, dass die Kommission und Europa Airbus unterstützen wird und unsere Grenzen respektiert.«

Das ist ganz offenbar geschehen. Die neuen Richtlinien der ICAO sind überaus schwach. Flugzeuge, die nach 2028 auf den Markt kommen, sollen vier Prozent weniger Sprit als 2015 benötigen.[68]

Auch die Flugsteuer wurde verhindert. Obwohl die Kommission inzwischen weiß, dass eine Steuer für das Klima sinnvoll wäre und zugleich keine Jobs kosten würde. Im Jahr 2015 beauftragte die EU-Kommission eben dazu eine Studie über die möglichen Folgen einer europaweiten Kerosinsteuer. Das Ergebnis[69]: Diese würde die Emissionen der Luftfahrt um zehn Prozent reduzieren und weder Arbeitsplätze gefährden noch das Wirtschaftswachstum schmälern. Zudem werde die Europäische Luftfahrt insgesamt viel weniger besteuert als beispielsweise in Ländern wie den USA, Australien, Brasilien oder China. Das ist besonders bedeutsam, weil sich viele Regierungen und Abgeordnete in Brüssel mit dem Argument gegen eine Kerosinsteuer wehren, dass die europäischen Konzerne nicht mehr wettbewerbsfähig seien. Die Studie widerlegt also maßgebliche Argumente der Luftfahrtlobby.

Inzwischen wollen einige EU-Staaten eigene Kerosinabgaben einführen, die Niederlande beispielsweise oder Frankreich und auch Deutschland. Aber all diese Modelle sind mit Blick auf die Konkurrenz innerhalb Europas wenig vielversprechend – der Abgabenanteil für ein Ticket liegt durchschnittlich im einstelligen Euro-Bereich. Und im Interesse der jeweiligen nationalen Luftlinie: Die Niederlande wollen beispielsweise Transferflüge aus dem Ausland zu ihren Flughäfen nicht besteuern, weil die niederländische Linie KLM die meisten von ihnen ausführt. Seitdem Frankreich vorgeprescht ist, nehmen die Publikationen der Interessenverbände der Luftfahrt wieder deutlich zu. Sie wollen verhindern, dass Brüssel eines Tages doch noch die wahren (Klima-)Kosten des Flugverkehrs über Steuern eintreibt. Der Informationsdienst des Instituts der deutschen Wirtschaft (IW) beispielsweise veröffentlichte ein Positionspapier, das den Namen trägt: »Airlines widmen sich intensiv dem Klimaschutz«.[70] Das ist in etwa so glaubhaft wie der Satz, die Tabakindustrie sorge für die Volksgesundheit. Und das deutsch-französische Projekt Airbus wirbt in einer Veröffentlichung für die »elektrische Antriebskraft«[71], auch wenn dieser Antrieb noch in weiter Ferne liegt.

Auf der Pariser Klimakonferenz 2015 hat die UN-Luftfahrtorganisation ICAO versprochen, ein Klimaprogramm vorzulegen. Im Jahr 2016 beschloss sie dann ihr Programm Corsia (Carbon Offsetting and Reduction Scheme for International Aviation). Darin ist festgelegt, dass ab 2026 alle Treibhausgasemissionen aus dem internationalen Flugverkehr, die durch Wachstum zusätzlich entstehen, kompensiert werden müssen, zum Beispiel durch Aufforstung oder die Förderung von Erneuerbaren Energien. Kompensiert werden also nur die zusätzlichen Emissionen. Damit würden seine Emissionen auf einem (viel zu) hohen Niveau verharren – der aktuelle Ausstoß bleibt.

Milliarden für das fossile Gas

Einen echten »Lobbyclou« landete ein weiterer wichtiger Verschmutzer der EU: die Gasindustrie. Dass sie es in vielen Medien geschafft hat, sich ein grünes Image zuzulegen und in vielen Köpfen als Alternative zur Kohleenergie oder gar Windkraft zu gelten, hat sie ganz klassisch ihren flächendeckenden Werbekampagnen zu verdanken. Dass Europas Steuerzahler dieser fossilen Industrie sogar Pipelines bauen und sie mit Milliarden fördern, verdankt sie ihrem jahrzehntelangen Lobbyeinsatz in Brüssel.

Nach einer Studie[72] von Corporate Europe, der weiter oben erwähnten NGO für mehr Transparenz, hat die Gasindustrie allein im Jahr 2016 100 Millionen Euro in mehr als 1000 Lobbyagenten vor Ort investiert. 1000 Personen, die zugleich noch Zugang zu den Entscheidern hatten: 460 Mal haben sie sich zwischen 2015 und 2017 mit den Kommissaren getroffen, und auch in den vergangenen beiden Jahren hat die Gaslobby, etwa der französische

Gasriese GRDF, die Polish Oil and Gas Company und Öl- und Gasgiganten wie Shell, 100-fach direkt ihre Wünsche vortragen können.[73] Wir erinnern uns: Shell wusste laut internen Berichten schon in den 1980er-Jahren über die Folgen des Klimawandels Bescheid, tat sich jedoch 1989 mit gleichgesinnten Ölmultis zusammen, um die Lobbyorganisation Global Climate Coalition zu gründen und Zweifel am menschengemachten Klimawandel zu streuen.[74]

Heute macht Shell auf »grün«. Das Geheimnis dahinter ist Erdgas – etwas weniger klimaschädlich als Kohle, aber trotzdem ein fossiler Kraftstoff. Shell investiert gerade 14 Milliarden Euro in ein schwimmendes Transportsystem von Erdgas[75], und Vertreter des Konzerns hatten von 2014 bis 2018 rund 30 Treffen mit den hohen Kommissaren der Europäischen Kommission. Wie viele Treffen auf den unteren Ebenen stattfanden, also mit den Beamten, die dann tatsächlich Regelungen schreiben, verschweigt die EU-Kommission: Eine Anfrage des European Observatory wurde abgelehnt mit der Begründung, eine solche Treffenliste gebe es nicht. Angesichts der 1000 aktiven Lobbyisten dürften diese Treffen aber zahlreich gewesen sein.

Demgegenüber haben Umweltorganisationen, die sich gegen eine Pipeline und den Mythos des klimafreundlichen Gases wenden, ein sehr kleines Budget und geringe Manpower. Laut der Studie konnten sie von 2015 bis 2017 nur rund drei Millionen Euro ausgeben und statt 1000 Lobbyisten nur 100 Menschen für sich arbeiten lassen. Dementsprechend haben sie die Kommissare im selben Zeitraum auch nur 50 Mal gesehen statt knapp 500 Mal wie die Pro-Gas-Industrie.

Besonders aktiv ist auch BusinessEurope, ein Zusammenschluss aller Arbeitgeberverbände in Europa. In einem Positionspapier[76] zur »Energiesicherheit« wird Gas gefeiert – als sichere Energie der Zukunft. Europa solle alles dafür tun, um neue Pipelines zu bauen und die bestehenden zu sichern. Außerdem sollten alle Gasvorkommen in der EU genutzt werden. Das Ziel der Arbeitgeberverbände, die wiederum Großindustrien wie Autobauer oder Zementhersteller vertreten, ist durchschaubar: Sie wollen günstige Energie für ihre Fabriken, die zu den größten Energieschluckern gehören.

Diese Ideen, so heißt es in dem Papier, das an die Energiekommission ging, würden helfen die »EU-Klimaziele« zu erreichen. Dass sich die europäischen Arbeitgeber nicht wirklich für Klimaschutz einsetzen, machte im Herbst 2018 ein Memorandum von BusinessEurope deutlich. Es sollte eigentlich nur intern seine Mitglieder mit Argumenten füttern, um EU-Klimaschutz zu bremsen. Dann gelangte es aber in die Hände der Redaktion von *Euractiv* – sie machte es öffentlich[77]: In dem Memorandum werden die Mitglieder von BusinessEurope angeleitet, die Klimaziele der EU positiv zu kommentieren, aber zugleich verschiedene Wege zu nutzen, um Gesetze zu torpedieren. Etwa, auf eine weltumspannende Lösung zu pochen oder zu behaupten, die zulässigen Emissionen seien nicht fair berechnet. Befragen konnten wir BusinessEurope nicht zu seiner Haltung zum Klimaschutz: Der Verband sagte ein Treffen erst zu und wenige Tage später wieder ab.

Fest steht, dass BusinessEurope einer der mächtigsten Verbände in Brüssel ist: Schließlich vertritt er über 35 nationale Arbeitgeberorganisationen, angefangen von der österreichischen Industriellenvereinigung über die französische und deutsche Arbeitgebervereinigung (BDA) bis hin zum türkischen TiSK. Über diese vertreten sie Global Player wie BP, ExxonMobil, Shell und Total – alles Konzerne aus Industrien, die mit Gas Profit machen.[78] Die 30 Lobbyisten von BusinessEurope haben einen guten Draht zur Kommission und treffen sehr häufig direkt die Kommissare. Pascoe Sabico von Corporate Europe Observatory sagt: »BusinessEurope ist so häufig in der Kommission – sie müssten eigentlich Miete zahlen.«

Wenn der Verband einlädt, etwa zu seinem »BusinessEurope Day«, dann spricht dort das Who's who der europäischen Entscheider: 2018 redeten beispielsweise Donald Tusk, Präsident des Europäischen Rates, Jyrki Katainen, Vizepräsident der Europäischen Kommission, und der Chefunterhändler für den Brexit, Michel Barnier.[79] Das Meeting findet im prestigeträchtigen Cercle de Lorraine direkt neben dem Europaparlament statt – einem Verein »für Entscheider«, zu dessen Räumlichkeiten eine gediegene Bar mit Ledersitzen, ein feines Restaurant und verschiedene Konferenzräume gehören. Das Begleitprogramm dieser geschlossenen Gesellschaft zeigt die konservative und vor allem vermögende Klientel: Ihre Mitglieder und Gäste sehen sich beim Golfen, bei der Jagd, beim Oldtimer-Fahren oder beim Tennisspielen wieder. Oder auch im Zigarrenclub.[80] Ein gemeinsames Treffen ist die perfekte Gelegenheit, um die Interessen der Industrie bei einem Glas Wein an die Politik heranzutragen.

Hauptziel der Gasindustrie ist es, ihre fossile Energie als klimafreundlich zu verkaufen. 2015, kurz vor dem Pariser Klimagipfel, gründeten Firmen wie BP, Statoil, ExxonMobil und später auch der von Korruptionsvorwürfen geschüttelte brasilianische Konzern Petrobras die »Oil and Gas Climate Initiative«.[81] Sie will Technologien entwickeln, um Gas auf weniger klimaschädliche Weise zu fördern. Nur: Bislang scheint es sich um Absichtserklärungen zu handeln, Ergebnisse liegen noch nicht vor.

Ungeachtet dieser Fakten wirbt der französische Atomgigant EDF mit Gas als klimafreundlicher Energie, die Stadtwerke Herne werben mit der »Energie von nebenan«.[82] Dabei wird Gas wahlweise direkt als umweltfreundlich beworben oder als »Brücke« zu Erneuerbaren Energien dargestellt. Dieses Wording übernahm auch die EU-Kommission, namentlich ihr Klima-Kommissar Miguel Arias Cañete.[83]

Die großen Gaskonzerne Europas haben zu ihrer »Brücken-Theorie« eine eigene Werbekampagne mit Videos und Texten entwickelt, die Seite »gasnaturally.eu«. Hauptevent im Sommer 2019: das »Renewable Barbecue«. So schmiedet die Gaslobby an dem Mythos, trotz eines fossilen, endlichen Brennstoffs zu den Erneuerbaren Energien zu gehören. Dabei haben Wissenschaftler in einem viel beachteten *Nature*-Artikel klar errechnet: Wenn wir das 2-Grad-Ziel erreichen wollen, müssen 50 Prozent der Gasvorräte der Erde im Boden bleiben.[84]

Klimakiller: Gas

Gasenergie heizt das Klima genauso an wie Kohleenergie. Zwar wird beim Verbrennen von Gas weniger CO_2 produziert als bei Kohle oder Öl, aber Gas enthält sehr viel Methan, das das Klima über mehrere Jahre gerechnet 100-fach stärker schädigt. Der US-Forscher Robert Howarth hat mit dem Mythos der »Brückenindustrie« schon 2014 in einem wissenschaftlichen Aufsatz aufgeräumt: »Diese Energie führt ins Nichts.« Selbst ohne CO_2, aber allein mit Methan würde die Erde um mehr als zwei Grad aufgeheizt, schreibt Howard.[85]

Dessen ungeachtet hat die EU-Kommission 2015 unter Ratspräsident Jean-Claude Juncker die »Energy Union«[86] verabschiedet. Sie ist ein strategisch positiver Meilenstein für die Gaslobby: Darin wird Gas grundsätzlich als wichtige Energiequelle der Zukunft eingeordnet und umstrittene Großprojekte als förderungswürdig eingestuft: »Zur Gewährleistung einer diversifizierten Gasversorgung müssen die Arbeiten zum Südlichen Gaskorridor intensiviert werden«, heißt es da beispielsweise. Und weiter: Die »Errichtung der Infrastrukturen für die Bereitstellung von Gas aus neuen Quellen« werde die Kommission »mit allen verfügbaren Finanzierungsinstrumenten der Union ausbauen«. Damit war der Grundstein gelegt für eine Doktrin, die Milliarden Euro in das klimaschädliche Gas pumpt. Dabei widerspricht das eigentlich einer weiteren Doktrin: In den »Leitlinien für die transeuropäische Energieinfrastruktur« steht geschrieben: »Die Union muss ihre Infrastruktur längerfristig auf eine weitere Dekarbonisierung des Energiesystems der Union bis 2050 vorbereiten.«[87]

Der Schlüssel für die Gasindustrie in Europa ist allerdings der große Einfluss ihrer Lobbyorganisation ENTSOG[88] auf die Kommission: Ihre Experten beraten die EU-Kommission zu Projekten der Gasinfrastruktur, die in den kommenden Jahren vorrangig von der EU gefördert werden. Zu den 44 Mitgliedern von ENTSOG gehören die größten Gaskonzerne Europas: etwa das französische Unternehmen GRTGaz, das zum Ölmulti Engie gehört, die deutsche Thyssengas oder auch die spanische Enagás.[89] Federführend ist dabei aber der Verband ENTSOE, der wiederum europäische Stromnetzkonzerne mit Milliardengewinnen vertritt.[90]

In dem Zehnjahres-Netzwerk-Plan der EU-Kommission (TYNDPs) steht, dass ENTSOE darüber mitbestimmt, ob ein Gasprojekt mit EU-Geld gefördert wird. Sie entscheiden über die Kosten-Nutzen-Analyse – also etwa, ob die Kosten einer Pipeline gerechtfertigt sind. Aber eine Industrievereinigung, deren Mitglieder auch vom Gas leben, hat naturgemäß kein Interesse daran, auf ihre fossile Geldquelle zu verzichten.

Alleine im Jahr 2018 gab es 53 Projekte für Gas und 2019 noch einmal 32, die die EU als »*Projects of Common Interest*« (PCI) bewilligte – »Vorhaben von gemeinsamem Interesse«.[91] Auf einer Karte der EU überziehen unzählige rote Linien Europa[92], jede einzelne steht für ein Gasprojekt, entweder eine Leitung, einen Speicherplatz oder ein Terminal für flüssiges Gas aus den USA. Ein riesiges Netz für eine fossile Technologie, die zum Klimaschutz eigentlich im Boden bleiben muss.

Der Grund ist auch die starke Beratertätigkeit der Gasproduzenten und -logistiker. Harald Stindl, bis 2013 im ENTSOG-Führungszirkel, sagte auf einer Veranstaltung in Riga 2013[93] diesen Satz: »Wir müssen die ökonomische Überlegenheit unseres Produktes zeigen. Gas ist erschwinglich, reichlich vorhanden und umweltfreundlich. Wir müssen Konsumenten und politische Entscheidungsträger davon überzeugen. Das ist der wichtigste Job von ENTSOG.«[94]

Die Europäische Kommission wehrt sich gegen den Vorwurf, ENTSOG habe zu viel Einfluss. »Die Entscheidung über die zu fördernden Projekte trifft die Kommission«, so eine Sprecherin in einer Mail. ENTSOG sei in dem Auswahlverfahren nur beratend tätig, ebenso wie Netzbetreiber und Regulierungsbehörden. Auch ENTSOG selbst schreibt in einer Mail auf unsere Anfrage: »Wir werden nur als Experten angehört und können nicht entscheiden.«

Laut der NGO Friends of the Earth spielt ENTSOG allerdings auf den Meetings der Kommission zur Identifizierung der PCI-Gasprojekte eine Hauptrolle – also jener »Vorhaben von gemeinsamem Interesse«: Die Lobbygruppe habe mehrfach über eine Stunde lang das Eingangsstatement halten dürfen. Sie erzählt also der Kommission ihre Vision des Gasmarktes. 2017 waren drei von vier Projekten, die es in den Energieplan der Kommission schafften, von Konzernen bei ENTSOG. Das zahlt sich aus: In der letzten Runde der PCI bis 2017 entfielen 1,117 Milliarden Euro auf Gasprojekte, fast alle davon waren ENTSOG-Mitglieder.[95]

Auch in der aktuellen Runde aus dem Jahr 2018 finden sich unter den Projekten, die als »*Projects of Common Interest*« firmieren, hohe Summen: Die EU investiert 27 Millionen Euro in das bulgarische Gasnetz, 44 Millionen Euro in ein lettisches Gasdepot und 215 Millionen Euro in das Pipeline-Projekt zwischen Polen und Dänemark.[96] Ein Jahr zuvor, 2017, unterstützte die EU ebenso großzügig Gasprojekte in Europa – mehr als 100 Millionen Euro wurden dafür vergeben, verschiedene Pipeline-Routen zwischen Griechenland und Zypern zu erforschen, die sogenannte East-Med-Pipeline. Mit solchen Großprojekten zementieren die EU-Länder den Import von Gas über Jahrzehnte – und verhindern somit klimafreundlichere Energien wie Solarkraft. Vor allem fehlen diese Gelder an Stellen, die wirklich Geld benötigen: die Forschung an intelligenten Speichersystemen und Sektorkoppelung – also das Zusammendenken von Elektroautos, Heizung und Stromproduktion oder Energiesparen.

Zudem übertreibt ENTSOG in seinen zweijährlichen Vorschauen den Gasbedarf in Europa, um die Infrastruktur-Projekte als unerlässlich erscheinen zu lassen. Die Europäische Kommission hat seit 2003, gestützt auf die Berechnungen von Lobbyisten der Gasindustrie, jedes Szenario für den späteren Gasbedarf korrigieren müssen: Es lag jedes Mal viel zu hoch. ENTSOG hat in seinem Zehnjahresplan von 2009 einen steigenden Bedarf von acht Prozent bis 2013 vorhergesagt – in Wirklichkeit sank der Bedarf um 14 Prozent. Das ist eine Fehlüberschätzung von 22 Prozent.[97] Selbst der ansonsten zurückhaltende EU-Rechnungshof, der die Finanzen der EU kontrolliert, kritisiert die »externen Prognosen« in einem Sonderbericht zum Energie-Binnenmarkt in der EU. Weil die Kommission die Erdgasnachfrage während des Zeitraums beständig überschätzt habe, müsse sie »die Glaubwürdigkeit der Prognosen, die sie verwendet, wiederherstellen«.[98] Laut EU-Gesetzen[99] ist die Nachfrage ein entscheidender Faktor für die Geldvergabe. Die fälschlich hoch angesetzten Zahlen tragen also mit zu Milliardeninvestitionen bei, die am Ende niemand benötigt. Schon gar nicht, wenn man die Paris-Ziele erreichen und Europa ernsthaft eine Energiewende will.

ENTSOG hat eine Erklärung für seine lange Jahre zu hohen Vorhersagen parat: Es handele sich nicht um »*forecasts*«, sondern um »*scenarios*«. Es seien also gar keine Vorhersagen, sondern nur Szenarien, die man entwerfe.[100]

Dieser gravierende Mangel an Präzision wird den Lobbyisten offenbar nicht vorgeworfen. Ende 2019 wurde noch heftig diskutiert, wann es neue Richtlinien für die Gasindustrie geben werde. Nur eine Sache schien laut der europäischen Redaktion *Euractiv* klar: Der bislang so genannte »*gas package*« soll künftig »*gas decarbonisation package*« oder einfach »*decarbonisation package*« heißen.[101] Ein interessanter Neusprech: Als wäre das fossile Gas eine Methode zur Dekarbonisierung – also zum Leben ohne klimaschädliche Emissionen. In Wirklichkeit wird es mit den laufenden und geplanten Projekten keinen ausreichenden Klimaschutz in Europa geben können. Wissenschaftler haben errechnet, wie viel neue Infrastruktur für Energien wir uns noch erlauben können, um das 2-Grad-Ziel zu erreichen: Seit 2017 dürften keine weiteren Pipelines, Terminals oder Gastransporte mehr hinzukommen.[102] Dieses Ziel hat die EU, wie so viele weitere auch, mit ihren milliardenschweren Gasprojekten und neuen Flughäfen bereits verfehlt.

Die Klimaschmutzlobby in Deutschland

Bisher ist deutlich geworden, wie die Lobbys der Luftfahrt, der Agrar- und Gasindustrie und der Automobilhersteller die Gesetze in Brüssel beeinflussen können. Nun werden wir konkret aufzeigen, welche Fortschritte für den Klimaschutz in den größten Ländern Europas verhindert wurden. Los geht es mit Deutschland – dem bevölkerungsreichsten Land der EU, dessen Einwohner pro Kopf mehr Treibhausgase produzieren als die meisten anderen Europäer.

Eine kurze Geschichte der frühen Klimapolitik in Deutschland

Im September 2019 veranstaltete das Bundeswirtschaftsministerium seine größte Feier des Jahres: Der jahrzehntelange Abteilungsleiter Urban Rid wurde in den Ruhestand verabschiedet. Nun ging seine Karriere zu Ende, 200 Personen versammelten sich bei Häppchen und Getränken im Vestibül, dem mondänen Festraum im ersten Stock des Wirtschaftsministeriums. Wirtschaftsminister Peter Altmaier hielt eine lange Lobesrede auf Rid und überreichte schließlich ein Bild: darauf ein gezeichnetes Schiff mit Rid im Matrosenanzug. »Der Lotse geht von Bord«, sagten die Festredner. Auf dem Bug gemalt die Reihe an Ministern als Kapitäne, deren wichtigster Gefolgsmann Rid war: Umweltminister Norbert Röttgen, Umwelt- und Wirtschaftsminister Peter Altmaier (beide CDU), die Wirtschaftsminister Sigmar Gabriel und Brigitte Zypries (beide SPD). Rid ist eine Schlüsselfigur für die deutsche Klimapolitik: Unter Kanzler Helmut Kohl arbeitete der Parteilose im Kanzleramt, dann als Abteilungsleiter im Umweltministerium und schließlich im Wirtschaftsministerium. Alle loben ihn als Mann, der zeit seines Lebens für die Erneuerbaren Energien gekämpft hat. Auch der Berliner *Tagesspiegel* beschreibt Urban Rid anlässlich seines Abschieds als »Energiewendemann«.[1]

Kollegen und Mitstreiter sehen ihn in einem anderen Licht: als einen Verhinderer und Bremser von Wind- und Sonnenenergie. Aber es ist nicht Rid persönlich, der den Klimaschutz torpediert hat. Der Neurentner Rid steht exemplarisch für die Arbeit der Merkel-Regierungen, sei es mit SPD oder FDP als Partner: Sie proklamieren die Energiewende, aber deckeln den Ausbau von klimafreundlichen Energien und verzögern den Kohleausstieg um Jahrzehnte, sie sprechen sich für eine Agrarwende aus, aber fördern konventionelle Großbetriebe, sie bewerben die Verkehrswende, aber subventionieren fossile Kraftstoffe wie Diesel und Kerosin.

Das ist kein Zufall. Die Regierungen haben immer betont, wie wichtig die Klimawende ist, und haben zugleich auf industrienahe Lobbys gehört. Diese hatten immer wieder Argumente, warum ehrgeizige Klimapolitik Jobs kostet, mehr Zeit braucht, zu kostspielig ist oder nur weltweit Sinn ergibt. Und die Ministerien, so berichten es uns verschiedene Mitarbeiter, verstehen sich als Anwalt ihrer Branche, als Anwalt der Autobauer im Verkehrsministerium, als Anwalt der Energiekonzerne im Wirtschaftsministerium, als Anwalt der Großbauern im Agrarministerium. »Wir helfen unserer Branche, wo wir nur können – so ist die Haltung. Und nicht: Wir helfen dem Klima, wo wir nur können«, beschreiben Mitarbeiter die Grundeinstellung.

»Wenn Sie wirksamen Klimaschutz machen wollen, machen Sie sich viele Gegner. Dann stehen da viele Vereinigungen und Organisationen auf der Matte, und Ihre Kabinettskollegen geben Ihnen den Rest. Wenn Sie Minister oder Kanzler sind, dann überlegen Sie sich genau, ob Sie sich mit weiteren ›Baustellen‹ herumschlagen wollen und sich der Aufwand lohnt. Die meisten der verschiedenen betroffenen Ressorts haben sich immer dagegen entschieden.« Das sagt der ehemalige Referatsleiter im

Bundesumweltministerium Wolfhart Dürrschmidt, der 20 Jahre lang Klimaschutzpolitik gemacht hat.[2] Dürrschmidt arbeitete einige Jahre unter Urban Rid – und war nicht immer einverstanden mit dessen Politik. Der heutige Rentner Dürrschmidt sitzt uns bei einem Kaffee im Berliner Gasthaus Tor 1, nicht weit vom Potsdamer Platz, gegenüber. Er redet gern über die frühen Erfolge, ärgert sich aber darüber, wie die Bremser es schafften, einen ehrgeizigen Klimaschutz zu verhindern. Nach zwei Stunden Gespräch fällt er ein hartes Urteil: Viele Politiker und ihre Zuarbeiter seien verantwortungslos und kurzsichtig. Und sie hätten den Klimaschutz anderen scheinbar drängenderen Themen geopfert – meist solchen, die mehr Wählerstimmen versprächen.

Der Physiker Dürrschmidt ist schon seit einigen Jahren nicht mehr im Dienst. Der hagere ältere Herr mit dem karierten Hemd ist ein richtiger Klima-Nerd. Klimaschutz und Erneuerbare Energien sind sein Lebenswerk. Als wir ihn an einem sonnigen Spätsommertag im September 2019 treffen, ist die Große Koalition gerade fieberhaft dabei, ein Klimaschutzgesetz zu zimmern, das später einen viel zu niedrigen CO_2-Preis festlegen und im Ausgleich die Pendlerpauschale für Autofahrer erhöhen wird. Der Klimawandel ist auf den Titelseiten der Tagespresse, Greta Thunberg ist gerade mit ihrem Segelboot in New York zum UNO-Klimagipfel angekommen – alles sah für einen kurzen Moment so aus, als würde sich endlich etwas bewegen.

Freuen kann sich Dürrschmidt darüber aber nicht. Das komme alles viel zu spät. Er ahnt schon in unserem Gespräch, wenige Wochen bevor die Regierung das Klimapaket vorstellt, dass es keinen Durchbruch geben wird, sondern nur zögerliche Kompromisslösungen. Der Ex-BMU-Mitarbeiter erklärt, dass seit Jahren in der Solarbranche und nun auch in der Windbranche Zehntausende Arbeitsplätze weggefallen seien. Ein Klimaschutzgesetz sei seit Langem überfällig, und auch die Bepreisung der CO_2-Emissionen hätte man viel früher gebraucht, um die Fehlsteuerung des Marktes zu korrigieren. Jetzt sinke mit jedem Jahr die Wahrscheinlichkeit, dass guter Klimaschutz wirklich noch Schlimmeres verhindern könne.

Dürrschmidt hat die Diskussionen um Klimaschutz und Erneuerbare Energien von Anfang an begleitet. Ab Mitte der 2000er-Jahre sei der Widerstand gegen den Klimaschutz gewachsen und die Regierung vor Lobbyinteressen zunehmend eingeknickt, erzählt der heute 69-Jährige.

Die ersten besorgten Berichte über den Klimawandel kamen vom Deutschen Bundestag und nicht von den Ministerien. Den Vorsitz in der ersten Enquete-Kommission zur »Vorsorge zum Schutz der Erdatmosphäre« in den Jahren 1988 bis 1990 hatte der CDU-Politiker Bernd Schmidbauer, für die SPD war der spätere Staatssekretär im BMU, Michael Müller, der führende Kopf. Auch in den Reihen von SPD und CDU habe es damals noch richtig überzeugte Klimaschützer gegeben, erinnert sich Wolfhart Dürrschmidt, der damals im Umweltministerium im Referat »Klima und Energie« arbeitete. Nicht die Bundesregierung, sondern der Bundestag hat die Klimaschutzpolitik aus der Taufe gehoben. Auch die Aktivitäten zu Erneuerbaren Energien, etwa das Stromeinspeisungsgesetz 1990 und das Erneuerbare-Energien-Gesetz 2000, kamen aus dem Bundestag – gegen den Widerstand des innerhalb der Bundesregierung eigentlich dafür zuständigen Bundeswirtschaftsministeriums.

Das Resümee des allerersten Berichtes über den Klimawandel in der Geschichte des bundesdeutschen Parlamentes liest sich, als käme es aus einem aktuellen Polit-Papier: »Es zeichnet sich ab, daß die zu erwartenden Änderungen der Erdatmosphäre und des Klimas gravierende Folgen für die menschlichen Lebensbedingungen und für die Biosphäre insgesamt nach sich ziehen werden, die durch Vorsorgemaßnahmen nur noch teilweise verhindert werden können. Dramatische Entwicklungen können nicht ausgeschlossen werden.«[3]

Die Tragweite des Klimawandels hatten Spitzenpolitiker und auch der Deutsche Bundestag also schon vor dem Fall der Mauer realisiert. Es folgen Empfehlungen, wie Deutschland seinen Treibhausgasausstoß verringern könnte: Zuallererst nennt die Kommission die Energieeffizienz, ein bis heute stark vernachlässigter Bereich. Schon hier heißt es: »Wirksame Maßnahmen zur Effizienzsteigerung und Schadstoffrückhaltung bei der Verbrennung fossiler Energieträger im Verkehrsbereich verdienen große Aufmerksamkeit.«[4] Energiesparen und Verkehr sollten dann in den folgenden 30 Jahren zu den Stiefkindern des Klimaschutzes werden. Die Empfehlungen der vorrangig von CDU- und SPD-Politikern gestellten Kommission fielen unter den Tisch.

1992 gründete sich dann die Enquete-Kommission »Schutz der Erdatmosphäre« im vereinten Deutschland. Ihr erster Bericht trug schon den, wie vermutlich viele heutige Wirtschaftsvertreter und konservative Politiker sagen würden, »alarmistischen« Titel »Klimaänderung gefährdet globale Entwicklung. Zukunft sichern – Jetzt handeln«. Der Bericht ist ein mahnender Appell von Politikern aller Couleur – unter Leitung eines CDU-Politikers –, endlich zu handeln. Sogar von einer CO_2-Steuer und ordnungspolitischen Einzelmaßnahmen war schon die Rede. Und eine »mengenmäßige Begrenzung für CO_2-Emissionen« und »handelbare Zertifikate«, sprich einen Emissionshandel, solle es nur geben, wenn das nicht ausreiche.[5] Ein Emissionshandel wurde dann erst im Jahr 2005, ganze 13 Jahre später, auf europäischer Ebene eingeführt.

Der damalige Bundesumweltminister Klaus Töpfer brachte zu jener Zeit bei mehreren Gelegenheiten die Einführung einer CO_2-Steuer ins Spiel. Er sollte aber auch einer der wenigen CDU-Politiker bleiben. Bis ins Jahr 2019 hinein wehren sich Unionspolitiker gegen gesetzliche Umweltsteuern und Abgaben, und sie haben sie auch im Klimapaket 2019 verhindert.[6] Manche Stimmen behaupten sogar, dass Töpfer vielen CDU-Mitgliedern viel zu progressiv gewesen sei und deshalb absichtlich durch die damals eher unbekannte Angela Merkel ersetzt worden sei.

1990 aber antwortete die schwarz-gelbe Bundesregierung auf eine Anfrage der SPD zur CO_2-Steuer:[7] »Nach Auffassung der Bundesregierung muß (…) entsprechend dem Verursacherprinzip die gesamte energetische Nutzung fossiler Energieträger einbezogen werden.« Dazu zählte sie damals: Autofahrer, Kleingewerbetreibende, Mieter und Hausbesitzer, auch Kraftwerke und Industriefeuerungsanlagen.

Die deutsche Delegation galt damals als besonders progressiv und wird noch heute für ihre Vorreiterrolle bei der berühmten »UN-Konferenz für Umwelt und Entwicklung« in Rio de Janeiro gelobt. Dort wurde die Klimarahmenkonvention beschlossen – das Dach für die seit 1995 jährlich tagenden Klimakonferenzen (COP, Conference of the Parties). Aufgrund des deutschen Engagements fand die erste Klimakonferenz 1995 in Berlin statt, und das UN-Klimasekretariat ist seit 1996 in Bonn angesiedelt. »Am Anfang gab es durch alle Parteien hinweg einen Konsens, dass wir konsequent und mit einem breiten Maßnahmenbündel gegen die Erderwärmung handeln müssen – ebenso wie es beim Ozonloch der Fall war«, sagt Ministerialrat a. D. Wolfhart Dürrschmidt. Der Konsens wäre damals möglich gewesen, weil die Abgeordneten ihre Verantwortung gesehen hätten. Und die Lobbyisten waren weitaus weniger aktiv als heute.

Wer die Berichte der ersten Klima-Enquete-Kommissionen von 1988 bis 1990 liest, versteht schnell, dass hier von einem fundamentalen Umbau der auf fossilen Brennstoffen basierenden Gesellschaft gesprochen wurde. Die Folgen dieser Berichte hätten viele Lobbyisten erst viel später realisiert, erzählt der parteilose Dürrschmidt. Am Anfang sei es noch sehr ruhig gewesen, weil niemand daran geglaubt habe, dass die Erneuerbaren Energien wirklich ein nennenswertes Niveau erreichen würden. »Man hat Wind- und Solarkraft in den 1990er-Jahren einfach nicht ernst genommen und gedacht, dass diese bei ein bis zwei Prozent stehen bleiben«, erzählt Dürrschmidt beim zweiten Kaffee.

Für die Energiewende wurde Deutschland weltweit berühmt. Daher wollen auch wir uns in diesem Kapitel auf die Lobby in der Energiebranche konzentrieren. Andere Politikbereiche haben natürlich ebenso versagt, ihre Emissionen ausreichend zu senken, etwa das Agrarministerium oder das Verkehrsministerium. Gerade in diesem CSU-Ministerium hat die Klimaschmutzlobby Einfluss: Diesel-Desaster, SUV-Boom, neue Autobahnen, Steuergeschenke für Diesel und über 100 Treffen von Autolobbyisten mit Spitzenpolitikern sind als mögliche Gründe zu nennen, warum die Emissionen im Verkehr unter Schwarz-Rot weiter gestiegen sind.

Aber immer noch ist die kohleschwere Energie der größte Emittent in Deutschland. Im Klimapaket steht dazu: »Die installierte Erzeugungskapazität aus Kohlekraftwerken im Markt soll bis 2030 auf insgesamt 17 Gigawatt reduziert werden und bis spätestens 2038 vollständig beendet werden.«[8] Ende 2017 lieferten die Kraftwerke noch 42 Gigawatt.[9]

Das bedeutet: Deutschland wird noch fast zwanzig Jahre den klimaschädlichsten aller Rohstoffe verbrennen. Braun- und Steinkohle sind laut Bundesumweltamt[10] für rund 70 Prozent aller CO_2-Emissionen in der Stromproduktion Deutschlands verantwortlich. Trotzdem hat die Bundesregierung erst einen Ausstieg in knapp zwei Jahrzehnten geplant.

Wie die Lobby den Aufbruch 2000 stoppte

Der große Aufbruch zur Energiewende kam für Dürrschmidt mit Rot-Grün 1998. Mit der Einführung des Erneuerbare-Energien-Gesetzes – als Folgegesetz des Stromeinspeisegesetzes – im Jahr 2000 »ging dann die Post ab«. Innerhalb eines Jahrzehnts verdreifachte sich der Anteil der Erneuerbaren Energien am Bruttostromverbrauch von 6 auf knapp 18 Prozent.[11] 2005 bekam die Bundesrepublik eine neue Regierung, weil Gerhard Schröder Neuwahlen ausrief. Der Sozialdemokrat hatte sich verrechnet und verlor gegen CDU-Kandidatin Angela Merkel. Damit waren die Grünen raus, und auch BMU-Referatsleiter Wolfhart Dürrschmidt bekam einen neuen Chef: Der SPD-Mann Sigmar Gabriel folgte auf den Grünen Jürgen Trittin. Für den neuen Minister stand der Klimaschutz allerdings nicht ganz oben auf der Agenda. Gabriel schien seinem eigenen Ministerium zu misstrauen. Er soll gedacht haben, dass dort nur grüne Überzeugungstäter säßen. So erzählen es verschiedene damalige Mitarbeiter. Auch Dürrschmidt sagt im Rückblick: »Im Umweltministerium gab es viele engagierte und sachkundige Leute, die aber keine Parteipolitik betrieben, sondern ihre Aufgaben im Umweltbereich ernst nahmen.«

Gabriel ersetzte als Erstes den damaligen Leiter der Abteilung Klimaschutz durch einen Mitarbeiter aus dem Kanzleramt: Urban Rid. Seine Ernennung ist bemerkenswert: Denn vor Gabriel bekleidete ein SPD-Genosse diese Stelle. Und normalerweise achten neue Minister darauf, auf wichtige Posten vor allem Mitglieder der eigenen Partei zu setzen. Nicht so in diesem Fall: Statt des SPD-Abteilungsleiters Dr. Hendrik Vygen, der unter Töpfer, Merkel und Trittin gedient hatte[12], wurde der parteilose Urban Rid zum Klimaschutz-Chef im Bundesumweltministerium. In Folge der weiteren Umstrukturierungsmaßnahmen hatten es erfahrene Mitarbeiter zunehmend schwer, anspruchsvolle Maßnahmen zum Klimaschutz und Ausbau der Erneuerbaren Energien zu betreiben.

Rid machte sich mit seiner neuen Politik schnell Feinde unter den Fachleuten im BMU, die noch unter Umweltminister Trittin für eine zügige Energiewende stritten.[13] So sehen es zumindest einige Mitarbeiter des Umweltministeriums. Sie und einige Abgeordnete bezeichnen Urban Rid als Bremser und Karrieristen, der nicht auf Fachleute hören wollte. Urban Rid habe anfangs abschätzig über die Erneuerbaren geredet und Vertreter der Branche auch schon mal als »Futzis« bezeichnet. Mit den großen Energieversorgern habe sich der Abteilungsleiter hingegen immer gut gestellt, heißt es von Insidern. »Urban Rid ist ein typischer Lobbymann, der immer eng mit den großen Energieversorgern war«, erklärt auch der parteilose Bundestagsabgeordnete Marco Bülow. Er trat 2018 aus der SPD aus – auch aus Protest gegen die katastrophale Klimaschutz- und Energiewendepolitik seiner Partei.[14] Urban Rid wollte sich uns gegenüber nicht zu seiner Zeit im Ministerium äußern und reagierte abweisend auf unsere mehrfachen Anfragen.[15]

Manche unserer anonymen Quellen erklären, besonders im Wirtschaftsministerium herrschte und herrsche generell Angst vor dem großen Einfluss der Lobby von Kohle- und Atomenergie, und so würde deren Argumentation übernommen. Mit ihren

PR-Maschinerien seien diese in der Lage, die Bürger gegen die Regierung aufzuwiegeln. Auch deshalb hätten Beamte wie Rid Angst, dass die Erneuerbaren zu schnell wüchsen und gegen den amtierenden Minister Stimmung gemacht werde, beispielsweise mit dem Argument, dass die Energiewende zu teuer werde. Deshalb habe sich der Abteilungsleiter Rid auch dafür starkgemacht, dass die Erneuerbaren nicht unbegrenzt ausgebaut werden könnten und sich die Solar- und Windbetreiber per Ausschreibung auf freie Kapazitäten bewerben müssten. Ein ehemaliger Mitarbeiter erklärte, dass Urban Rid sich kaum für die komplexen Zusammenhänge der Energiewende interessierte: »Der Willen, sich etwas anzuhören, war begrenzt.« Viele beschreiben ihn als Freund der Marktlösungen: Er sei durch und durch neoliberal gewesen, heißt es.

Nicht nur Wolfhart Dürrschmidt, sondern auch von uns befragte Abgeordnete wie Marco Bülow verorten den Anfang vom Ende einer erfolgreichen Klimaschutzpolitik in Deutschland mit dem Amtsantritt von Sigmar Gabriel als Bundesumweltminister im Jahr 2005. Gabriel holte sich nicht nur Urban Rid als Klimaschutz-Abteilungsleiter an Bord, sondern auch Staatssekretär Matthias Machnig. Machnig hatte Gerhard Schröders erfolgreichen Bundestagswahlkampf 1998 organisiert, er gilt als begnadeter Spindoktor. Machnig sei laut Marco Bülow und BMU-Mitarbeitern stark im alten System verhaftet gewesen – ein Freund der großen Energieversorger wie E.ON, EnBW, RWE oder Vattenfall. Im Jahr der Fußballweltmeisterschaft in Deutschland 2006 geriet der Staatssekretär unter den Verdacht der Vorteilsnahme, weil er zunächst eine WM-Einladung von EnBW-Chef Utz Claassen angenommen haben sollte. Gegen Zahlung einer Geldbuße wurde das Verfahren jedoch eingestellt. Zu der Zeit verhandelte Machnig als BMU-Staatssekretär beispielsweise über den Emissionshandel mit den großen Energieversorgern.[16] »Mir eine Nähe zu den großen Energieversorgern anzuhängen ist absurd«, erklärt der ehemalige Staatssekretär auf Anfrage.[17] Über seine Zeit als Staatssekretär sagt er heute: Er sei jahrelang das »Scharnier« zwischen Umwelt- und Wirtschaftsministerium gewesen. Deshalb seien viele Klimaschutzinitiativen angestoßen worden. Allerdings, so räumt Machnig ein, seien nicht alle Ideen »durchgekommen«. Beispielsweise die Abschaffung von klimaschädlichen Subventionen. Vor allem das Finanz- und das Verkehrsministerium hätten solche progressiven Vorschläge abgebügelt, sagt Machnig, der Ende der 1990er-Jahre auch Staatssekretär im Verkehrsministerium war.

Auch er kritisiert, wie zentrale Klimaschutzinstrumente – etwa der EU-Emissionshandel – umgesetzt wurden. Laut Machnig habe man beim Emissionshandel von Anfang an die Industrie begünstigt, statt sie wirklich dazu zu zwingen, CO_2 einzusparen. »Der Druck der Lobbys war Anfang der 2000er-Jahre unglaublich groß. Damals warnten sie vor einer ›Deindustrialisierung Deutschlands‹.« Später hätten sie mit der Wirtschafts- und Finanzkrise argumentiert. Das habe zu einer enormen Überausstattung der Unternehmen mit den Zertifikaten geführt, die sie eigentlich für jede Tonne zu viel ausgestoßenes CO_2 dazukaufen müssen. Letztendlich habe das zu einem sehr niedrigen CO_2-Preis pro Tonne und Zertifikat geführt. Deutschland sei einer der Treiber in der EU dafür gewesen, den Handel industriefreundlich zu gestalten, so Machnig rückblickend.

Für andere Versäumnisse der schleppenden Energiewende macht Machnig hingegen die Regionalpolitik verantwortlich: Das Abwürgen der Energiewende habe nicht nur mit wirtschaftsfreundlichen Umweltministern wie Peter Altmaier zu tun, sondern auch mit den bürokratischen Hürden der Länder. Viele hätten gebremst. Dafür sei dann oft die Bundesregierung verantwortlich gemacht worden.

Während Machnig nach seiner Zeit in der Politik bei einem Start-up für Erneuerbare Energien anheuerte[18], versucht es sein einstiger Chef, Sigmar Gabriel, eher bei den großen Unternehmen. Zuerst sollte Gabriel Lobbyist für Siemens Alstom werden, deren Fusion er als Wirtschaftsminister selbst begleitete.[19] Später hat die EU-Kommission diese Fusion für ungültig erklärt, und Gabriel erhielt schließlich doch keinen Posten im Verwaltungsrat.[20] Im Herbst 2019 aber war Gabriel, der ehemalige Umweltminister, als Präsident des Verbands der Automobilindustrie im Gespräch.[21] Sein Bundestagsmandat hatte er kurzerhand abgegeben. Im Januar 2020 schließlich wurde bekannt, dass Gabriel in den Aufsichtsrat der Deutschen Bank wechselt.

Als Wirtschaftsminister knickte der SPD-Mann bei entscheidenden Gesetzen vor der alten Energielobby ein. Ein Beispiel ist die Klimaabgabe. Eigentlich wollte Sigmar Gabriel damit die alten und ineffizienten Braunkohlekraftwerke aus dem Markt drängen, also genau die Anlagen, die Deutschlands Klimaziele 2020 scheitern lassen. Auch Institute wie das Deutsche Institut für Wirtschaftsforschung (DIW) hielten das für eine gute Idee.[22] Die Energiekonzerne schalteten damals auf Gegenangriff: Der damalige RWE-Chef Peter Terium rief Hannelore Kraft (SPD) an, seinerzeit Nordrhein-Westfalens Ministerpräsidentin. Der Konzern hatte die Energiewende bis dahin weitgehend ignoriert. Die Braunkohle in alten Kraftwerken zu verstromen war ein Riesengeschäft. Viele, oftmals SPD-regierte Städte in NRW halten große Aktienpakete von RWE. Schon allein deshalb könnte Hannelore Kraft ein offenes Ohr für Terium gehabt haben.

Anfang Juni 2015 traf sich Gabriel mit Gewerkschaftern und Kanzleramtschef Peter Altmaier von der CDU. Ergebnis dieses Treffens war die »Kohle-Reserve« – das Gegenteil der ursprünglichen Idee des Kohleausstiegs. Die Konzerne sollten dafür entlohnt werden, dass sie sechs große Braunkohleblöcke für vier Jahre »bereithalten«, um sie bei theoretischen Stromengpässen anlaufen zu lassen. Erst danach sollten sie abgeschaltet werden.[23] Bis Oktober 2019 wurde die Sicherheitsreserve nicht ein Mal genutzt, kostet die Stromkunden aber 230 Millionen Euro pro Jahr.[24] Ein Beispiel ist das Braunkohlekraftwerk Buschhaus der Mibrag in Sachsen-Anhalt. Laut Medienberichten erhält der Kohlekonzern für die sogenannte Sicherheitsreserve rund 200 Millionen Euro – für vier Jahre Nichtstun.[25] Die Sicherheitsreserve sei nur ein »Trick« von Gabriel gewesen, um den Kraftwerksbetreibern das Abschalten zu versüßen – und sich gleichzeitig nicht mit der EU anzulegen, die dies als Beihilfe hätte anfechten können. »In der Tat lassen sich die Braunkohlekonzerne dank ›Abwrackprämie‹ den Ausstieg aus der Kohle mit Millionen vergolden, für Kraftwerke, die sowieso abgeschaltet worden wären. Am Ende müssen die Stromkunden die Zeche zahlen«, sagt Claudia Kemfert, Leiterin der Energieabteilung beim Deutschen Institut für Wirtschaftsforschung. Die Berliner Wirtschaftswissenschaftlerin forscht seit Jahren über die hohen Kosten, die der Klimawandel mit sich bringen wird – wenn nicht jetzt unsere Energie- und Verkehrssysteme auf weitaus günstigere Alternativen umgestellt werden.

Einige Ex-Mitarbeiter erinnern sich, dass in den 2000ern die energieintensive Industrie und die vier großen Stromversorger besonders starken Lobbyismus gegen Klimaschutz betrieben. Ihre Profite hängen bis heute an Atom- und Kohlestrom und den Netzen, die sie für den Stromtransport betreiben. Die vier Energieriesen RWE, Uniper (eine Abspaltung von E.ON), E.ON und ENBW beherrschen bis heute den Energiemarkt – trotz zahlreicher kleinerer grüner Energieproduzenten, die mittlerweile dazugekommen sind. Gemeinsam setzten sie im Jahr 2018 über 100 Milliarden Euro um.[26]

Strategien der deutschen Klimaschutz-Bremser in Parlament und Behörden

Bevor wir uns näher mit den konkreten Tätigkeiten verschiedener Lobbygruppen in Deutschland befassen, zeigen wir verschiedene Taktiken, wie Bremser in Ministerien und Parlament unter dem Druck von Lobbyverbänden oder aus eigener Motivation gezielt den Fortschritt im Klimaschutz behindern. Hier sind die fünf wichtigsten Tricks.

1. **Gesetze kompliziert machen**
   Das Erneuerbare-Energien-Gesetz (EEG) hatte anfangs nur fünf Seiten[27] – mittlerweile ist es ein Konvolut von 140 Seiten und über 100 Paragrafen: »Das verstehen nur noch auf die Energiewirtschaft spezialisierte Anwälte«, meint beispielsweise Energie-

experte Dürrschmidt. Das Gleiche geschah mit der Einführung des Emissionshandels. Die technischen und bürokratischen Details gehen so in die Tiefe, dass selbst Experten ins Schwitzen kommen, wenn die genauen Berechnungsgrundlagen erfragt werden oder man mehr über Einsparungen erfahren will. Während eine Steuer laut vielen Ökonomen mindestens so wirkungsvoll und viel einfacher umzusetzen wäre, zahlen laut Aussage von DIW-Klimaexpertin Claudia Kemfert die EU-Staaten jährlich 676 Millionen Euro pro Jahr allein für die Verwaltung des Zertifikathandels.[28]

2. **Studien kleinhalten**
   Ministerien und deren Mitarbeiter geben regelmäßig Studien bei Wissenschaftlern in Auftrag. Doch nicht jedem Minister passen die anschließenden Ergebnisse. Das Engagement für die Energiewende lässt sich besonders an einer Reihe von unabhängigen Studien beschreiben, die vom Umweltministerium seit Anfang der 2000er extern in Auftrag gegeben wurden: Die erste Studie zum Ausbau der Erneuerbaren Energien stellte Jürgen Trittin 2004 in der Bundespressekonferenz in Berlin und auf einer hochrangig besetzten Fachtagung vor.[29] Dort kamen die Wissenschaftler vom Deutschen Zentrum für Luft- und Raumfahrt (DLR) und anderen Instituten zu Wort. Eine Folgestudie gab es dann im Jahr 2008 unter Trittins Nachfolger Sigmar Gabriel.[30] Beauftragt wurde wieder das DLR – eine Institution, die wenig im Verdacht steht, Grünen-Politikern nach dem Mund zu reden. Doch die Ergebnisse gefielen dem Minister und seinem Abteilungsleiter Urban Rid nicht, heißt es von einigen Ministeriums-Insidern. Der Grund: Hier wurde glaubhaft dargestellt, dass man schon auf mittlere Sicht sowohl Kohle- als auch Atomkraft zurückfahren und längerfristig – schon ab 2040 – ganz auf die beiden Risikotechnologien verzichten kann.[31] Erneuerbare rauf, Kohle und Atom runter – so die Schlussfolgerung der Studie. Gabriel befürchtete, Kohle- und Atomlobby würden Sturm laufen, also wurde die Studie zunächst zurückgehalten. Erst Wochen, dann Monate, berichtet unsere Quelle. Dann fragte ein Journalist nach, wo die Studie denn bleibe, denn Ministerien ha-

ben die Pflicht, in Auftrag gegebene Studien auch zu veröffentlichen. Daraufhin habe Sigmar Gabriel die Studie kommentarlos ins Netz stellen lassen. Ein großes Medienecho gab es diesmal aber nicht, da der Minister weder eine Pressekonferenz einberief noch ein Statement zu der Studie abgab.

3. **Desinteressierte Umweltminister**
Mehrere anonyme Quellen berichteten uns, dass nicht nur Sigmar Gabriel, sondern auch Umweltminister Altmaier in seiner Amtszeit wenig Interesse für den Klimaschutz zeigte. Altmaier habe beispielsweise auf der Klimakonferenz in Doha 2012 – drei Jahre nach dem gescheiterten Gipfel in Kopenhagen – nicht nur uninformiert, er habe auch desinteressiert gewirkt. Die Verhandlungen habe er seiner Delegation überlassen. Für Unions-Minister ist das Umweltministerium ohnehin oft nur eine Sprosse auf der Karriereleiter – es ist traditionell ein kleines Ressort mit wenig Befugnissen und wenig Macht. Laut dem ehemaligen Staatssekretär im Umweltministerium Michael Müller (SPD) werde die Leitungsebene nicht nach fachlicher Kompetenz ausgewählt, sondern nach dem Parteibuch. »Am Ende gibt es dann keine strategischen Linien mehr, sondern eine Reihe von Einzelforderungen, die sehr stark von neoliberalen Stichwortgebern bestimmt werden.«[32] Im Laufe der Zeit sei das Umweltministerium fachlich ausgehöhlt worden. Neue Planstellen seien nicht besetzt, und guter fachlicher Nachwuchs sei nicht gefördert worden, klagen Insider. Zudem sei das Ministerium zunehmend »politisiert« worden: Der persönliche Stab um den Minister selbst sei aufgestockt worden, während man andere Fachbereiche systematisch ausgedünnt habe.

4. **Keine Initiative zeigen**
Wenn Minister ihr Amt antreten, suchen sie sich meistens ein, zwei größere Projekte, mit denen sie in ihrer Amtszeit besonders glänzen wollen. Das Problem beim Klimaschutz: Das ist kein Thema, mit dem man sich viele Freunde macht. Jeder Minister und jede Ministerin überlegt sich genau, welche Projekte er oder sie auswählt – vor allem, wenn er oder sie später noch Wirtschafts- oder sogar Außenminister werden will. Wenn Umwelt-

minister wirklich ehrgeizige Vorschläge beim Klima eingebracht haben, riskierten sie damit in der Vergangenheit nicht nur Konflikte mit den Kabinettskollegen, sondern auch mit so ziemlich allen großen Interessengruppen – von der Energiewirtschaft bis zum Hausbesitzer.

5. **Guten Kontakt zu Lobbyisten pflegen**
   Staatssekretäre, Abgeordnete und Minister sind nur auf bestimmte Zeit in ihren Funktionen eingesetzt. Jeder und jede Abgeordnete braucht einen Plan B für die Zeit danach. Darum ist es für viele Politiker und ihre Abteilungsleiter in den Ministerien sinnvoll, Kontakte zu Verbänden, Interessenvertretungen und Institutionen zu halten. Wichtig sind die Kontakte in die Wirtschaft auch, weil die Abgeordneten dadurch häufig früher über Gesetzesentwürfe verfügen als die Abgeordneten in der eigenen Fraktion. Dieser Informationsvorsprung stärkt die eigene Position.

Die Kohlelobby: Verbände und Bundestagsabgeordnete hofieren Meinungsmacher – keine Wissenschaftler

Ein Beispiel für die Vernetzung von Kohlelobby, CDU, FDP und Klimawandel-Leugnern ist eine Veranstaltung des Kanadiers Patrick Moore, ehemaliger Greenpeace-Gründer und heutiger Hardcore-Klimawandel-Leugner. Erst im Mai 2019 wurde er zum Vorsitzenden der US-amerikanischen CO_2-Coalition ernannt, die unter anderem von den Trump-Unterstützern der Mercer Family Foundation gesponsert wird. Ehemalige FDP-Bundestagsabgeordnete luden Moore im Frühjahr 2018 nach Deutschland für eine Vortragsreise ein. Moore gibt auch im Gespräch freimütig zu, von seinen »guten alten Freunden der FDP« eingeladen worden zu sein.[33] Er sei seit 1991 rund 50 Mal in Deutschland gewesen, um Vorträge zu halten oder Gespräche zu führen. Seine Freunde von der FDP hätten schon immer eine solide Wirtschaftskompetenz gehabt und sich nicht »ideologisieren« lassen, so Moore. Doch nicht nur die FDP hat Kontakte zu dem

Klimawandel-Leugner, sondern auch die CDU. Der Bundestagsabgeordnete Klaus-Peter Schulze und die CDU-Kreisverbände Cottbus und Spree-Neiße schlossen sich an und organisierten eine Veranstaltung mit dem Kanadier in der Braunkohleregion Lausitz.[34] Die Kohlelobbyisten des Vereins Pro Lausitzer Braunkohle brachten zu der Gelegenheit ihr symbolisches Braunkohlebrikett mit, auf dem »Wir lassen die Lausitz nicht ausradieren« zu lesen stand. Der Klimawandel als Jobkiller. Vereinsvorsitzender Wolfgang Rupieper ließ sich dann auch öffentlichkeitswirksam mit Patrick Moore fotografieren und gab zum Besten: »Es wäre zu wünschen, dass Patrick Moore vielen Gutgläubigen als Anregung dient, die Aktionen und Kampagnen des Umweltkonzerns Greenpeace zu hinterfragen (...). Deutschland zählt viele gutwillige Unterstützer zu den stärksten Geldgebern der grünen Kampagnenmaschine, die damit unseren industriellen Kern und unseren Wohlstand vernichtet, ohne dem Klima zu helfen.«[35] Einige Monate später möchte der Herr mit den schlohweißen Haaren nicht mehr darüber reden.

Wir trafen ihn im Winter 2018 in Bergheim bei Köln, als mehr als 40 000 Bergarbeiter und ihre Familien für ihre Jobs unter dem zweideutigen Motto »Ohne gute Arbeit kein gutes Klima« demonstrierten.[36] Damals rang die Berliner Kohlekommission um den Ausstieg aus dieser klimaschädlichsten Energieform. Mit Trillerpfeifen und unter Rufen wie »Kohle, Kohle, Kohle« zogen die RWE- und LEAG-Mitarbeiter bei grauem Nieselwetter durch den Ruhrpott. Der Kohleretter Rupieper ist hier ganz in seinem Element. Aber er gibt sich im persönlichen Gespräch pro Klimaschutz. Angesprochen auf die Veranstaltung in der Lausitz erwidert der Kohlefan: Es gehe ihm darum, dass verschiedene Positionen Gehör finden, so Rupieper mit Verweis auf das Foto mit Klimawandel-Leugner Moore. Er selbst streitet ab, den Klimawandel zu leugnen. Er höre sich alle Seiten an. Aber er sei dafür, die Emissionen zu schonen, um das Klima zu schützen. Die Kohle sei ein »Partner« der Erneuerbaren Energien.[37] Das widerspricht nicht nur seinen vorherigen Äußerungen, sondern auch den Aussagen des Vereins. Auf der Internetseite von

Pro Lausitzer Braunkohle steht: »In der Wissenschaft sind die Ursachen für den Klimawandel (…) durchaus umstritten. Das beweist auch ein Blick in die vergangenen Jahre: so steigt die globale Mitteltemperatur seit mindestens 15 Jahren nicht mehr an, obwohl durch den Menschen verursachte CO_2-Emissionen beständig zunehmen.«[38] Eine nach mehreren Wärmerekorden als falsch zu bezeichnende Darstellung.[39] Dann geht es weiter mit bereits bekannten Klimawandel-Leugner-Thesen von einem geringen Effekt der Energiewende und Deutschlands kleiner Rolle als Emittent im Weltgeschehen. Der gesamte Text enthält keine Quellenangaben – man weiß nicht, wo der Verein die Annahmen für seine Klimawandel-Position herhat. Und so kommt er zu einem verblüffenden Fazit: »Unterm Strich ergibt sich für die Lausitzer Braunkohle eine klare, für viele aber sicher überraschende Bilanz: Die positiven Effekte für das Weltklima überwiegen sogar.«[40]

Der Pressesprecher des Vereins, Jens Taschenberger, gibt zudem das Familienmagazin *Lausebande* heraus, in dem regelmäßig klimawandelskeptische Artikel veröffentlicht werden.[41] Mittlerweile gibt es sogar eine ganze Kategorie: »Die kleine Klimaschule«. In dem dort verfassten »Aufklärungsmaterial« werden Klimawandel-Leugner wie EIKE und das Potsdamer Institut für Klimafolgenforschung auf eine Stufe gestellt: »Wer auf beiden Seiten gründlich nachliest, dem steht ein breites Spektrum an Arbeiten rund um Klimaschutz und Energiewende zur Verfügung.« Und weiter: »Gleichzeitig müssen wir eingestehen, dass die teils zu konträren Ergebnissen kommenden Arbeiten von Experten und Einrichtungen dem Laien eine klare Positionierung schwer machen.« Die Betreiber hoffen, damit in die Schulen zu kommen. Auf der Webseite der »Kleinen Klimaschule« heißt es: »Geeignet ist die Kleine Klimaschule ab Klassenstufe 7 mit ausführlicher Begleitung durch Pädagogen, ab Klassenstufe 10 auch zur eigenständigen Recherche der Schüler.« Was allerdings wirklich nachdenklich stimmt: Das Land Brandenburg fördert die »Kleine Klimaschule«. Wie der Lausitz-Beauftragte des Ministerpräsidenten, Klaus Freytag, bestätigte, fördert Brandenburg das Projekt seit Oktober 2019 mit 40 000 Euro pro Jahr. Das Geld fließe direkt an den Verein Pro Lausitzer Braunkohle. Dazu, dass der Verein auf seiner Webseite Klimawandel-Leugner-Thesen vertritt und nun seine Ansichten scheinbar als Material in die Schulen tragen will, wolle man sich nicht äußern, »weil sie keinen Bezug zu den Auswahlkriterien in den ›Fördergrundsätzen Lausitz‹ haben«.[42] Nach mehrmaligem Nachfragen möchte Klaus Freytag aber doch noch ergänzen: »Es gibt immer mehr AfD-Wähler hier in der Lausitz, und wir müssen den Diskurs suchen«, so Freytag im Gespräch mit den Autorinnen. Die Landesregierung sei auf keinen Fall »auf Linie« mit den Klimawandel-Leugnern. »Aber wir müssen mit allen Gruppen in der Lausitz reden.« Warum jedoch gerade diese mit Steuergeldern versorgt werden müssen, kann auch Freytag nicht beantworten. Umweltverbände hätten keine ausgereiften Konzepte vorgelegt, erklärt er ausweichend.

Ein mächtiger Partner des Vereins Pro Lausitzer Braunkohle ist die Gewerkschaft Bergbau, Chemie und Energie, IG BCE. Von den Klimawandel-Leugner-Thesen auf der Seite des Vereins distanziert sich die Gewerkschaft. »Wir sind im Gespräch mit dem Verein Pro Lausitzer Braunkohle. Wenn dieser seine missverständlichen Veröffentlichungen zum menschengemachten Klimawandel nicht ändert, werden wir die Partnerschaft kündigen«, erklärt IG-BCE-Vorsitzender Michael Vassiliadis auf Anfrage.[43] Es gebe einige Leute im Umkreis des Vereins und der Lausitzer Region, die es gezielt darauf anlegten, das Thema zu nutzen, um die Gesellschaft zu spalten. Für seine Gewerkschaft sei lange klar, dass es nur eine Frage der Zeit sei, bis man aus der Kohle rausmüsse – die Geschwindigkeit werde über den Ausbau der Erneuerbaren Energien bestimmt. Daher könne man die Verantwortung für einen schleppenden Klimaschutz und eine schlecht gemanagte Energiewende nicht den Kohlekumpeln oder den Gewerkschaften anlasten, so Vassiliadis. »Uns geht es jetzt vor allem darum, eine belastbare soziale Brücke für die Kohlekumpel zu organisieren und neue Industrie in den Regionen anzusiedeln.«

Wie schwer sich die Gewerkschaft mit Klimawandel-Leugnern und Bremsern in den eigenen Reihen tut, zeigt die Kampagne »Schnauze voll« von 2016. »Vertrauensleute der Energiegewerkschaft IG BCE sowie der Dienstleistungsgewerkschaft Verdi« initiierten eine Facebook-Gruppe, um »den Beschäftigten der konventionellen Energieerzeugung ein Gesicht zu geben« und sich »gegen Gewalt von Ökoaktivisten« zu stellen. In der Gruppe konnten die Gewerkschaftsmitglieder ihrem Frust über die Klimaaktivisten freien Lauf lassen und ihre Wut über die »manipulativen und halbwahren Berichte in den meisten Medien« kundtun.[44] Der IG-BCE-Chef erklärte dazu, dass die Gruppen geschlossen wurden, als sich in deren Reihen immer mehr »Hater« und auch Klimawandel-Leugner breitmachten – als Trittbrettfahrer einer an sich legitimen Aktion, die sich laut Darstellung von Vassiliadis »für ein Ende der Gewalt einzelner Aktivisten gegen Braunkohlebeschäftigte einsetzte«.

Im Gegensatz zu seinen Bekenntnissen für die Energiewende im persönlichen Gespräch klingt Vassiliadis in den Medien oft ganz anders: »Die Energiewende ist das größte und risikoreichste Unterfangen seit Bestehen der Bundesrepublik«, heißt es da[45], und: »Wenn wir die Klimafrage überdrehen, wird es gefährlich«, es gebe ja auch noch »genug andere Themen« in Deutschland, die man bearbeiten müsse.[46]

Zudem lässt sich die Gewerkschaft regelmäßig Studien anfertigen, die die sozialen Kosten der Energiewende beklagen und die Kohlebranche als wichtigen Arbeitgeber und billigen Stromlieferant verklären: Erst im Jahr 2019 erstellte die Gewerkschaft auf Basis von Zahlen des RWI Leibniz-Instituts für Wirtschaftsforschung eine Studie zu den »hohen Kosten der energetischen Transformation«.[47] Sie beklagt darin die Milliarden Euro, die Privatleute über die EEG-Umlage für die Energiewende hätten zahlen müssen. Sie verschweigt allerdings, dass ihre energieintensive Industrie die Umlage nicht zahlen muss und die Kosten auf eben die Privathaushalte abwälzt. Und sie erwähnt auch nicht, dass die Bundesrepublik fossile Energieträger wie Diesel und Kerosin jedes Jahr mit 57 Milliarden Euro subventioniert[48] – das waren zwischen 2005 und 2017 rund 678 Milliarden Euro.

Das ist dreimal so viel wie das, was über die Stromrechnung der Bürgerinnen und Bürger in die Erneuerbaren fließt. Das RWI ist zudem bekannt für seine Nähe zur Industrie: Es erstellte mehrere Studien in Zusammenarbeit mit der arbeitgebernahen Initiative Neue Soziale Marktwirtschaft (INSM), unter anderem die Kampagne gegen das EEG im Jahr 2013. Auch der Klimawandel-Leugner Fritz Vahrenholt durfte bei den RWI-Wirtschaftsgesprächen Stimmung gegen die Erneuerbaren machen.[49] Das verwundert kaum, wenn man sich Vorstand und Verwaltungsbeirat des RWI anschaut: Dort sitzen auffällig viele Vertreter der Industrie. Sie gehören zur Industrie- und Handelskammer, zur Wirtschaftsvereinigung Stahl und zu zahlreichen Banken. In der Vergangenheit gab es auch personelle Überschneidungen mit dem Energiekonzern RWE.[50] Der Vorsitzende des Forschungsbeirates ist Autor des Ökonomie-Blogs der arbeitgebernahen INSM. Laut Vassiliadis ist das RWI aber nur ein Studienpartner unter vielen. Und auch mit der INSM will die Gewerkschaft nichts zu tun haben – »diese Vereinigung ist mit unseren Zielen nicht kompatibel«, erklärt der Gewerkschaftschef.

Dennoch hat die Zusammenarbeit zwischen der Gewerkschaft, dem RWI und großen Energieversorgern Tradition. So zitiert die IG BCE das RWI gern, wenn es darum geht, zu widerlegen, dass die Erneuerbaren-Branche ein Jobmotor ist, und zu betonen warum die alten Arbeitsplätze in den fossilen Industrien so wertvoll sind.[51] Und bereits 2002 warnte eine von der IG BCE in Auftrag gegebene Studie vor dem Emissionshandel. Dieser könnte »schwerwiegende industrie- und energiepolitische Verwerfungen« auslösen, und überhaupt tue man schon genug für den Klimaschutz. Ersteller der Studie: das RWI.[52]

Wie der Aufschwung der Erneuerbaren Energien gestoppt wurde

Im Jahr 2000 führt die rot-grüne Bundesregierung das Erneuerbare-Energien-Gesetz ein: Damit sind die vier großen Netzbetreiber verpflichtet, Strom aus Wind-, Solar- und Biomasseanlagen abzunehmen. Sie »wälzen« den Strom der vielen kleinen Erzeuger um, schicken den Ökostrom über das Netz zu den Verbrauchern und überweisen die von den Stromkunden finanzierte Einspeisevergütung an die grünen Erzeuger.

Aus der 5-Prozent-Nische kommend, erobert so der EEG-Strom bis 2009 einen Anteil von 16 Prozent am Strommarkt. Umgerechnet jede siebente Kilowattstunde geht den Großen, E.ON, RWE, EnBW, und anderen verloren. Besonders die Fotovoltaik erhält eine hohe Förderung. Das löst einen Solarboom aus. Allein von 2009 bis 2012 verdreifacht sich die Solarstromkapazität in Deutschland von 10 500 auf 34 000 Megawatt.

Das EEG entwickelt sich so für die großen Stromversorger zu einem Albtraum. Sie haben alles daran gesetzt, über immer neue Änderungen des EEG die Erneuerbaren schrittweise zu entmachten. Schließlich bricht die Solarbranche ein. 2019 kommt auch die Windenergie zum Erliegen. Wie wurde die einst so erfolgreiche und weltweit gerühmte Energiewende gestoppt?

Der Anfang vom Ende war eine im Eiltempo beschlossene Verordnung, die Anfang 2010 in Kraft trat. Demnach müssen die vier großen Netzbetreiber den EEG-Strom nicht mehr direkt zu den Kunden leiten, sie dürfen ihn an der Börse handeln. Allerdings zu schlechten Preisen: Die mit fossilen und atomaren Erzeugern verbandelten Netzbetreiber haben kein Interesse an dem klimafreundlichen Ökostrom und verramschen ihn an der Börse. Die Netzbetreiber und die Stromkonzerne kalkulierten zu der Zeit so: Ihre Großkraftwerke machten ihre Gewinne mit meist langfristigen Lieferverträgen. Tagaus, tagein können die Generatoren im Gleichmaß kostengünstig vor sich hin brummen, unabhängig vom tatsächlichen Strombedarf.

Die Erneuerbaren aber bringen mit ihrem stündlich wechselnden Angebot das bis dahin eingespielte Stromgeschäft ins Wanken. Manchmal ist um die Mittagszeit viel Sonnenstrom da und, wenn das Wetter passt, auch viel Windstrom – und die Großkraftwerke der Fossilen werden immer weniger gebraucht, um den Strombedarf zu decken. Soll man die herunterfahren, gar vom Netz nehmen und so freiwillig den Markt räumen? Nein – die Konzer-

ne setzen sich mit einer anderen Strategie durch: Der Börsenpreis für den aufwendig geförderten EEG-Strom wird so weit gesenkt, bis sich irgendwann ein Abnehmer findet. Milliardenwerte lösen sich in Luft auf. Und die Stromkunden bezahlen über die EEG-Umlage dafür.
Und obwohl es an der Börse billigen EEG-Strom in Hülle und Fülle gibt, befreit die Bundesregierung immer mehr Unternehmen teilweise oder ganz von der EEG-Umlage. 2013 sind es schon 2200. Die offizielle Begründung: Angeblich stehen die Firmen im harten globalen Wettbewerb. Unter den begünstigten Unternehmen sind aber auch Großbäckereien und Hähnchenmästereien, die fortan doppelt begünstigt werden: Sie profitieren von niedrigen Preisen an der Strombörse – und müssen nicht für die Energiewende zahlen wie jeder Bürger.
Zwischen vier und sechs Milliarden Euro werden so jedes Jahr und bis heute vor allem auf private Stromkunden zusätzlich umgelegt. Wenn weniger Leute steigende Kosten zu tragen haben, wird es für jeden teurer. Nun heißt es plötzlich: Die Energiewende sei zu teuer. Auch der damalige Umweltminister Peter Altmaier bläst in dieses Horn: Angeblich koste die Energiewende bis zu einer Billion Euro, warnte er Anfang 2013.[53] Belegt wurde die Zahl allerdings nie.

Subventionen für Kohlekraftwerke trotz Energiewende

Von Beginn an war die Lobby der milliardenschweren fossilen Riesen weitaus mächtiger als die der Erneuerbaren. Im Jahre 2014, als das Erneuerbare-Energien-Gesetz erneut verändert wurde (siehe Kasten »Wie der Aufschwung der Erneuerbaren Energien gestoppt wurde«), brachte es der Stromkonzern RWE laut einer Kleinen Anfrage der Linksfraktion auf insgesamt elf

Treffen mit Regierungsvertretern, darunter zwei Abendessen und ein Hintergrundgespräch mit Bundeskanzlerin Angela Merkel sowie mit Wirtschaftsminister Sigmar Gabriel und Außenminister Frank-Walter Steinmeier (beide SPD). Der Konzern E.ON kam sechs Mal mit hohen Regierungsvertretern zusammen, unter anderem auch mit der Kanzlerin, dem Wirtschaftsminister und Umweltministerin Barbara Hendricks (SPD). Der Bundesverband Erneuerbare Energie (BEE) konnte nur vier Treffen erreichen, allerdings kam er nie bis zur Kanzlerin.[54]

Obwohl die Erneuerbaren Energien über die Jahre stark anwuchsen, wurden weiterhin fossile Kraftwerke – darunter das Hamburger Steinkohlekraftwerk Moorburg (2015) und Wilhelmshaven (2014) – zugebaut und ein Parallelsystem geschaffen. Mitten in der Energiewende. Ende der Nullerjahre wurden die Investitionsentscheidungen gefällt, neun Steinkohleblöcke und vier neue Braunkohleblöcke von RWE und LEAG/Vattenfall zu errichten. Wären diese riesigen Blöcke nicht gebaut worden, hätten wir keine Kohlekommission gebraucht: Die älteren Kraftwerke wären bis 2038 von allein altersbedingt abgeschaltet worden.

Doch um die Klimaziele zu erreichen, hätten Erneuerbare Energien ausgebaut und zugleich Kohleenergie schrumpfen müssen. Stattdessen wollte die Bundesregierung Klima-Vorreiter spielen und gleichzeitig ihre fossilen Gewohnheiten pflegen, um die großen Stromversorger nicht zu verprellen. Nachdem mehr als 15 Jahre Milliardensummen von Verbrauchern in Wind- und Sonnenkraft investiert und vom Staat in Steinkohle und Braunkohle geleitet wurden, subventioniert die Regierung bis heute noch über Jahrzehnte Braunkohlekraftwerke, um sie für die Klimaziele irgendwann später vom Netz nehmen zu können. Allein von 1970 bis 2012 subventionierte Deutschland die Braun- und Steinkohle mit rund 400 Milliarden Euro und die Atomkraft mit rund 200 Milliarden Euro – das meiste davon über Steuervergünstigungen und direkte Finanzhilfen.[55] Alle Erneuerbaren zusammen hatten im gleichen Zeitraum 67 Milliarden Hilfe bekommen. Für die Steinkohle zahlte der Staat noch bis vor wenigen Jahren jährlich rund zwei Milliarden Euro Hilfen.[56]

Ab 2010 explodierte der Zubau von Solar- und Windanlagen zu überhöhten Fördersätzen. Diese zahlten alle Bürger über die EEG-Umlage (siehe Kasten »Wie der Aufschwung der Erneuerbaren Energien gestoppt wurde«) mit ihrem Strompreis. Mitarbeiter des Umweltministeriums sprechen von einem euphorischen Taumel der Anhänger der Erneuerbaren: Jahrelang kämpften die Ökos für den Ausbau, plötzlich stiegen die Zahlen rasant an, Solarbetreiber und Konstrukteure konnten mit ihrem Idealismus schnell Geld machen. Einzelne Kassandrarufe aus dem Ministerium blieben ungehört: »Ich bin über die Flure gegangen und habe den Mitarbeitern und auch dem Bundesverband Solarenergie gesagt: Die hohe Erneuerbaren-Umlage kommt als Bumerang zurück«, sagt ein Insider.

Denn schnell wurden der Regierung die Erneuerbaren zu teuer. Die »Klimakanzlerin« ließ sie ins Messer laufen: 2012 waren die Kosten für die Bürger so gestiegen, dass der damalige Umweltminister Altmaier begann, das System zu »deckeln«, indem er nur noch eine bestimmte Anzahl von Solaranlagen pro Jahr überhaupt zuließ. Dabei hätte man schon vorher die Fördersätze an die mittlerweile günstigeren Preise für Solaranlagen anpassen können, um den Mythos der »teuren Erneuerbaren« nicht weiter anwachsen zu lassen. Stattdessen hatten nun die Gegner der Erneuerbaren wirksame Argumente an der Hand, die Solarwende abzuwürgen. Und das, obwohl Solarenergie sogar innerhalb weniger Jahre marktreif geworden war. Der Altmaier-Deckel war der Anfang vom Ende des Ausbaus. Zugleich boten von der chinesischen Regierung subventionierte Firmen günstigere Solarmodule als die in Deutschland produzierten an. Beides zusammen würgte die Solarwende in Deutschland ab. 70 000 Menschen verloren ihren Job.[57] Im November 2019 musste der Windrad-Hersteller Enercon vermelden, 3000 Arbeitsplätze zu streichen.[58] Für die Angestellten der Erneuerbaren-Branche gab es keinen Rettungsplan, keine Hilfen, kein Interesse. Von dem Kohle-Aus im Jahr 2038 hängen nur 20 000 Stellen ab[59], und die Bundesregierung pumpt heute 40 Milliarden Euro Hilfen in die betroffenen Regionen.[60] Für die auslaufende Steinkohle gibt es sogar schon seit Jahren sogenannte »Anpassungsgelder für Arbeitnehmer« – im Jahr 2018 allein rund 100 Millionen Euro.[61]

Die großen, fossilen Stromkonzerne machten derweil weiterhin Milliardenprofite. Das Wirtschaftsministerium sei mit ihnen »auf Du« gewesen und habe teilweise komplette Gesetzesvorschläge aus ihren Lobbyschreiben gezimmert, heißt es von Insidern. Beispielsweise hätten RWE-Mitarbeiter weite Teile des Energiewirtschaftsgesetzes 2005[62] geschrieben, sie seien als »Experten« sogar vom Ministerium bezahlt worden. In dem Gesetz wird festgelegt, wie die Stromnetze geregelt und die Betreiber beaufsichtigt werden, also auch RWE selbst.

Darauf, dass die Energiekonzerne einen kurzen Dienstweg ins Kanzleramt und die Ministerien haben, weist auch die Realisierung zahlreicher Gesetze und Regulierungen hin, die den Interessen der Energiekonzerne entsprechen. »Unbestritten nützlich sind Interessenvertreter als Experten, als Faktensammler und Rechercheure«, schreiben schon 2005 die Autoren des *Spiegel*-Bestsellers *Die Strippenzieher.*[63] »Sie haben Zugang zu internen Bilanzen, sie kennen die Fronten. (…) Von Lobbyistenhand zusammengestellte Fachinformationen dienen der Meinungsbildung, sind wahrscheinlich sogar unverzichtbar – wenn der Politiker oder der Beamte sie richtig einordnet.« Aber ohne die richtige Distanz ergäben sich Abhängigkeiten, sodass Politiker Formulierungen und am Ende auch Forderungen der Energiekonzerne übernehmen würden.[64]

Ab Ende der Nullerjahre hätten dann laut Ministeriumsmitarbeitern auch andere Lobbys wie die Hausbesitzer-Verbände oder die Deutsche Industrie- und Handelskammer Druck ausgeübt, um Gesetze für mehr Klimaschutz zu behindern. Teilweise werden die Lobbyisten für ihre fachliche Zuarbeit sogar von den Ministerien befristet angestellt, wie es in der Antwort auf eine Kleine Anfrage heißt.[65] Im Jahr 2006 wurden beispielsweise 100 Konzernmitarbeiter von Ministerien angestellt – das Umweltministerium etwa beschäftigte Angestellte von den Chemiekonzernen Bayer und BASF, das Verkehrsministerium vom Flughafen Köln/Bonn. Aktuell arbeiten noch acht Personen aus Konzernen in den Ministerien. Für wen sie außerdem arbeiten, wird in der Antwort der Bundesregierung auf eine Kleine Anfrage der Linken allerdings nicht mehr genannt.[66]

Als Sigmar Gabriel – nunmehr Wirtschaftsminister – die Erneuerbaren Energien 2014 wieder ins Wirtschaftsministerium holt, ist die Energiewende endgültig wieder in den Händen jener, die sie lange verhindern wollten, erklären uns mehrere ehemalige Mitarbeiter. Im Gegensatz zum BMU packe man das Thema Erneuerbare in dem Ministerium eben nicht von der Klimaschutzseite an.[67] Das Wirtschaftsministerium weigere sich, die externen Kosten von konventioneller Energie in seinen Berechnungen zu berücksichtigen. Dazu zählen etwa Kosten für Umsiedlungen für Braunkohleabbau, für Renaturierungen ehemaliger Abbaugebiete oder gesundheitliche Schäden durch Quecksilber durch das Verbrennen von Braunkohle. »Wir wurden misstrauisch beäugt«, sagt ein Mitarbeiter des Umweltministeriums, der sich plötzlich im Wirtschaftsministerium wiederfand. Sie seien wie Störenfriede in einer gut geölten Maschine behandelt worden.

Das Echo der Arbeitgeberverbände

Der Lobbydruck auf die Ministerien und der träge, marktfreundliche Politikapparat führten schließlich dazu, dass die anfangs ehrgeizige Rhetorik beibehalten, Gesetze und Regulierungen aber verwässert wurden. Bis heute haben die Energieriesen und interessengesteuerte Thinktanks einen besonders guten Draht ins Wirtschafts- und Verkehrsministerium. In manchen Fällen geben sich die Angestellten der Ministerien auch gar keine Mühe, das zu verschleiern. Thomas Bareiß, aktueller parlamentarischer Staatssekretär im Bundesministerium für Wirtschaft und Energie und Abgeordneter für die CDU/CSU-Fraktion in Berlin, spricht sich in einem Facebook-Video der Initiative für Neue Soziale Marktwirtschaft (INSM) für deren Klimapolitik aus.[68] Das bedeutet: Ein eigentlich unabhängiger Vertreter des Volkes, in der Hierarchie direkt unter Wirtschaftsminister Peter Altmaier, macht Werbung für die Metallindustrie. Und für deren größtes Projekt 2019, die Bundesregierung von einer CO_2-Steuer abzuhalten. Dass Bareiß ein Fan der INSM ist, ist kein Zufall. Er gehört auch dem parteiinternen »Berliner Kreis« an, einer Gruppe, die sich selbst als klimawandelskeptisch versteht.[69]

Bareiß selbst findet es nicht verwerflich, für die Argumente der Arbeitgeberverbände zu werben. »Wie viele Mitglieder der Bundesregierung spreche ich auf Einladung verschiedenster Verbände, Vereinigungen, Vereine, Initiativen«, schreibt er in einer Mail auf unsere Anfrage. Er selbst sagt – wie viele Neoliberale und Leugner: »Ob der Mensch den Klimawandel vollständig verursacht, vermag ich nicht zu beurteilen.«

Das ist auch die Haltung der Initiative für Neue Soziale Marktwirtschaft. Die INSM ist die Speerspitze der alten westdeutschen Ökonomie: Seit Jahrzehnten beeinflusst dieser Verein über ganzseitige Zeitungsanzeigen und Werbeplakate an den Bahnhöfen der Republik die Meinung von Bürgerinnen und Bürgern.

Lange Zeit war die INSM auch im Stockholm-Netzwerk organisiert, 1997 gegründet von sechs neoliberalen Thinktanks. Innerhalb weniger Jahre wuchs das Netzwerk auf 130 Mitglieder an,[70] unter ihnen auch organisierte Klimaschutz-Gegner aus den USA. In Deutschland ansässige Mitglieder waren beispielsweise der Ableger der US-amerikanischen Klimawandel-Leugner-Organisation Committee for a Constructive Tomorrow, das lange Zeit von ExxonMobil unterstützt wurde[71] und sich mit dem deutschen Klimawandel-Leugner-Verein EIKE personell überschneidet, sowie einige Ableger der Hayek-Stiftung. Das Stockholm-Netzwerk unterstützte »viele Thinktanks, die klimaskeptische Pamphlete produzieren und alternative Erklärungsmuster für die Ursachen des Klimawandels in Europa und der Welt verbreiten«, so Dieter Plehwe, Forscher am Wissenschaftszentrum Berlin für Sozialforschung (WZB).[72] Das Netzwerk habe vor allem ein Ziel gehabt: neoliberales Denken voranzubringen, staatliche Regulierung zu verhindern und Zweifel am menschengemachten Klimawandel zu säen.

Das Stockholm-Netzwerk gibt es mittlerweile nicht mehr, jedenfalls offiziell.[73] Die deutsche Initiative für Neue Soziale Marktwirtschaft führt aber bis heute einflussreiche Personen in ihren Reihen: so etwa den bekannten Ökonomen Thomas Straubhaar. Straubhaar ist Botschafter der Initiative Neue Soziale Marktwirtschaft[74] und im Kuratorium der Friedrich-Naumann-Stiftung. Straubhaar schreibt auf Anfrage per Mail: »Weder interessiert es mich, noch kenne ich, was die INSM zum Klimaschutz für Fakten publiziert. Ich habe damit schlicht nichts zu tun.«

Die INSM definiert die Rolle ihrer 24 Botschafter – neben Straubhaar bekannte Personen wie Dagmar Schipanski oder Unternehmer Arend Oetker – folgendermaßen: »Die Botschafter unterstützen die INSM mit ihrem Bekenntnis zur sozialen Marktwirtschaft. (…) Dazu kommen sie in Buchpublikationen, in Broschüren und auf Veranstaltungen zu Wort.«

Die Initiative war maßgeblich daran beteiligt, Mindestlöhne erst zu verhindern und dann möglichst niedrig zu halten. Der Arbeitgeberverband Metall finanziert die INSM mit Millionenbeträgen, 2018 flossen sieben Millionen Euro in ihre Kampagnen.[75] Der Verband vertritt klimaschädliche Branchen, er ist der wichtigste Lobbyist für Autos und Maschinen: VW, BMW, Ford, der Autozulieferer Schaeffler und der Maschinenbauer MAN gehören zu den umsatzstärksten Mitgliedern des Vereins. Firmen also, die unter Tempolimits, CO_2-Preisen, günstigeren Zügen Profit verlieren würden.[76] Unter den Botschaftern der INSM[77] findet sich das Who's who der deutschen Wirtschaft – allerdings der deutschen Wirtschaft, wie sie früher einmal war: der Vizepräsident des Bundes Deutscher Industrie, eines ebenso mächtigen Interessenverbandes, frühere Staatssekretäre, Minister und mit Bernd Raffelhüschen und Thomas Straubhaar gleich zwei einflussreiche Ökonomen.

Auch die Klima-Kampagne der INSM wirkt noch immer. Mitten in der Debatte zum Klimapaket der Bundesregierung veröffentlichte sie ihre »12 Fakten zum Klimaschutz«. Zahlreiche Medien griffen diese teilweisen falschen Behauptungen auf. Und als die »Fridays for Future«-Bewegung vor der INSM-Zentrale demonstrierte, stellten wirtschaftsnahe Medien die INSM als Opfer dar. So griff die *Welt*[78] unter dem Titel »Wirtschaft wehrt sich gegen Vorwürfe von Fridays for Future« in ihrem Kommentar dasselbe Argument wie alle wirtschaftsliberalen Lobbys auf: die Arbeitsplätze, die angeblich durch den Klimaschutz gefährdet seien. »Die INSM wurde von den Arbeitgeberverbänden gegründet (…). Die Metall- und Elektroindustrie steht dabei für rund vier Millionen Arbeitnehmer in 25 194 Unternehmen«, heißt es in dem Artikel. Die Klimaaktivisten werden als nicht rational dargestellt, weil doch die INSM eine Deckelung der CO_2-Preise fordere, genauso wie Fridays for Future. Dabei gibt es faktisch einen großen Unterschied: FFF will eine hohe CO_2-Steuer, INSM möchte den Emissionshandel ausweiten, also das Instrument, das in den vergangenen Jahren wenig wirksam war. Auch der Wirtschaft nahestehende Blogs wie *Vestors Capitals – News für Finanzchefs*[79] verbreiteten die Sicht der INSM.

Der mächtigste Bremser: die INSM

Dabei reiht sich die INSM in den Block der Klimaschutz-Bremser ein. Auf den ersten Blick wirken ihre »12 Fakten« plausibel. Allerdings findet sich in fast jedem Punkt zumindest eine Halbwahrheit. Da wird zum Beispiel von einem 2-Grad-Ziel, das es zu erreichen gilt, gesprochen – obwohl sich die Staaten im Pariser Abkommen darauf geeinigt hatten, »die Erderwärmung auf deutlich unter 2 °C« zu begrenzen.[80] Irreführend ist auch die Behauptung, die gesellschaftlichen Kosten für eine Tonne eingespartes CO_2 lägen bei Fotovoltaik bei 450 Euro – inzwischen baut zum Beispiel der baden-württembergische Energiekonzern EnBW große Solarparks ohne einen Cent an Subventionen.[81]

Zusätzlich findet der Subtext Eingang in die politische Debatte. Die Forderungen in Fakt 1 »nationale Alleingänge« helfen nicht weiter, wiederholt in Fakt 3 »Deutschland kann im

Alleingang den mit den Treibhausgasen verbundenen Klimawandel nicht aufhalten. Nur zusammen mit der internationalen Gemeinschaft können die Emissionen signifikant reduziert werden« und erneuert in Fakt 11: »Nur zusammen kann der Klimaschutz gelingen« ist das Mantra aller Klimaschutz-Bremser in Thinktanks, Regierung und Parteien. Viel zu wenig beachtet wird, dass im Pariser Abkommen explizit festgelegt wurde, dass für jedes Land, je nach Stand seiner wirtschaftlichen Entwicklung, unterschiedliche Pflichten gelten.[82]

Zudem schlägt dieses Argument fehl: China übertrifft inzwischen seine eigenen Prognosen. Als Schwellenland mit geringerem Lebensstandard hat China im Klimaabkommen 2015 vereinbart, ab 2030 seine Emissionen zu senken. Nach neueren Studien aber wird China voraussichtlich schon zwischen 2021 und 2025 weniger klimaschädliche Gase emittieren und damit seine Ziele, im Gegensatz zu Deutschland, weit übertreffen.[83] Noch dazu emittiert jeder Deutsche mehr als jeder Chinese.

Aber diese Forderung nach »internationalen Lösungen« der INSM überzeugt weite Teile der Arbeitgeber. Auch der Bundesverband der Deutschen Industrie (BDI) vervielfältigte die angeblichen Fakten der INSM. So gibt BDI-Referent Christoph Sprich[84] in einem Tweet den Klimafakt Nummer 1 der INSM wieder[85]: »Deutschland trägt nur 2,3 % zum globalen CO_2-Ausstoß bei. Aha. Also bitte nicht allzu zügig deindustrialisieren.« Sprich bedankt sich im Tweet bei der INSM für die Zusendung der Klimafakten-Broschüre.

Schützenhilfe erhält die INSM von Verbänden wie dem Deutschen Arbeitgeber Verband (DAV), nicht zu verwechseln mit der Bundesvereinigung der Deutschen Arbeitgeberverbände: Wer im Suchfeld seiner Seite Klimaschutz eingibt, findet dort Beiträge, in denen der Klimawandel geleugnet wird. In einem Text vom Juli 2016 heißt es: »Wir müssen uns entscheiden, denn bei konsequenter Fortsetzung und Durchführung des ›Klimaziels‹, der Null-Emission des fürchterlichen ›Treibhausgases‹ CO_2, das unverzichtbar für das Wachsen grüner Pflanzen und damit für Tier und Mensch ist, droht ein totaler ›globaler Genozid‹. Ohne

Kohlenstoffdioxid gibt es keine grünen Pflanzen, keine Nahrung für die Tiere wie den Menschen. Es gibt auch keinen Sauerstoff, um die Nahrung zu verbrennen und daraus Lebensenergie zu gewinnen. ›Klimaschutz‹ kann die gesamte Schöpfung vernichten.«[86]

Das ist inhaltlich irreführend – schließlich geht es um die Reduzierung des menschengemachten CO_2. Das Kohlendioxid im natürlichen Kreislauf ist ausreichend für ein Pflanzenwachstum, wie es auch schon lange vor der Industrialisierung ausreichend war. Aber dieser Text zeigt deutlich, wo der Arbeitgeberverband (DAV) steht: bei den Leugnern. Denn verfasst hat den Artikel Wolfgang Thüne, in den 1980er-Jahren ein bekannter Wetter-Moderator des ZDF und später bekannter Klimawandel-Leugner. Er verfasste beispielsweise das Buch *Der Treibhausschwindel.*[87]

Auf der Webseite des DAV finden sich weiterhin die Klassiker der Bremser: Texte darüber, warum Windkraft den Wald verschandelt, und im Sommer 2019 ein Artikel darüber, wieso die CO_2-Steuer »reiner Aktionismus« sei und moderne Technologien mehr Effizienz brächten.[88] In dem Artikel eines früheren Chefredakteurs des Münchener *Wirtschaftskuriers* (Untertitel: »Die Unternehmerzeitung«) fällt der Satz: »Begründet wird die Steuer-Hysterie mit maßlos übertriebenen Weltuntergangsszenarien.«

Auch heute steht der Verband zu den Thüne-Artikeln. Alle vier Artikel, so schreibt es der beim DAV für Klimapolitik zuständige Physiker Björn Peters in einer Mail, seien auch heute noch »lesenswert«. Peters bezweifelt die Aussagen von Klimawissenschaftlern. Seiner Meinung nach gebe es »ernst zu nehmende Zusammenhänge, die gegen eine große CO_2-Sensitivität sprechen«. Auch dies ist ein beliebter Satz von Menschen, die den menschengemachten Klimawandel anzweifeln: Wenn das Klima nicht auf höhere CO_2-Konzentrationen reagiert, so kann der Mensch auch weiter so viel CO_2 produzieren, wie er will. Peters selbst hat einen Artikel veröffentlicht, in dem er die Unsicherheiten in der Klimaforschung betont.[89] Im Dezember 2019 geht der DAV sogar noch weiter: In dem Internetprojekt »Klimafragen.org« schließt sich der Verband direkt mit den Klimawandel-Leugnern zusammen: Gemeinsam mit dem rechten Flügel der CDU, der Werteunion in Bayern, und dem Leugner-Portal »Kalte Sonne« von Fritz Vahrenholt schickte der Verband 16 Klimafragen an die Bundestagsfraktionen.[90] Inhaltlicher Hintergrund dieser Fragen: Die Klimawissenschaften seien insgesamt »chaotisch« und unsicher, der Meeresspiegel steige faktisch nicht an und Extremwetter seien gar nicht so bedrohlich. Die Energiewende sei schädlich für Industrie und mache das Leben für alle teurer. Als Aufmacherfoto dient ein offenbar verstorbener Greifvogel, der neben einer Reihe von Windrädern auf dem Boden liegt.

Faktisch verabschiedet sich der DAV damit von dem, was in Wissenschaftskreisen schon lange Mehrheitsmeinung ist. »In dem Artikel werden die Unsicherheiten der Modelle aufgebauscht und dann als Grund fürs Abwarten genommen. Das ist unverantwortlich«, sagt Stefan Rahmstorf, Klimaforscher am Potsdamer Institut für Klimafolgenforschung. »Erstens werden die Unsicherheiten ja transparent angegeben. Und wir haben ein ernstes Klimaproblem, egal, ob wir uns am unteren oder oberen Rand des Unsicherheitsbereichs bewegen. Zweitens ist Unsicherheit nicht unser Freund, sondern bedeutet Risiko: Es kann auch schlimmer kommen als gedacht. Tatsächlich hat sich die globale Temperatur in den letzten Jahrzehnten so entwickelt wie vorhergesagt, aber andere Aspekte, wie der Anstieg des Meeresspiegels, entwickeln sich rascher als erwartet.« Unter den Folgen des Klimawandels, so Rahmstorf, litten schon heute viele Millionen Menschen – Hitze, Dürren, Ernteausfälle, Überflutungen, weltweites Korallensterben.

Wichtiger Protagonist der INSM ist auch der Vorsitzende des Kuratoriums, Wolfgang Clement: Der frühere SPD-Wirtschaftsminister und NRW-Ministerpräsident wechselte von der Politik in die Industrie und war einer der ersten Unterzeichner des umstrittenen »Energiepolitischen Appells«. Der Appell wurde, von der Kohleindustrie bezahlt, 2010 in ganzseitigen Zeitungsanzeigen gedruckt. Seine Kernbotschaft: »Realistisch bleiben:

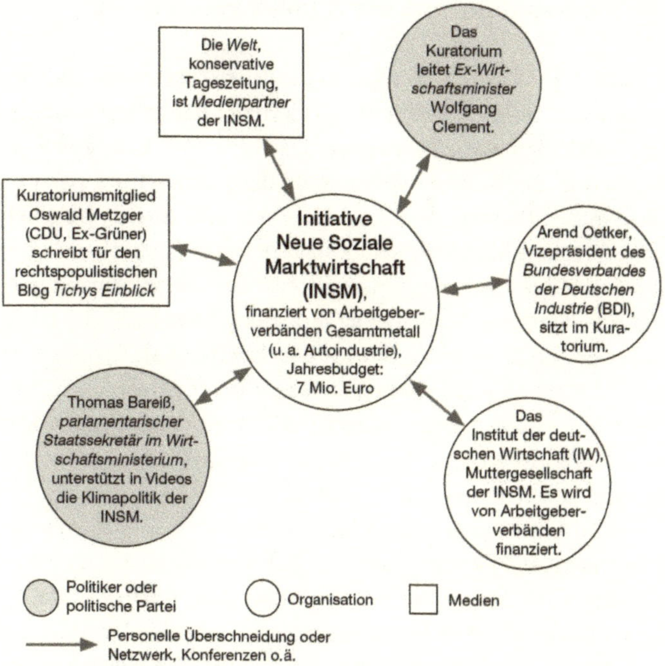

Deutschland braucht weiter Kernenergie und Kohle.«[91] Gegen Clement wurde 2008 ein Parteiordnungsverfahren angestrengt, nachdem er sich u. a. gegen die kohlekritische SPD-Kandidatin Andrea Ypsilanti bei den Hessenwahlen 2008 ausgesprochen hatte. Clement gewann den Streit, verließ die SPD anschließend aber auf eigenen Wunsch. Seitdem wirbt der Ex-Genosse für die FDP und macht eine klassische Lobbyisten-Karriere: Erst ging er in den Aufsichtsrat des Kohlekonzerns RWE Power, heute ist er Aufsichtsratsvorsitzender der westfälischen Firma Daldrup[92]: Sie ist darauf spezialisiert, fossile Energieträger wie Öl und Gas durch Bohrungen aufzuspüren.[93] Wolfgang Clement wollte »wegen der Fülle seiner Verpflichtungen« nicht mit uns sprechen.

Die Medienmaschine der Klimaschmutzlobby

Aber die Klimaschutz-Bremser in den Wirtschaftsverbänden vernetzen sich nicht allein mit Mitgliedern der Regierung in offiziellen Verbänden und Kampagnen. Das verdeckte Lobbyieren an Schulen ist ein weiteres Aktionsfeld der Klimaschutz-Bremser. Das Kölner Institut der deutschen Wirtschaft (IW) beispielsweise veröffentlicht über sein Tochterunternehmen IW-Medien kostenlos Unterrichtsstoff für Lehrer.[94] Das IW wiederum wird von den deutschen Arbeitgeberverbänden finanziert und ist Berater der Initiative Neue Soziale Marktwirtschaft.[95] Zudem arbeiten INSM und das IW in Köln sogar unter einem Dach. Sein Präsident Michael Hüther sitzt zugleich als »ständiger Gast« beim Bundesverband der Deutschen Industrie und bei den Arbeitgeberverbänden im Präsidium.[96]

Der arbeitgebernahe Stoff für Lehrer der IW-Plattform »wirtschaftundschule.de« wird im Geschäftsbericht 2018/2019 gelobt als »der stille Star unter den Kommunikationsprodukten«.[97] Lehrer finden auf dem Portal mehr als 450 verschiedene Materialien, von der interaktiven Klimawandel-Grafik bis zu kompletten Unterrichtsentwürfen. Ein Text aus dem Ordner »Klimawandel« zur »Rolle der Industrie« lehrt die Schulkinder, wie wichtig die Industrie ist: »Das verarbeitende Gewerbe – ob nun Auto- oder Maschinenbauer, Chemieunternehmen oder Elektrotechnikfirmen – beschäftigt mehr als fünf Millionen Menschen und setzt etwa 1,7 Billionen Euro um. Die rund 22 000 Betriebe waren im Jahr 2015 für 30,4 Prozent des deutschen Bruttoinlandsprodukts (BIP) verantwortlich.«[98] Um dann, drei Absätze später, davor zu warnen, mit Klimaschutz die Industrie zu belasten: »Ein simples Ende industrieller Produktion mag klimafreundlich sein, ist aber in der Praxis nicht umsetzbar.« Und die Plattform droht, wie auch schon die INSM und immer wieder CDU-Politiker: »Eine schlechte Phase im Industriesektor würde weitreichende Konsequenzen in der gesamten Volkswirtschaft nach sich ziehen: Aufträge von Industrieseite fallen aus, weniger Arbeiter werden benötigt, die Arbeitslosigkeit steigt.« Damit wird deutschen

Schülerinnen und Schülern ein Zerrbild vermittelt: Klimaschutz kann laut zahlreicher Studien sehr wohl Arbeitsplätze schaffen. Verschiedene Institute haben für das Bundeswirtschaftsministerium errechnet, wie sich die Energiewende auf Jobs auswirkt.[99] In ihrer 2018 publizierten Studie gehen sie davon aus, dass durch heimisch produzierte Erneuerbare Energien mehr Arbeitsplätze entstehen als wegfallen, im ungünstigsten Fall gäbe es für rund 20 000, im günstigsten Fall für 200 000 Menschen neue Jobs. Aber die Industrie, die Arbeitgeber müssten sich umstellen, es gäbe neue Gewinner und neue Verlierer. Da die mächtigen Verbände zurzeit noch von Profiteuren des alten Systems beherrscht werden, wehren sie sich – auch mit Propaganda in den Schulen.

Die Arbeitgeberverbände können ihre Botschaften auch an Erwachsene platzieren: Sie geben verschiedene Zeitungen an ihre Angestellten heraus, beispielsweise *aktiv* oder die *M+E-Zeitung* für alle Beschäftigten in der Metall- und Elektroindustrie. Laut Geschäftsbericht[100] lesen dieses dreimonatige Lobby-Heft bis zu vier Millionen Menschen. Die *M+E-Zeitung* unterstütze ihr jeweils aktuelles Hauptanliegen, heißt es dort weiter. In der Zeitung selbst treten hochrangige Politiker für die Arbeitgeberverbände auf: Bundespräsident Frank-Walter Steinmeier schreibt ein Grußwort anlässlich der Europawahl.[101] Für denselben Verband also, der auf seinen Seiten den Klimawandel bestreitet.

Das IW, eine Lobbyorganisation der Arbeitgeberverbände, kann also seine Botschaften über seine eigenen Zeitungen verbreiten – aber genauso hilfreich sind Journalisten. Sie stellen die Mitarbeiter des IW in verschiedenen deutschen Medien, von der *Welt* bis zur *Tagesschau*, als neutrale Wissenschaftler dar.[102] So kann Direktor Hüther in der *Welt* schreiben, »radikaler Klimaschutz« sei gefährlich, nur »Markt und Kapital führen zu Innovationen«.[103] Und der Präsident des IW, Arndt Günther Kirchhoff, sekundiert im *Kölner Stadt-Anzeiger*: »Wir dürfen durch einen vorschnellen Kohleausstieg keinen industriellen Selbstmord begehen.«[104] Zu einem Dieselfahrverbot sagt er im selben Interview: »Ein striktes Dieselverbot käme einer entschädigungslosen Enteignung von Millionen Autofahrern gleich.«

Die »Rechentricks« mit den Jobs der Braunkohle

Studien, die den Sinn von Braunkohle zeigen sollen, haben außer der CO_2-Bilanz ein weiteres Problem: Die Braunkohlewirtschaft ist eine Minibranche in Deutschland, auch wenn man Tagebaue und Kraftwerke zusammenrechnet. Selbst im chronisch strukturschwachen Brandenburg waren 2015 nur 1,3 Prozent der Erwerbstätigen in der Braunkohlewirtschaft tätig und erwirtschafteten so 2,5 Prozent der Wertschöpfung des Landes.[105] Dennoch soll im Oktober 2018, in der Hochzeit der Kohlekommission, das Institut der deutschen Wirtschaft (IW) im Auftrag des Branchenverbandes DEBRIV mit einem Gutachten zum Strukturwandel in den Braunkohleregionen[106] unmissverständlich aufzeigen, welche geradezu katastrophalen Folgen der Klimaschutzplan 2050 für die Braunkohle hat – verglichen mit einem Pfad, bei dem die Zukunft der Braunkohle ganz allein der Wirkung des Europäischen Emissionshandels überlassen bleibt. Auf Seite 16 räumt die IW-Studie zwar ein, dass der Anteil der Braunkohlewirtschaft an den 43,6 Millionen Erwerbstätigen (2016) in Deutschland »relativ gering« ist.[107] Damit dieser nicht im Promillebereich landet, nimmt die Studie jedoch die weitaus höhere Zahl der Beschäftigten im Bereich »Bergbau und Gewinnung von Steinen und Erden«. Aber der Anteil auch dieses Bereichs an allen Erwerbstätigen liegt nur bei 0,1 Prozent.[108] Um diese Zahl größer wirken zu lassen, setzt die Studie sie ins Verhältnis zur Gesamtzahl der Beschäftigten in der deutschen Energieversorgung. Diese hat an den 43,6 Millionen Beschäftigten in diesem Land zwar auch nur einen Anteil von 0,6 Prozent, wenn man aber den Mikroanteil der Braunkohle auf den Minianteil der Energieversorgung bezieht und nicht nur die direkt Beschäftigten (rund 20 000), sondern auch die indirekt Beschäftigten (rund 34 000)[109] einrechnet, kommt eine beeindruckende Zahl heraus: Dann entspricht die Zahl aller direkt oder indirekt in der Braunkohlewirtschaft Beschäftigten nämlich »35 Prozent aller Erwerbstätigen in der Elektrizitätsversorgung«. Daraus wird dann die Rechnung: Jeder dritte Job in der Energiewirtschaft ist vom Klimaschutzplan 2050 bedroht.

Etablierte Parteien und die Klimaschmutzlobby

Wie finden sich die Argumente der Thinktanks und Lobbygruppen bei den Parteien wieder, bei denjenigen also, die Gesetze zum Klimaschutz verabschieden? In den vergangenen Kapiteln haben wir bereits einige Parteifunktionäre benannt, die in ihren Entscheidungen von der Klimaschmutzlobby beeinflusst wurden. Ebenso haben wir uns in Kapitel 1 schon ausgiebig mit der rechtspopulistischen AfD beschäftigt. Doch auch an oberster Stelle, in den Führungsriegen der demokratisch etablierten Parteien, findet sich das Mindset dieser Lobbygruppen wieder: »Ich halte nichts von Weltuntergangsszenarien«, sagte FDP-Parteichef Christian Lindner im Sommerinterview mit dem ZDF 2019.[110] Mit diesem beschwichtigenden Satz brachte er es in Dutzende Medien, von der *Süddeutschen Zeitung*[111] bis hin zur *Automobilwoche*.[112]

Die Spitzenkandidatin für die Europawahl der FDP, Nicola Beer, tut es sogar Wolfgang Thüne vom DAV gleich, der den menschengemachten Klimawandel anzweifelt: Sie sprach im Wahlkampf 2019 in einem Video-Interview[113] davon, dass es beim Klima »schon immer Schwankungen« gegeben habe, dass die Häufung von Extremwetter-Ereignissen »Fake News« seien.

Auch bei der Strategie, Klimawandel nur auf weltweiter Ebene umsetzen zu wollen, sind die Liberalen und Christdemokraten auf Linie mit den Arbeitgeberverbänden und der INSM: Sie fordern ein »globales Emissionshandelssystem« – wohlwissend, dass ein weltumspannendes System Jahre, wenn nicht Jahrzehnte brauchen würde, um zu funktionieren. Eine Steuer hingegen auf klimaschädliche Produkte könnte sofort eingeführt werden.

Noch bis zum Pariser Abkommen gehörten führende FDP-Mitglieder zu den Klimawandel-Leugnern. 2012 stellte der damalige Wirtschaftsminister Rainer Brüderle in einer Berliner Buchhandlung das Buch des bekennenden Klimawandel-Skeptikers Günter Ederer vor.[114] Ederer verglich darin den Klimaschutz mit dem Nationalsozialismus. Heute tritt er, da schließt sich wieder der Kreis zwischen Leugnern und Wirtschaftslenkern, bei Veranstaltungen der INSM auf.[115] Unsere Gesprächspartner bestätigen, dass die FDP schon seit den 1990er-Jahren das Thema entweder ignoriert oder aktiv bekämpft hat.

So schrieb der liberale Bundestagsabgeordnete Frank Schäffler ein Schmähgedicht über den Klimaforscher Hans Joachim Schellnhuber auf dem neoliberalen Blog *Tichys Einblick* (»Die Eisbären knien ganz dankbar davor, hoch oben schwebt jubelnd Herrn Schellnhubers Chor«). Der FDP-Politiker Schäffler bezeichnet sich selbst als »Klimaskeptiker«[116] und sein von ihm gegründetes Prometheus-Institut ist Mitglied im neoliberalen US-Netzwerk Atlas, in dem sich Marktradikale und von der fossilen Industrie gesponserte Organisationen tummeln.[117]

Heute haben die Liberalen und mit ihnen verbundene Stiftungen und Organisationen ihre Strategie verändert: Sie treten nicht mehr offensiv als Leugner auf, aber lassen ihre »Expertinnen und Experten« in den Medien sprechen. Beispielsweise Ulrike Ackermann. Die Heidelberger Politikwissenschaftlerin hat 2009 das wirtschaftsliberale John Stuart Mill Institut gegründet.[118] Das Institut wird von der Friedrich-Naumann-Stiftung unterstützt, also der parteinahen Stiftung der FDP. In Ackermanns Beiträgen etwa bei der *Berliner Morgenpost*, der *Süddeutschen Zeitung*, der *Wirtschaftswoche* oder ihren Moderationen für WDR, NDR, HR wird sie als unabhängige »Freiheitsforscherin« dargestellt, ihre Verbindung zur FDP spielt keine Rolle. Im Herbst 2019 gibt sie im Deutschlandfunk ein elfminütiges Interview, in dem sie behauptet: »Die Klimarettung als oberstes politisches Primat über alles zu setzen kommt fast einer Religion gleich.«[119] Sie sei außerdem vorsichtig mit dem Begriff »Klimawandel-Leugner«. »Als sei die Klimarettung die neue Heilslehre«, fährt Ackermann fort.

Staatliche Klimapolitik sei eine »Paternalisierung der Bürger, die sie zu Kindern macht«. Im weiteren Gespräch kritisiert sie die »Lobbypolitik von Solar- und Windenergiekonzernen« und den »Alarmismus« in der Klimadebatte.

Nicht nur die Opposition, sondern auch Entscheider in der schwarz-roten Regierung Merkel III vertrauen eher auf Theorien von Wirtschaftsmanagern und neoliberalen Ökonomen als den Berechnungen ihrer eigenen wissenschaftlichen Referenten. »Wir bereiten Papiere vor, von vorne bis hinten kalkuliert und geprüft, aber wenn ein Vertreter der fossilen Industrie sagt: ›So viel Windkraft schaffen wir nicht‹, dann verschwindet das Papier wieder in der Schublade«, erzählen Mitarbeiter. Viele von ihnen arbeiten seit mehr als zehn Jahren in der Energieabteilung im Bundeswirtschaftsministerium. Die dortige Abteilung »Erneuerbare Energien« unterstand während der rot-grünen Regierung noch dem Umweltministerium.

Diese Abteilung mit ihren rund 100 Kolleginnen und Kollegen ist in ihrer überwiegenden Mehrheit überzeugt von der Energiewende. Sie bereiten den Weg vom Zeitalter der Kohle und Atomkraft hin zu Wind- und Sonnenenergie vor, berechnen beispielsweise, wie viele Solar- und Windkraftanlagen für die Versorgungssicherheit nötig sind und wie viele Tonnen CO_2 in der Kohle eingespart werden müssen, um die Klimaziele 2020 oder 2030 zu erreichen. Aber ihre harten Fakten scheitern häufig an der Nähe des Ministers zu Vertretern der großen deutschen Industrien. »Es fehlt an volkswirtschaftlichem Verstand«, sagen uns unsere Quellen. Im Zweifel würde dann eher einem Gespräch mit einem Lobbyisten einer Maschinenfabrik gefolgt als einem 30-seitigen Papier zur Energiewende aus seinem eigenen Ressort.

Das Bermudadreieck der Energiewende: die unmittelbare Zukunft der Klimapolitik in Deutschland

Seitdem die Erneuerbaren-Abteilung unter dem wirtschaftsnahen Minister Altmaier arbeitet, einem CDU-Mann, muss sie ihren Chef immer wieder neu überzeugen, für den Klimaschutz zu handeln. »Die allermeisten bei uns haben die Dringlichkeit von Klimaschutz erkannt – aber auf Ministeriumsebene wird immer die schwächstmögliche Variante einer politischen Lösung gewählt«, klagt ein Mitarbeiter. Das war auch schon unter dem SPD-Wirtschaftsminister Sigmar Gabriel so. Das Team wusste bereits 2014, dass die Klimaziele 2020 verfehlt werden würden. Gabriel beauftragte sogar eine Studie[120] bei Wissenschaftlern des Freiburger Öko-Instituts, um die Lücke bis 2020 konkret zu beziffern. Die Studie prophezeite schon 2014: Die Differenz zwischen dem, was bis 2020 an CO_2 eingespart werden soll, und dem, was tatsächlich eingespart wird, betrage zwischen sechs und sieben Prozent. Wie immer bei Prognosen stellten die Forscher auch eine Fehlermarge auf, in diesem Fall von einem Prozent. Gabriel nutzte die Zahlen, um möglichst wenig einsparen zu müssen, und zog die Fehlermarge eins von der niedrigstmöglichen Prognose sechs Prozent ab: Sein Ministerium sollte fortan nur noch mit einer Lücke von fünf Prozent arbeiten. Dieses Vorgehen ist zwar legitim, allerdings hätte er auch acht Prozent nehmen können, um sicherzugehen, dass die Ziele erreicht werden. Politisch aber schien es einfacher, die unwahrscheinliche kleine Zahl zu nehmen. Der Unterschied scheint gering zwischen fünf und acht Prozent, aber er hat enorme Auswirkungen: Bei fünf Prozent mussten nur 60 Millionen Tonnen CO_2 eingespart werden, bei acht Prozent sind es schon 100 Millionen Tonnen CO_2. Gabriel hat mit dieser Zahl ein Geschenk an die Kohle und die Wirtschaft gemacht – und natürlich war das Ziel zu niedrig gehängt. Gabriels Verhalten ist nicht illegal, aber es zeigt: Beim Klimaschutz wird häufig das schwächste aller möglichen Mittel gewählt. Mit der Folge, dass Ziele nicht eingehalten werden.

Diese Strategie, die Ziele immer möglichst niedrig zu hängen, ist typisch für die Arbeit vieler Ministerien. Auch die Referenten, die es aus ihren täglichen Berechnungen besser wissen müssten, fordern in ihren Papieren häufig nicht das, was unternommen werden müsste, etwa einen schnellen Kohleausstieg, sondern das, was hinterher durchkommt. »Von der untersten Ebene an ist eine Schere im Kopf. Jeder denkt: Eigentlich müssten wir so und so viel einsparen, aber das kriege ich nicht durch, also schreibe ich die niedrigstmögliche Zahl ins Papier.« Am Ende von vielen Papieren und vielen niedrigstmöglichen Zahlen steht dann das Fiasko. Die Bundesregierung verfehlt ihre Ziele für 2020, und auch die für 2030 drohen zu scheitern.

Und die Lücke zu 2030 könnte sogar noch größer werden. Weil der Wirtschaftsflügel der CDU aus seiner Sicht mit der 2019 gewählten Parteichefin Annegret Kramp-Karrenbauer eine Niederlage erlitten hat und nicht den von ihm gewünschten Kandidaten Friedrich Merz durchsetzen konnte, beanspruchte er nun die Wahl der Abteilungsleiterin im Bundeswirtschaftsministerium für sich – es geht um die Nachfolge für Urban Rid. Eine mächtige Position, vielleicht sogar die mächtigste im Haus, weil sie zwischen den Referenten und dem Staatssekretär vermittelt, der wiederum direkt am Minister hängt. Der Wirtschaftsflügel hat dafür gesorgt, dass Stephanie von Ahlefeldt künftig an der Spitze der Abteilung III, »Energiepolitik – Strom und Netze«, stehen wird. Von Ahlefeldt arbeitet bisher im Bundestagsbüro von Unionsfraktionsvize Carsten Linnemann (CDU), der zugleich Bundesvorsitzender der Mittelstands- und Wirtschaftsvereinigung der CDU/CSU ist. In ersten Pressegesprächen wirkte sie konzeptionslos und konnte nur eines versprechen: Die Nachtbeleuchtung an Windrädern blinke künftig nur dann, wenn sich ein Flugzeug nähere. Von Ahlefeldt gilt als erklärte Gegnerin der Energiewende und steht über Linnemann dem intern so getauften »Bermudadreieck der Energiewende«, bestehend aus den Abgeordneten Linnemann, Bareiß und Pfeiffer, nahe: Diese drei schlucken, so heißt es im Bundestag, jeden Fortschritt.

Wenn Rid zu vorsichtig und langsam die Wende zu klimafreundlicher Energie betrieb, so steht mit von Ahlefeldt nun ein echter Rückschlag an: Dass ausgerechnet eine Vertreterin des konservativen Wirtschaftsflügels, der weitreichende Gesetze zum Klimaschutz immer verhinderte, diese Schlüsselposition einnimmt, zeigt die Macht des Flügels. Schon immer verstand er es, die CDU an den Wirtschaftsinteressen auszurichten – Interessen, die heute dem Klimaschutz zuwiderlaufen. Der Flügel und von Ahlefeldt haben dafür gesorgt, in dem Klimaschutzplan 2030 den Mindestabstand von 1000 Metern zwischen Windrad und Wohnhaus festzulegen.[121] Dadurch werden, so steht es explizit im Gesetz, bereits geplante Windräder wieder abgeblasen. Nach einer eilig angefertigten Studie des Umweltbundesamtes halbiert diese ein Kilometer lange Distanz auf einen Schlag die verfügbaren Flächen für Windkraft in Deutschland.[122] »Die konservativen CDU-Kreise hängen letztlich am alten System: Weil zuerst die Grünen Erneuerbare wollten und durchsetzten, ist ihnen diese Energieform per se suspekt«, sagen Mitarbeiter. Hätte RWE vor zwanzig Jahren angefangen, Windräder und Solarpaneele zu bauen, hätten das Wirtschaftsministerium und die CDU sicherlich dafür gekämpft. Sie vertrauten bis heute mehr den Großkonzernen als lokalen Lösungen mit Wind und Sonne. »Alles Grüne, Umweltbewusste verursacht für sie ein Störgefühl.« Das erklärt auch, warum ebendiese Konzerne großen Einfluss ausüben: Sie sind dem Wirtschaftsflügel als Bewahrer des alten Systems wertvoll.

Auch deswegen macht Thomas Bareiß, Teil des Bermudadreiecks in der CDU, Werbung für die Kampagnen der Arbeitgeberverbände der Autoindustrie und ist Mitglied des parteiinternen Klimawandel-Leugner-Kreises. Und setzt sich gegen die CO_2-Steuer ein: »Die Debatte um die CO_2-Steuer hat der SPD wohl mehr geschadet als genutzt«, twitterte Bareiß, parlamentarischer Staatssekretär im Bundeswirtschaftsministerium, nach der Wahl. Der energiepolitische Sprecher der Unionsfraktion, Joachim Pfeiffer, nannte die Diskussion um Klimaschutz in Deutschland im *Tagesspiegel* »nur noch schwer erträglich« und sagte, das Thema sei für viele »eine Art Ersatzreligion« geworden.[123] Und nutzt damit dieselben Worte wie die oben erwähnte »Freiheitsforscherin« Ulrike Ackermann.

Joachim Pfeiffer hat als energiepolitische Stimme eine wichtige Funktion in der CDU, gilt vielen aber selbst im Wirtschaftsministerium als Bremser. Pfeiffer sitzt in Beiräten oder Aufsichtsräten von 26 Firmen und Vereinen,[124] beispielsweise im Bundesverband der Unternehmervereinigungen und im Beirat des Vereins Die Familienunternehmer. Dieser Interessenverband spricht sich dafür aus, das Erneuerbare-Energien-Gesetz abzuschaffen,[125] und sein Vizepräsident Karl Tack behauptet, die Energiewende sei aufgrund ihrer »planwirtschaftlichen Ausgestaltung« gescheitert. Der Energie-Sprecher der Union sitzt also in einem Verband, der das wichtigste Gesetz für klimafreundliche Energien abschaffen will. Auch die Windkraft-Industrie kommt bei dessen Vizepräsidenten nicht gut weg: Sie habe gegen den Willen der Bürger Windrad um Windrad gebaut und sei »subventionsabhängig«. Ein Argument, das auch die INSM aufgreift und das angesichts von subventionsfreien Projekten schlicht falsch ist.

Die Familienunternehmer sind wie die INSM direkt mit der Regierung und bundesweiten Medien im Gespräch. Auf ihre »Familienunternehmertage« in Wiesbaden kamen 2018 der hessische Ministerpräsident Volker Bouffier sowie der Herausgeber der *FAZ*, Holger Steltzner.[126] 2019 ließ sich CDU-Chefin Annegret Kramp-Karrenbauer bei dem festlichen Dinner vertreten – sie hatte Schnupfen, wäre aber ansonsten laut ihrem Sprecher gerne gekommen.[127] Und anders als ihr Name suggerieren mag, sind mit Familienunternehmern weniger die kleinen Schreinerläden oder Landgasthöfe gemeint, sondern große, solvente Firmen. Im Präsidium sitzen ausschließlich Vertreter von Firmen mit Millionenumsätzen, die seit mehreren Generationen weitervererbt werden und somit als »Familienunternehmen« gelten: Präsident ist Reinhold von Eben-Worlée, Chef des Worlée-Chemie-Imperiums mit einem Umsatz von 300 Millionen Euro. Vizepräsident Karl Tack macht dreistellige Millionenumsätze mit Schleifwerkzeugen und Getränken.[128] Auch hier mischen sich wieder einflussreiche Christdemokraten und Wirtschaftsliberale: Vizepräsident und früherer Präsident ist Patrick Adenauer, jüngster Enkel von Ex-Bundeskanzler und CDU-Idol Konrad Adenauer. Der Rheinländer zeigt sich in Zeitungskolumnen beim Kölner *Express* als echter Klimawandel-Leugner: Es sei »nicht einmal sicher, ob das Kohlendioxid wirklich unser Klima verändert«, schreibt er dort unter dem Titel »Klima-Wahnsinn«.[129] Der Vizechef der Familienunternehmer – eines Verbandes, der von der Bundesregierung hofiert und eingeladen wird – vertritt offenbar eine Haltung, die typisch ist für Klimawandel-Skeptiker. Er verneint, dass Klimaschutz in Deutschland überhaupt wirken könne. Adenauer fordert die Klimaaktivistin Greta Thunberg auf, lieber nach Indien oder China zu fahren, um dort ihr Klagelied zu singen. Gesetze zum Klimaschutz wie den Kohleausstieg bezeichnet der Rheinländer als »jeck«. Wie kommt er zu der Kolumne in Kölns meistgelesener Zeitung? Adenauer ist im Aufsichtsrat der DuMont-Mediengruppe, eines Verlagshauses, dem neben der *Hamburger Morgenpost* auch alle wesentlichen Zeitungen in der rheinischen Millionenstadt gehören, nämlich der *Express*, der *Kölner Stadt-Anzeiger* und die *Kölnische Rundschau*.[130] In einem Menschen wie Adenauer laufen strategische Fähigkeiten zusammen, die zu Klimaschutz führen könnten: Er ist Unternehmer, Politiker und Medienschaffender. Schade nur, dass dieser tatsächliche »Influencer« ein Leugner des Klimawandels ist.

Neben Pfeiffer sitzen in der CDU viele Vertreter von großen Industriekonzernen Deutschlands – sie bestimmen auch den umweltpolitischen Kurs in der mehr als vier Dekaden regierenden Partei mit. Der CDU-Wirtschaftsrat beispielsweise, ein Gremium, das sich, ähnlich wie die INSM, offiziell als »Stimme der sozialen Marktwirtschaft« versteht. Seine umweltpolitischen Forderungen werden von Wolfgang Große Entrup gemanagt, er ist Vorsitzender der Bundesfachkommission für Umwelt und Klimapolitik[131] für die CDU. Der Rheinländer war auch schon mal Referatsleiter für die CDU im Bundestag, bis er eine Karriere bei Chemiekonzernen machte: zuerst bei BASF und schließlich als Vizechef des umstrittenen Glyphosat-Herstellers Bayer/Monsanto. Die Forderungen seiner Fachkommission innerhalb der CDU gleichen wiederum denen von Bremsern. Dort heißt es beispielsweise, die Bundesfachkommission Umweltpolitik kritisiere deutlich »marktwidrige Eingriffe in die Umwelt- und Klimapolitik« und es erklingt auch das bekannte Mantra: Es müsse eine »internationale Klimapolitik« geben, deren Umsetzung sehr lange dauern würde. Weiterhin setzt sich der Wirtschaftsrat gegen »Ressourcensteuern« und gegen die Verknappung von CO_2-Zertifikaten ein.[132] Dies bedeutet, dass dieser einflussreiche CDU-Kreis sowohl gegen eine CO_2-Steuer lobbyiert als auch gegen einen wirksamen Emissionshandel – gegen die beiden einzigen umfassenden Instrumente also, die überhaupt in den vergangenen Jahren auf dem Tisch lagen.

Wie eng die fossile Lobby mit einigen CDU-Mitgliedern verbunden ist, zeigt der ehemalige sächsische Ministerpräsident Stanislaw Tillich. In seiner Zeit als Amtsinhaber galt er als »Mann der Kohle« und leitete schließlich die Kommission »Wachstum, Strukturwandel und Beschäftigung«, die über einen Kohleausstieg beriet und im Januar 2019 ihren Abschlussbericht vorlegte.[133] Noch 2015 erklärte er: »Sachsen opfert keine Arbeitsplätze für Klimaziele«,[134] und man solle Atomstrom durch Braunkohle ersetzen.[135] Mittlerweile hat Tillich seine Vorliebe für die Kohle zum Fulltime-Job gemacht: Er arbeitet seit September 2019 als Aufsichtsratsvorsitzender der Mitteldeutschen Braunkohlengesellschaft (MIBRAG). Medien schrieben, Tillich wolle sich seine industriefreundliche Haltung in der Kohlekommission »versilbern« lassen.

Andere, wie der stellvertretende CDU-Fraktionsvorsitzende in NRW Gregor Golland, haben einen Nebenjob beim Energieriesen RWE: Golland arbeitet in Teilzeit bei der RWE-Tochter innogy und erhält dafür nach eigenen Angaben bis zu 120 000 Euro.[136] Und auch Ex-Unions-Fraktionschef Volker Kauder hat mittlerweile einen einträglichen Job bei dem Bergbaukonzern Saxony Minerals & Exploration AG mit bis zu 7000 Euro monatlich.[137]

Offene Klimawandel-Leugner in der CDU

Neben den Bremsern gibt es bei der Union auch offene Klimawandel-Leugner, die im Gegensatz zu ihren kohlefreundlichen Parteikollegen das menschengemachte Klimachaos nicht anerkennen wollen. Der »Berliner Kreis in der Union« zog im Mai 2017 in einem offenen Brief den menschengemachten Treibhauseffekt in Zweifel und sprach sich dagegen aus, Solar- und Windkraft zu fördern. So heißt es da: »Die genauen klimatischen Treiber sind noch nicht vollständig erforscht und verstanden, aber eine solitäre Rolle des Treibhauseffekts scheint unwahrscheinlich.«[138] Der Weltklimarat IPCC sei ein »Weltrettungszirkus«.[139] Auch Staatssekretär Bareiß ist Mitglied dieses Kreises. »Im Berliner Kreis der Union diskutieren wir kontrovers über unterschiedlichste Themen. Es ist deshalb nicht zielführend, einzelne, aus dem Zusammenhang gerissene Zitate zu bewerten«, so der Staatssekretär.

In dem Gremium sind auch Wolfgang Bosbach und Philipp Lengsfeld aktiv. Lengsfeld sprach 2017 ein Grußwort auf der Jahresversammlung des Klimawandel-Leugner-Instituts EIKE. In seiner Rede ist zu erkennen, warum er persönlich dagegen ist, die Erde in Gefahr zu sehen. »Früher wollten wir die Galaxie erobern, die Erde sollte nur noch ab und zu besucht werden, während wir durch das Weltall düsen. Heute wollen uns die CO_2-Modellierer erzählen, dass die Erde untergeht«, bedauert der jungenhaft wirkende Lengsfeld.[140] Der Klimawandel, so hört es sich an, macht dem Physiker seine Jugendträume kaputt, und deswegen spornte er auch die Zuhörer von EIKE an: »Seien Sie nicht leise, Sie müssen reden.«

Christdemokrat Lengsfeld gründete 2019 das Berliner Institut Relook-Climate[141] zusammen mit dem bekannten Klimawandel-Leugner und SPDler Fritz Vahrenholt – quasi die Große Koalition der Klimawandel-Leugner. Vahrenholt arbeitete früher als Honorarprofessor an der Universität Hamburg[142] im Fachbereich Chemie, war außerdem Hamburger Umweltsenator für die SPD, danach Manager bei Shell, war Vorstandsvorsitzender bei der Windkraft-Firma Repower[143] und arbeitete bis 2012 als Geschäftsführer bei RWE innogy.[144] Inzwischen sitzt er bei der mächtigen britischen Klimawandel-Leugner-Organisation Global Warming Policy Foundation (GWPF) im Beraterkreis.[145]

Im Gegensatz zum Berliner Kreis, den CDU-Kenner für nicht besonders einflussreich halten, gewinnt die Werteunion der CDU seit Monaten an Zulauf. Prominente Mitglieder des Berliner Kreises wie Wolfgang Bosbach werben immer wieder für die Werteunion.[146] In ihrem »Konservativen Manifest« heißt es: Man wolle eine Klimapolitik, die »frei von ideologischen Instrumentalisierungen« sei.[147] Dabei argumentiert Werteunion-Vorsitzender Alexander Mitsch wie die Klimawandel-Leugner in den USA oder europäische Rechtspopulisten. In einem Gastbeitrag für die *FAZ* regt sich der Konservative im August 2019 über die »Moralisierung« und den »politischen Zeigefinger« auf.[148] Er dreht den Spieß einfach um. Nicht die Politiker ließen sich von der fossilen Industrie vereinnahmen, sondern Fridays for Future von der »radikalen« Linken instrumentalisieren. Dann bremst der Mittfünfziger mit der üblichen Argumentation: Klimaschutz gehe nur international, Deutschland sei viel zu unbedeutend. Solch eine Verbindung wie die Werteunion hat auch zum Ziel, Klimawandel-Skeptiker zu vernetzen und die Stimmung in der Partei gegen fortschrittliche Teile aufzuwiegeln. Offen rufen sie zum Widerstand gegen das »Klimapaket« auf: Die »Klimahysterie« gefährde den Wohlstand der Menschen in Deutschland.[149] Offenbar stimmen viele CDU-Mitglieder der Werteunion bei: Im Herbst 2019 stieg die Zahl der Mitglieder rasant an, Mitte Oktober 2019 waren es rund 3200.[150] »Der Wirtschaftsliberale Flügel in der Union wächst – und macht es jedem Klimagesetz schwer«, sagen Insider aus dem Wirtschaftsministerium.

Mitglied dieser Vereinigung ist übrigens auch Hans-Georg Maaßen, der ehemalige Chef des Verfassungsschutzes, der wegen verschiedener Kontroversen, u. a. nicht öffentlich gemachter Gespräche mit der AfD, sein Amt aufgeben musste. Die Nähe zur AfD scheint aber immer salonfähiger zu werden.[151] Das ist auch beim rechten Flügel der CDU zu beobachten: Im Juni 2019 kün-

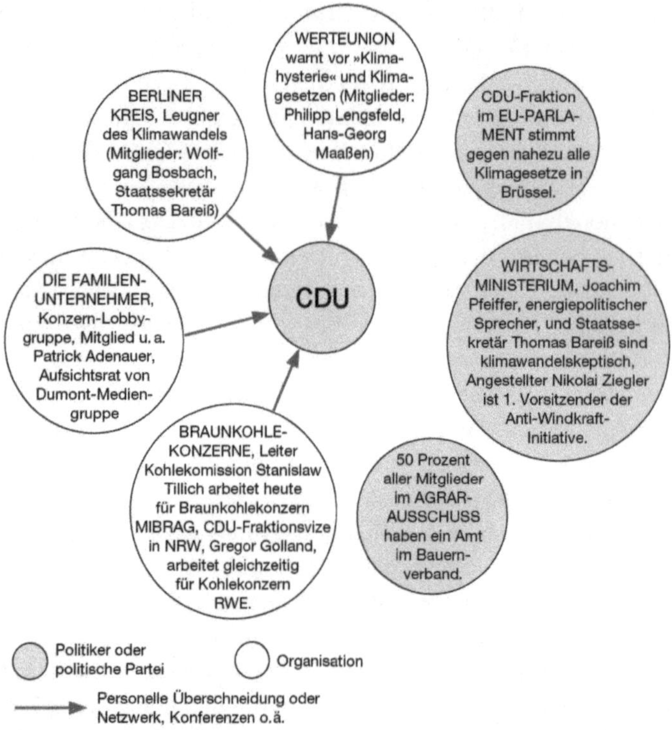

digten zwei CDU-Politiker aus Sachsen-Anhalt in einem Pamphlet an, die CDU sei »gut beraten, dem linken Mainstream aus gesteuertem Gutmenschentum und Klimaverständnis (…) mit klaren Aussagen zu begegnen«.[152] Das ist dieselbe Sprache wie die der AfD.

Auch an der Basis scheint die CDU sich gern mit Klimawandel-Leugnern einzulassen. So laden einzelne Abgeordnete in ihren Wahlkreisen Klimawandel-Leugner zu Vorträgen ein.[153] Der Wirtschaftsrat der CDU Thüringen organisierte im April 2019 sogar einen Abend mit dem Klimawandel-Leugner-Verein EIKE unter dem Titel »Zur Klimadiskussion breite Faktenbasis heranziehen«.[154]

Die Klimaschmutzlobby und die deutsche Politik: Von Kaffee bis Kreuzfahrt ist alles möglich

Nicht nur bei der CDU, sondern auch bei der SPD gab und gibt es viele Bremser, berichtet Ex-SPD-Mitglied Marco Bülow. Er habe am eigenen Leib erlebt, wie Abgeordnete seiner Fraktion von Wirtschaftslobbys »aufgestellt wurden«. »Die SPD hatte einige progressive Umweltpolitiker wie Hermann Scheer oder Michael Müller – die kamen aber in den entscheidenden Positionen nie zum Zuge, und mittlerweile sind die meisten nicht mehr im Bundestag«, so Bülow. Man habe den Ökoflügel der Partei ausgebootet. Der Grund: Es gebe bis heute in allen Fraktionen eine verbreitete Form von »Wohlfühllobbyismus«. »Die Abgeordneten werden zum Essen eingeladen, sie bekommen exklusive Informationen, irgendwann auch ungebeten die Expertise der Verbände. Schließlich fühlen sie sich verpflichtet – und es nützt ihnen.« Auch die Einladungen zu gut bezahlten Vorträgen, auf die einige Politiker eingingen, gehörten zu diesen »Gefallen«. FDP-Vorsitzender Christian Lindner beispielsweise erhält für Reden bis zu 15 000 Euro, zu seinen Auftraggebern gehören E.ON und STRABAG.[155]

Auch in weiteren Gesprächen mit ehemaligen Mitarbeitern erzählt man uns, wie Lobbyisten auch Angestellte des Ministeriums für sich einnehmen: Von einem Kaffee bis zu Kreuzfahrten sei alles möglich, erklärt uns ein Beamter, der solche Methoden auch in anderen Ministerien vermutet.

Die Umweltverbände als »Klimalobby« hätten den Abgeordneten hingegen wenig zu bieten: Die Konzerne wollten ihr System einfach behalten, die Umweltverbände es verändern. Das sei viel anstrengender und werde von vielen Politikern als nervig empfunden. Vor allem hätten sie auch nicht die finanzielle Ausstattung, um Politikern während oder nach ihrer Zeit im Parlament lukrative Nebenjobs zu verschaffen.

Lobbykritiker bemängeln, dass das Ausmaß der Lobbyaktivitäten nicht transparent ist. »Der Wohlfühllobbyismus ist ein wesentlicher Grund für die Notwendigkeit eines Lobbyregisters«, so Léa Briand von Abgeordnetenwatch.[156] Wer mehr Geld und die besseren Kontakte habe, könne auch mehr Einfluss nehmen. »Dadurch entstehen Ungleichheiten zwischen wohlhabenden, professionellen und über komfortable finanzielle Mittel verfügenden Organisationen einerseits und kleineren, weniger erfahrenen und finanziell weniger gut aufgestellten Akteuren andererseits.« Das könnte man aber beheben: »Wenn Politiker*innen wissen, alle ihre Treffen mit Lobbys werden öffentlich dokumentiert, werden sie sich Mühe geben, mit allen an einem Gesetzentwurf Beteiligten zu sprechen«, glaubt Lobby-Expertin Briand.

Das Ungleichgewicht der Lobbys

Fossile Konzerne mit Millionen- und Milliardenbudgets – der Gewinn von EnBW etwa lag 2018 bei 334 Millionen Euro, der Umsatz bei rund 20 Milliarden Euro[157] – konkurrieren mit Umweltvereinen und -verbänden, die sich aus Spenden oder Förderungen finanzieren. Deutschlands größter Umweltverband, der Bund für Umwelt und Naturschutz, hat dagegen einen Jahresumsatz von 32 Millionen Euro, der Dachverband der Umweltverbände, der Deutsche Naturschutzring (DNR), sogar nur zwischen ein und zwei Millionen.[158] Tagungen und Kongresse finden in kleinen Hotelhinterzimmern statt, manchmal wird auch die Bundespressekonferenz gemietet. Das Machtgefälle zwischen Industrie- und Umweltlobby zeigt sich auch an ihren Standorten: Das Büro vom Naturschutzring liegt in einem unrenovierten Hinterhaus in Berlin-Mitte. RWE hingegen baute sich direkt am Essener Bahnhof einen 127 Meter großen Turm.

Es ist, als könnte sich Deutschland nicht von seinen alten Protagonisten, Kräften und Strukturen lösen. Ein Beispiel dafür ist die Personalie Charles Blankart. Der Volkswirt berät die schwarz-rote Bundesregierung im Wissenschaftlichen Beirat des Berliner Wirtschaftsministeriums.[159] Gleichzeitig ist er Vorsitzender des Instituts für Unternehmerische Freiheit (IUF), eines marktliberalen Instituts in Berlin, in dessen Vorstand auch Mitglieder des Klimawandel-Leugner-Vereins EIKE sitzen. Blankart ist auch AfD-Mitglied und weit über 70. Im Beirat der Bundesregierung sitzen die Mitglieder auf Lebenszeit. Er lädt in sein Haus nach Berlin-Nikolassee ein. Neben Büsten von Wilhelm I. hängen Porträts des Kurfürsten von Sachsen, Napoleons und anderer Monarchen im Wohnzimmer, in Glasvitrinen stehen kleine Zinnsoldaten stramm. Es ist das Museum einer anderen Zeit, die bis heute in der Bundesregierung mitwirkt. »Die Klimawissenschaft basiert nur auf Vermutungen«, erklärt Blankart. Im Wissenschaftlichen Beirat der Bundesregierung würden alle Positionen diskutiert – auch jene der Klimawandel-Leugner, sagt Blankart. Er sitzt in einem Ohrensessel, sein kleiner Dackel uriniert einen Meter weiter auf seinen Teppich.

Wirtschaftsliberalismus in Frankreich

Nachdem wir gesehen haben, wie stark die Klimaschmutzlobby in Deutschland wirkt, wenden wir uns nun unserem wichtigsten und größten Nachbarland zu: Frankreich. Präsident Emmanuel Macron hat zu Beginn seiner Regierungszeit vielen Umwelt- und Klimaschützern Hoffnung auf fortschrittliche Gesetze gemacht, er ernannte den sehr populären Ökoaktivisten Nicolas Hulot zum Umweltminister und startete das Programm »Make Our Planet Great Again«, um Klimaforscher aus dem Ausland nach Frankreich zu holen. Aber leider wurde die Hoffnung getrübt: Nicolas Hulot verließ nach einem Jahr die Regierung, frustriert vom Einfluss der Lobbys.[1] Einige Monate später erklärte auch der Abgeordnete Matthieu Orphelin, das ökologische Gewissen der Fraktion von Macron, seinen Austritt aus der Partei: Es sieht schlecht aus für den Klimaschutz des ambitionierten Präsidenten.

»Doktor Diesel« und die französische Automobillobby

Diesel- und Benzinemissionen seien nicht besonders schädlich, sagte der Pariser Mediziner Michel Aubier einst in einer Anhörung vor dem Senat. Die Gesundheitskosten lägen bei »vielleicht zwei bis fünf Millionen Euro pro Jahr«, sagte Aubier. Und kalkulierte damit die Kosten von dreckiger Luft 50 Mal günstiger als die meisten seiner Kollegen, die gesundheitliche Schäden auf rund 100 Milliarden Euro allein in Frankreich taxieren.[2] Aubier leitete damals ein Krankenhaus in der französischen Hauptstadt und hatte eine entschieden positive Meinung zur Luftverschmutzung durch Autos: »Es gibt kein Risiko für gesunde Personen. Sie können weiter Sport in der Stadt treiben«, sagte er in einer sehr populären Morgensendung beim Radiosender RTL.[3]

Aubier war über Jahre in Frankreich ein gern gesehener Experte in den Medien und der Politik und lieferte zuverlässig Argumente gegen strengere Grenzwerte für Autos. Aber Aubier wird nicht als Lungenexperte in die Geschichte eingehen, sondern als erster Lobbyist Frankreichs, der für seine Falschaussage unter Eid verurteilt wurde. Eine Journalistin der Tageszeitung *Libération* deckte 2016, kurz nach seiner Anhörung im Senat, auf: Aubier wurde 20 Jahre lang vom französischen Diesel- und Ölkonzern Total bezahlt – als Arzt seiner Vorstandsmitglieder und als ihr »Berater in Gesundheitsfragen«.[4] Diesen Interessenkonflikt hatte er vor dem Senat verschwiegen. Mindestens 100 000 Euro erhielt er jährlich. Zwei Jahre später, im Jahr 2018, wurde der nun »Doktor Diesel« getaufte Aubier wegen seines Meineids zu 30 000 Euro Strafe und sechs Monaten auf Bewährung verurteilt.[5]

Der Fall »Doktor Diesel« ist typisch für ein Land der Autofahrer. Denn auch wenn Deutsche häufig denken, sie seien mit Abstand die autoverrückteste Nation in Europa, sind die tatsächlichen Unterschiede im PKW-Gebrauch nur minimal: Franzosen fahren etwas kleinere Autos und etwas weniger Kilometer im Jahr[6], aber die Verkehrsemissionen sind Frankreichs größtes Klimaproblem: Sie sorgen für rund 30 Prozent der klimaschädlichen Gase – Tendenz steigend.[7] 89 Prozent der Waren werden in Frankreich mit dem Auto transportiert und nur neun Prozent mit dem Zug, zwei Prozent mit dem Schiff.[8]

Franzosen produzieren ihren Strom zu Großteilen mit 56 Atommeilern. Diese sind zwar inzwischen veraltet und ziehen eine Reihe von dramatischen Umweltproblemen nach sich, ihre Wirkung auf die Klimabilanz fällt aber eher gering aus. Daher ist in Frankreich der Verkehr der größte Emittent von Treibhausgasen – und nicht wie in Deutschland die Energiebranche. In kleineren Orten Südfrankreichs schickt beispielsweise nur eine von hundert Familien ihre Kinder mit dem Fahrrad zur Schule. Außer in West- und Nordfrankreich gibt es kaum Fahrradwege, und die Bürgersteige sind häufig selbst für einen Kinderwagen zu schmal. An dem Primat des Autos hat sich in den vergangenen Jahrzehnten nichts geändert.

Frankreich hat für die Klimaschmutzlobby aktuell eine besonders vorteilhafte politische Ausgangslage: Es regiert der Liberale Emmanuel Macron, für den die Wirtschaft vorrangig ist. In Umfragen gleichauf ist der rechtsextreme Rassemblement National (vormals Front National), der bis vor wenigen Jahren noch den Klimawandel leugnete. Sein Gründer und jahrzehntelanger Präsident Jean-Marie Le Pen schrieb noch im Winter 2018 auf Twitter, »der Winter sei so kalt, dass sich die Klimaschützer ärgern müssen«. Die Rechtsextremen sind auch heute als größte Oppositionspartei Fürsprecher der klimaschädlichen Industrie.

»Die Lobby ist im französischen Parlament präsent, jeden Tag«, sagt Matthieu Orphelin. Der 48-Jährige ist 2017 auf der Liste von Präsident Emmanuel Macrons Partei ins Abgeordnetenhaus eingezogen. Und hat die Partei im Sommer 2019 verlassen. »Ich will diese Klimapolitik nicht mehr mittragen: Die Kluft zwischen dem, was wir für den Klimaschutz machen müssten, und dem, was wir umsetzen, ist riesig«, sagt der Familienvater mit dem Dreitagebart.[9] Wir treffen ihn an einem Novemberabend in Paris, in einem Eckcafé 400 Meter von der Nationalversammlung entfernt. Es ist ein Lokal mit den typischen braunen Pariser Bistrostühlen aus Holz, viele Gäste grüßen sich. Orphelin wird misstrauisch beäugt. Schließlich hat er die regierende Partei verlassen, hat geschrieben: »Leider sind wir nicht auf der richtigen Spur, für keine unserer ökologischen Herausforderungen. Nun gehe ich, nachdem ich alles getan habe, was mir möglich war.«[10]

Macron hatte sich bei seiner Wahl 2017 mit Orphelin geschmückt, weil der Aufsteiger damals aus allen gesellschaftlichen Gruppen rekrutieren wollte: Orphelin war ein Umweltbewegter, jemand, der für verschiedene NGOs gearbeitet hatte und früher bei den Grünen war. »Ich dachte, wir schaffen den Aufbruch, eine echte ökologische Wende. Aber jetzt habe ich verstanden: Solange der Klimaschutz nur eine politische Strategie ist, wird er scheitern. Der Schutz der Umwelt, das muss wahrhaftig sein und von Herzen kommen.«

Der Ingenieur beobachtete in den vergangenen zwei Jahren, wie groß der Druck der französischen Autobauer auf die Abgeordneten ist. »Sie versuchen es mit allen Mitteln – mit E-Mails, mit Briefen, mit Änderungsvorschlägen für Gesetze.«

Einige von diesen Vorschlägen der Lobby werden anschließend von den Abgeordneten im Parlament eingebracht – natürlich ohne Angabe der tatsächlichen Autorenschaft dieser Dokumente.

Die Regierung Macron: Freie Märkte ohne Grenzen

Der ehemalige Banker Macron setzt zwar auf die Einhaltung des Pariser Klimavertrages, er ist aber zugleich ein Liberaler, der die Wirtschaft möglichst nicht in ihrer Freiheit einschränken möchte. Zu Recht firmierte Macron auf der Titelseite des Wirtschaftsblattes *Forbes* mit der Unterzeile »*Leader of the Free Markets*« – »Anführer des freien Marktes«.[11] Der Autor des Textes schwärmte davon, dass Macron es ernst meine mit »dem freien Handel, geringeren Steuern und weniger Regulierungen«. Dieser Dreisatz ist eigentlich das, was die großen Industrien normalerweise fordern. Und es ist diese Haltung, die der Wirtschaft freien Raum lässt für ihren Profit, auch auf Kosten des Klimas. Macrons erste Amtshandlung 2017 war es, die Vermögenssteuer abzuschaffen. Diese Idee ist, so berichten es die Investigativjournalisten von *Mediapart*, offenbar nach einem nächtlichen Treffen mit einer Handvoll Konzernchefs des CAC 40, der französischen Leitkonzerne an der Börse, entstanden.[12] Aus seiner Nähe zur Industrie macht Macron kein Geheimnis.

Die in Frankreich zu beobachtende Verbindung von Wirtschaftsliberalen zu denjenigen, die das Klima leugnen, hat weltweit System.[13] Stéphane Foucart, Lobby-Experte der französischen Zeitung *Le Monde*, schreibt in seinem Buch: »Neoliberale sind niemals weit entfernt von Klimawandel-Leugnern.«[14]

In Frankreich war die neoliberale Strömung – bis Macron kam – immer schwächer als in anderen Ländern. Aber es gab und gibt sie. Die Mitarbeiter des neoliberalen Institut Turgot sind mit Klimawandel-Leugnern verbunden: Marie-France Suivre ist Generaldelegierte des Instituts[15] und zugleich Generaldirektorin der »Klima-Realisten« (*»climato-réalistes«*), wie sich die Leugner neuerdings in Frankreich nennen.[16] Sie schreibt etwa Beiträge darüber, warum die Energiewende »unnötig, teuer und ungerecht« sei.[17]

Präsident des Institut Turgot war Gilles Dryancourt, ein Lobbyist in Brüssel, der für die Traktorenindustrie warb: Dryancourt leitet beim Europäischen Verband für Landwirtschaftsmaschinen das strategische Komitee.[18] Zugleich ist er beim Traktor-Hersteller John Deere in Mannheim beschäftigt. Es ist also in seinem Interesse, dass die Klimabestimmungen für Traktoren möglichst gering sind, und er hat direkten Einfluss auf relevante Entscheidungen. »Auf den Feldern laufen keine Fußgänger herum, es ist also ungerecht, dieselben Normen auf uns wie auf die Automobilindustrie anzuwenden«, sagt er im Telefongespräch. »Wir als Experten der Landwirtschaft zweifeln nicht am Klimawandel. Allerdings kann es viele Gründe für den Klimawandel geben, er muss nicht menschengemacht sein«, so Dryancourt. Von den Klimawandel-Leugnern in seinem Institut will er nichts gewusst haben. Dazu könne er nichts sagen. Viel wichtiger sei sein von ihm entwickelter Preis für bienenfreundliche Landwirtschaft, mit dem er insektenfreundliche Mähdrescher oder Drohnen promotet, die nachts statt tagsüber Pestizide spritzen, während die Bienen schlafen.[19]

Der Rassemblement National: »Patriotische Ökologie« statt globaler Lösungen

Neben den wirtschaftsnahen Kreisen gibt es in Frankreich – wie schon erwähnt – noch eine weitere starke Gruppe, die sich gegen Klimagesetze stemmt: den rechtsextremen Rassemblement National (RN). Als 2016 das Pariser Klimaabkommen in Brüssel ratifiziert werden sollte, haben sich die damals 18 Abgeordneten der Partei enthalten, darunter Parteichefin Marine Le Pen. Der Spitzenkandidat für die Europawahlen 2019, Jordan Bardella, behauptete in einem Radiointerview, »niemand interessiere sich für dieses Votum«.[20]

Die mittlerweile 15 Abgeordneten des RN waren schon in den vergangenen Jahren bei den acht wichtigsten Abstimmungen zum Klimaschutz in Brüssel in einer Verhinderungshaltung: Sie wollten weder das Klimaabkommen ratifizieren, das in der eigenen Hauptstadt zwischen 197 Nationen erkämpft wurde, noch wollten sie in diesem Juni CO_2-Emissionen von Klein- und Schwerstwagen begrenzen.

Arnaud de Rigné fährt einen alten Peugeot, in dem es nach abgestandenem Jugendzimmer riecht. Rigné war noch nie auf Klimakonferenzen. Aber der 1996 geborene Franzose wird trotzdem von der Partei vorgeschickt, um über Klimaschutz zu sprechen.

De Rigné hat eine kurze Föhnfrisur. Seit er 16 Jahre alt war, engagiert er sich im Front National, 2020 will er Bürgermeister von Carvin werden, mitten in der nordfranzösischen Hochburg der Partei. »Wir müssen alles lokal lösen«, ist das Credo von RN und Rigné. Aber wie? Um dies zu erklären, fährt uns Rigné raus aus seiner Heimatstadt Hénin-Beaumont, raus aus der Stadt mit ihren Billigläden und verlassenen Hotels und zehn Kilometer weiter zu einer historischen Windmühle ohne Flügel. Vielleicht passend zur Nostalgie, die den RN und seine Wählerinnen und Wähler jedes Mal ergreift, wenn es um alte Industrien und alte Zeiten geht. Ein Hinweis auf Windkraft ist dieses Bauwerk jedenfalls nicht, denn der RN stellt sich, wo immer es geht, gegen die »verschandelnde Windenergie« und ist ein Anhänger der Atomkraft, ebenso wie die AfD in Deutschland. Rigné postiert sich vor der Backstein-Mühle und erklärt uns, was es mit der »patriotischen Ökologie« auf sich hat. Vor drei Jahren gab es noch die Plattform innerhalb des Rassemblement National »Collectif Nouvelle Écologie«. Der letzte Eintrag auf ihrer Webseite ist von 2017.[21] Darin beklagt sich die Umweltgruppe der Partei darüber, dass der damalige Umweltminister Nicolas Hulot Ölbohrungen in den französischen Übersee-Départements verbieten wollte.[22] Der Umweltarm der Partei möchte weiter klimaschädliche Ölbohrungen erlauben.

Rigné bewirbt das Klimaprogramm des RN: Große ausländische Konzerne wie Coca-Cola sollen besteuert werden, das spare Transporte und Plastikflaschen. Und Kaffee aus Südamerika? Und brasilianisches Sojafutter für die heimischen Bauern? »Die bleiben unbesteuert.« Ein größeres Programm der RN ist bei Rigné nicht zu holen. Ob der RN will, dass Frankreich im Pariser Weltklimaabkommen bleibt? Kurzes Zögern. Dann sagt Rigné: »Ja. Vorerst.«

Paris und die Automobilindustrie

Zurück zum Auto, Frankreichs größtem Klimaschutz-Bremser. Der Automobilclub Frankreichs residiert an einem der teuersten Plätze von Paris: An einer Parallelstraße zur Prachtallee der Champs-Élysées verteidigt der Club ähnlich hartnäckig wie der ADAC in Deutschland den herkömmlichen Autoverkehr. Der Verein hat 1,6 Millionen Mitglieder.[23] Er machte Kampagnen gegen das neue Tempolimit von 80 km/h auf französischen Landstraßen – und gewann die Meinungshoheit: Nach einer monatelangen Debatte zog die Regierung das frankreichweite Gesetz zurück und überließ es den Bürgermeistern, auf ihrem Territorium entsprechende Limits einzuführen. Dabei würden die langsamer fahrenden Autos immerhin rund 12,5 Prozent weniger CO_2 ausstoßen.[24]

Der Präsident des Verbandes behauptet gar in Debattenbeiträgen, die Luftverschmutzung sinke ohnehin – all die Gesetze, um Autos aus den Städten zu verbannen, seien sinnlos. Die Fakten widersprechen ihm: Die Regierung räumt ein, die europaweiten Limits für Feinstaub und Kohlenmonoxid nicht einhalten zu können.[25]

Christian Gerondeau ist heute beim Club Präsident der Abteilung »Mobilität und Umwelt«[26], war aber bis vor Kurzem noch dessen Gesamtpräsident. Als solcher sitzt und saß er mit der Regierung und ihren wechselnden Verkehrsministern zusammen und verteidigte das Auto. Gerondeau macht keinen Hehl daraus, nicht an den Klimawandel zu glauben. 2009 schrieb er das Buch *CO_2 – ein planetarer Mythos*.[27] Ein Buch, das positive Kritiken bekam und dessen Vorwort der frühere französische Präsident Valéry Giscard d'Estaing schrieb. Die klassische Leugner-These Gerondeaus lautet: Die Temperatur sei weltweit gar nicht angestiegen, und Klimaschwankungen habe es schon immer gegeben.

Zugleich sitzt Gerondeau bei der britischen, klimawandelskeptischen Stiftung Global Warming Policy Foundation[28] in einem Beratergremium. Und bei dem französischen Dachverband der Klimawandel-Leugner, der *»climato-réalistes«*, im Direktorium.[29] Er positioniert sich also öffentlich als Klimawandel-Leugner.

»Für uns ist Christian Gerondeau vor allem bekannt dafür, sich als Erster für Sicherheitsgurte im Auto eingesetzt zu haben«, schreibt Didier Bollecker, aktueller Präsident des Clubs auf unsere Anfrage in einer E-Mail.[30] Insofern sei seine Wahl »klug«. Darüber hinaus seien Gerondeaus letzte Veröffentlichungen »bislang von der Wissenschaft unwidersprochen«.

Klimawandel-Leugner Gerondeau hat also in der Autosphäre seine Anhänger und ist sehr gut vernetzt. Er studierte an der École polytechnique, der hoch angesehenen Pariser Kaderschmiede für Ingenieure, und leitete vor wenigen Jahren den Verein der Ehemaligen, der ein großes Netzwerk der Elite ist. In diesem Verein gründete er ebenso die Gruppe X Klima. Und schreibt in der Mitgliederzeitschrift *La Jaune et La Rouge* beispielsweise Artikel, die mit »Stopp den Windrädern« überschrieben sind.[31] Hier vermischt sich also die Elite mit den Klimawandel-Leugnern. Die Ehemaligen wollen allerdings heute nichts mehr mit den Thesen ihres früheren Chefs zu tun haben. »Seine X-Klima-Gruppe wurde von uns nicht anerkannt. Seine Überzeugungen stehen im Widerspruch zu anderen Gruppen bei uns, wie etwa der Gruppe X-Umwelt«, antwortet uns Yves Demay, Generaldelegierter der Gruppen der Ehemaligen, in einer E-Mail.[32]

Im Automobilclub aber kann Gerondeau Stimmung gegen ambitionierte Klimapolitik machen. Der Club ist ebenso mächtig wie die Autokonzerne – Letztere argumentieren mit den Arbeitsplätzen, Erstere mit Millionen Autonutzern, die mit Klimagesetzen beeinträchtigt werden könnten. Ihr häufiges Argument: Ihr dürft die Autos nicht antasten, sonst droht wieder eine Protestwelle wie bei den Gelbwesten. Die Gelbwesten gingen ab November 2018 zu Hunderttausenden in Frankreich auf die Straße, weil die Regierung Macron drei Cent mehr Steuern auf einen Liter Benzin erheben wollte. Allerdings richtete sich der Protest nicht allgemein gegen höhere Benzinpreise, sondern gegen höhere Kosten für Geringverdiener, die in der französischen Provinz keine Alternativen zum Auto haben. Dort gibt es ganze Regionen ohne Bus- und Bahnverkehr.

Auch der Ex-Abgeordnete von Macron, Matthieu Orphelin, kennt den Vorwand der Gelbwesten. »Sie sind jetzt immer wieder das Argument, um Fortschritte im Klimaschutz abzublasen«, sagt Matthieu Orphelin und nippt an seiner Orangina. »Sie werden als Drohung benutzt, auch von den Autobauern und ihren Gewerkschaften, um unliebsame Veränderungen zu verhindern. Dabei ist dies falsch: Wer an die Bedürftigen denkt, ihnen beispielsweise einen Ausgleich für höhere Spritpreise durch günstige Bahntickets bietet, kann Bürgerinnen und Bürger mit den Klimasteuern versöhnen.« Aber niemand wolle sich darüber wirklich Gedanken machen, so der nunmehr Parteilose.

Ein genereller Gegner von Lobbying ist Orphelin nicht. »Ich will nicht allein in meinem Büro Gesetze schreiben, sondern brauche den Input aller Beteiligten«, sagt er. Aber das Ungleichgewicht sei groß. »Nehmen Sie die drei Milliarden Euro, die jedes Jahr in Frankreich für Autowerbung ausgegeben werden. Das sind 1500 Euro pro verkauftes Auto. Dagegen haben die Regierung und Umweltverbände lächerlich wenig Geld, um Bürgerinnen und Bürger für kleinere Autos oder das Fahrradfahren zu begeistern.«

Die französische Regierung hat über Jahrzehnte das Auto bevorzugt, beispielsweise mit günstigeren Steuern für Diesel und geringerer Mehrwertsteuer für Neuwagen.[33] Nicht nur unter dem Druck des Automobilclubs. Wichtige Lobbyisten sind eben auch Renault-Nissan und Peugeot und die internationale Pariser Erdölfirma Total, der 3500 Tankstellen gehören.[34] Die PKW-Konglomerate Renault-Nissan und der Hersteller Peugeot, der im Winter 2019 mit dem Konzern Fiat Chrysler fusionierte, verkaufen alleine 60 Prozent aller Autos in Frankreich.[35] Sie setzten sich dafür ein, dass in dem Ende 2019 verabschiedeten Gesetz zu »Mobilität« der Termin für das Aus der Diesel und Benziner von 2030 auf 2040 verschoben wurde.[36] Eine Zeitspanne, die viel zu lang ist, um bis 2050 tatsächlich eine karbonfreie Wirtschaft zu etablieren, wie es der Pariser Klimavertrag vorsieht. Schließlich fahren PKW zwischen zehn und zwanzig Jahren. Verschiedene Umweltorganisationen hatten deshalb gefordert, die Sprit- und Dieselautos nur bis 2025 fahren zu lassen.

Die dänische Politikwissenschaftlerin Maja Kluger Rasmussen hat erforscht, was Lobbyisten besonders erfolgreich macht. »Die Automobillobby ist mächtiger als andere Interessensgruppen, weil sie über drei Dinge verfügt: Sie spricht häufig mit einer Stimme – etwa die Automobilindustrie aller europäischen Länder. Diese argumentiert mit ihren Arbeitsplätzen, und sie bringt häufig technisches Detailwissen mit, das die Abgeordneten einfordern. So ging es bei dem CO_2-Limit für Autos lange Zeit um die Frage, wie viel Reifendruck wie viel CO_2 einspart – eine technische Frage, die vom eigentlichen Problem ablenkt, aber den Produzenten das Feld überließ«, so die dänische Forscherin Rasmussen.[37]

Der größte Erfolg der Autolobby sind aber die Gelder, die nicht in das klimafreundliche Zugnetz investiert werden, sondern beispielsweise weiterhin als Subventionen in die geringen Steuern auf Diesel fließen: In den vergangenen fünf Jahren hat die französische Bahngesellschaft SNCF viele Linien eingestellt, beispielsweise die Nachtzüge, die bis 2015 sternförmig von Paris nach Biarritz, Perpignan oder Nizza fuhren und zudem südliche Städte mit Straßburg verbanden.

Wie setzen Peugeot und Renault-Nissan ihre Interessen durch? Zunächst einmal werden sie als »heimische Industrie« traditionell von der Pariser Regierung hofiert. Die Autobauer haben direkten Zugang zu Bercy, dem Finanzministerium an der Pariser Seine. Sie sind dort mehrfach im Jahr für »strategische Runden« zu Gast, bei denen dann beispielsweise die Konstrukteure ihre Investitionen in Elektroautos preisen, ohne zugleich offenzulegen, dass sie ihre Dieselautos – trotz dringender Notwendigkeit – nicht kleiner und umweltfreundlicher gestalten.[38]

Die Bedeutung des Autos wird von der Industrie regelmäßig überhöht, und dieses Narrativ wird von der Politik auf unterschiedliche Weise übernommen. 2,2 Millionen Arbeitsplätze, so schreibt der Branchenverband CCFA in seinem Bericht 2019, seien von der Autoindustrie abhängig.[39] Dazu zählt der Verband auch Fahrschullehrer und Journalisten von Oldtimer-Magazinen. Die ehemalige Verkehrsministerin und heutige Umweltministerin Elisabeth Borne spricht von 700 000 Arbeitsplätzen[40], auf der Internetseite der Regierung ist mal von 400 000,[41] mal von 1,4 Millionen Jobs die Rede, die mit dem Mobilitätssektor zusammenhingen.[42] Die Konfusion ist gewollt: Die Strategie ist, hohe Zahlen zu nennen, um die PKW-Industrie als einen unverzichtbaren Teil des französischen Staates wirken zu lassen.

Mit der seit 2019 amtierenden Umweltministerin Elisabeth Borne haben die Autobauer eine gute Partnerin gewonnen – für ihre eigenen Interessen, nicht für das Allgemeinwohl. »Ein moderner Geländewagen verschmutzt die Umwelt nicht«, sagte die Ingenieurin in einem Radiointerview.[43] Borne hat es auch abgelehnt, Werbung für Autos zu verbieten, wie es Orphelin und einige weitere Abgeordnete für das Mobilitätsgesetz gefordert hatten. Ihre Antwort: »Wir haben eine bessere Lösung gefunden: Wir werden unter die Autowerbung einen Satz schreiben, der die Menschen zu öffentlichen Verkehrsmitteln ermutigt.«

Diejenigen, die sich gegen das allmächtige Auto stemmen, haben es schwer. Anne Hidalgo, sozialistische Bürgermeisterin von Paris, will die Hauptstadt seit Jahren von der Last der PKW befreien. Sie hat beispielsweise Schnellstraßen an der Seine gesperrt und lässt bei jeder Warnung für Feinstaub nur noch diejenigen Autos fahren, die eine grüne Umweltplakette besitzen, also weniger Schadstoffe ausstoßen. Die Autoverbände, sagt sie, hätten sie in ihrem Büro aufgesucht und bedroht. »Sie sagten, wenn du so weitermachst mit deinen Plänen, sorgen wir für deine Niederlage bei den Kommunalwahlen 2020.«

Bis dahin aber dürfen sich die beiden Global Player als Stifter in eine Pariser Universität einkaufen: Renault und Peugeot finanzieren einen Lehrstuhl an der angesehenen École polytechnique – der Universität also, bei der auch Autolobbyist Gerondeau ohnehin seine Klima-Fake-News verbreiten darf.[44] Der Name eines Lehrstuhls: Mobilität und Lebensqualität im urbanen Raum.[45]

Auch an noch sensiblerer Stelle lässt der Staat die Konzernlobbyisten mitentscheiden: Das »interprofessionelle Technikzentrum« Citepa ist ein gemeinnütziger Verein, dem Pariser Umweltministerium[46] unterstellt, der die Menge an klimaschädlichen Gasen in Frankreich misst. Jährlich übergibt der Verein seinen »Inventarbericht« an das Pariser Umweltministerium. Laut Eigenbeschreibung ist er »unparteiisch«. Allerdings sitzen in seinem Verwaltungsrat der Automobilverband CCFA, die französische Union der Petrolindustrie, der Chemieverband, der Düngemittelverband UNIFA.[47] Präsident ist ein ehemaliger Lobbyist des französischen Energieriesen EDF. Jean-Guy Bartaire hat früher bei der Brüsseler Kommission dafür gekämpft, die Richtlinien für Luftschadstoffe für EDF passend zu halten.[48] EDF emittiert über seine 56 Atommeiler und 24 Wärmekraftwerke radioaktive Dämpfe[49], Schwefel- und Stickstoffdioxide und Kohlenstoffdioxid. In einer Hochglanzbroschüre wirbt EDF damit, dass seine Lobbyisten in Brüssel im Jahr 2018 mehr als 200 Mal an Treffen der Europäischen Kommission und ihrer Thinktanks teilgenommen haben – ein Schlüsselthema war auch hier »Luftqualität und Klimawandel«.[50] Jean-Guy Bartaire hatte also damals allen Grund, für möglichst geringe Grenzwerte des Schadstoffausstoßes in Europa zu kämpfen. Warum nun ausgerechnet dieser frühere Lobbyist die Luftqualität misst und über Fahrverbote entscheidet? Die Citepa hat auf keine unserer beiden Mails reagiert.

Klimapopulismus in Großbritannien

Großbritannien war lange Zeit der europäische Klima-Champion: Schon 2008 verabschiedete das Königreich seinen ersten Klimaschutzplan. Aber in dem Land lässt sich wie kaum in einem zweiten europäischen Staat ablesen, wie populistische Medien und Parteien fortschrittliche Gesetze verhindern.

Vom Klimavorbild zum Klimachaoten

Als Großbritannien drei Jahre nach dem Brexit-Votum immer noch nicht wusste, ob und wann das Land aus der Europäischen Union austreten wird, packte Camille Parmesan ihre Koffer. Die Biologin gab ihre Wohnung im südbritischen Plymouth Anfang November 2019 auf und fuhr mit dem vollgepackten Umzugswagen ins südfranzösische Toulouse: Parmesan ist eine der ersten Wissenschaftlerinnen, die Frankreich mit seinem Programm »Make Our Planet Great Again« angeworben hat. Der Name ist eine Anlehnung an den Wahlkampfspruch von US-Präsident Donald Trump »*Make America Great Again*«. Als dieser an die Macht kam und Klimawissenschaftler in den USA um ihre Stelle und Mittel fürchteten, legte Macron das Förderprogramm auf. Inzwischen bewerben sich allerdings nicht nur Wissenschaftler aus den USA, sondern auch aus Großbritannien.

»Die Stimmungsmache und Hetze gegen uns Wissenschaftler ist in den vergangenen Jahren immer schlimmer geworden«, sagt Parmesan in unserem Interview.[1] Parmesan forschte an der Hochschule für Biologie und Marinewissenschaften in Plymouth. Ihre Spezialität: Sie analysiert, wie sich der Klimawandel auf Tiere auswirkt, vor allem auf Schmetterlinge. Dafür ist sie, so schreibt es die nationale französische Forschungsorganisation CNRS, weltweit bekannt.[2] Aber Parmesans Forschung mag noch so anerkannt sein, seit dem Brexit und der Wahl von Trump hat sich für sie alles verändert. Sie bezeichnet sich selbst als einen »Flüchtling der Klimawissenschaft«. »Als die Briten für den Brexit stimmten, habe ich mich erst in den USA beworben. Der Brexit steht für eine Abkapselung von der Welt, das ist das Gegenteil von Wissenschaft. Kurz darauf wurde Trump gewählt – und die Stimmung, das Arbeitsklima für uns Klimaforscher wurde unerträglich. Der Populismus greift um sich.«

Ähnlich wie in den USA haben in Großbritannien populistische Politiker, Medien und Klimawandel-Leugner einen besonders großen Einfluss. Der Brexit wurde auch deshalb mehrheitsfähig, weil die Konservativen mit überhöhten Geldsummen, die angeblich von London nach Brüssel überwiesen würden, Wahlkampf gemacht haben. Dies hat schon 2016 gezeigt[3], wie massiv und erfolgreich die britische Presse Kampagnen fährt – unabhängig vom Wahrheitsgehalt ihrer Berichte und Sendungen. Auch Klimawissenschaftler fielen der Hetze immer wieder zum Opfer.

Dabei hatte Großbritannien zuvor besser als andere europäische Länder seine Emissionen gesenkt, ja das Land galt lange Zeit als Vorbild: Briten verbrauchen mit gut fünf Tonnen CO_2 pro Kopf jährlich nur halb so viel wie Deutsche. Im internationalen Vergleich des Climate Change Performance Index hält sich Großbritannien seit Jahren unter den Top Ten.[4] Schon 2008 verabschiedete das Land seinen Climate Change Act[5] – ein wegweisendes Gesetz, um die Emissionen bis 2050 um 80 Prozent zu senken. Die unter den Brexit-Querelen schließlich ausgeschiedene Premierministerin Theresa May hat als eine ihrer letzten Amtstaten das Ziel auf 100 Prozent hochgeschraubt.

Vorbildlich sind auch die Ausstiegspläne aus der Kohle: Obwohl die Insel im 19. Jahrhundert als eines der ersten Länder komplett von der Kohle abhängig wurde und ihre rasante Industrialisierung auf dem fossilen Brennstoff basierte, will der Staat bis 2025 seine Kohlekraftwerke komplett abschalten. Im Jahr 2017 lag der Anteil an der Stromproduktion dieser klimaschädlichsten Energiequelle laut Erhebungen des Energieministeriums nur noch bei rund zwei Prozent.[6] Fünf Jahre zuvor waren es noch 40 Prozent.[7]

Und im Mai 2019 verkündete der landesweite Stromlieferant Grid stolz: Zwei Wochen lang sei das Land ohne eine einzige Kilowattstunde Kohle ausgekommen – zum allerersten Mal seit mehr als hundert Jahren.[8]

Vielleicht hat Großbritanniens geografische Lage einst dazu geführt, den Klimawandel ernst zu nehmen: Als Insel mit mehr als 12 000 Küstenkilometern ist es vom weltweiten Meeresanstieg besonders betroffen. Als erstes Land in der EU hat es große Flächen an den Atlantik zurückgegeben. So wie in Medmerry, südwestlich von London, das seine ständig zerstörten Deiche aufgegeben und stattdessen dem Meerwasser gestattet hat, inlandig 500 Hektar zu überschwemmen. Die Umweltbehörde der wenig bewohnten Gegend hat sich entschieden, lieber dem Druck des Meeres nachzugeben und eine neue Überflutungszone zu schaffen, als Geld in höhere Deiche zu investieren. Es ist die bisher größte Küstenöffnung Europas.[9]

Allerdings sind die Fortschritte im Klimaschutz sehr wackelig – und viele wurden von der konservativen Regierung der letzten Jahre wieder zurückgenommen: Sie kürzte 2019 finanzielle Hilfen für Solar- und Windenergie. Bis zum April 2019 gab es noch den »*feed-in tariff*« (FIT), eine politische Maßnahme, die wie das deutsche EEG private Haushalte subventionierte, wenn sie Solaranlagen auf dem Dach installierten.[10] Diese Mittel wurden ersatzlos gestrichen. 2019 stürzten dann die Gelder für Solar um dramatische 95 Prozent ab.[11] Ähnlich verhielt es sich mit den Förderungen für Elektroautos: Sie wurden ebenfalls im Herbst 2018 drastisch gekürzt. Und schon 2015 senkte die Londoner Regierung ihre Anforderungen für Hausbauer, es musste weniger isoliert werden.

All diese Rückschritte sind ein Zeichen für die starke Lobby in Großbritannien: Klima-Fortschritte werden durch den Brexit und die häufig ausufernden Kampagnen der britischen Presse gegen eine angebliche »Klimahysterie« gefährdet. Boris Johnsons Kampagnenbus für den Brexit zielte zwar nicht direkt auf den Klimawandel, zeigte aber eindrücklich, wie mit falschen Zahlen Politik gemacht werden kann. Auf dem knallroten Bus stand geschrieben, Großbritannien sende jede Woche 350 Millionen Pfund nach Brüssel – eine falsche Zahl, die die öffentliche Debatte bestimmte und für viele ausschlaggebend war, um für den Brexit zu stimmen. Für seine Lüge musste sich Johnson später sogar vor Gericht wegen »Fehlverhaltens im öffentlichen Amt« verantworten. Er gewann zwar den Prozess,[12] aber dass die Zahl falsch war, ist längst Konsens: Das britische Statistikamt forderte Johnson in einem öffentlichen Brief dazu auf, diesen »Missbrauch von Statistiken« nicht zu wiederholen. Johnsons politischer Agenda hat dieser Brief allerdings wenig entgegengesetzt – der rote Bus mit den falschen Zahlen ist nur eines von vielen Beispielen für den Erfolg von gezielt eingesetzten populistischen Kampagnen. Schließlich gewann Johnson die Parlamentswahl im Dezember 2019 mit absoluter Mehrheit.

Klima-Hetze in den Medien

Auf dieselbe Weise können populistische Medien wie die *Sun* die Meinungen von Bürgern über den Klimawandel beeinflussen. Was für einen starken Effekt das haben kann, wurde zuletzt noch einmal von britischen Forschern bekräftigt: Laut einer Studie von Neil Gavin verstärken Medien nicht nur bestehende Meinungen, was lange Zeit angenommen wurde. Nein, sie können auch neue Überzeugungen schaffen.[13] Wenn jemand also unsicher ist, ob er oder sie an den menschengemachten Klimawandel glaubt, dann kann eine Kampagne die Meinung bestimmen. Indem sie beispielsweise Unsicherheiten schürt, bringt sie Menschen dazu, nicht mehr an den Klimawandel zu glauben. Und weil Menschen beim Klimawandel auf die Berichte darüber in den Medien angewiesen sind – schließlich ist er nicht unmittelbar erfahrbar wie beispielsweise Autoabgase – ist ihr Einfluss hier besonders groß. »Die Bedeutung der Medien für das Thema Klimawandel liegt vor allem darin, (…) das Vertrauen in bisherige Überzeugungen zu zerstören«, heißt es in der Studie.

Den Zweifel am menschengemachten Klimawandel zu schüren, das hat die britische Presse bereits in den vergangenen Jahrzehnten kultiviert. Wer die britischen Medien nach dem vierten Report des IPCC im Winter 2010 gelesen hat, musste den Eindruck bekommen, Klimawissenschaftler seien allesamt unseriös und Umweltorganisationen verbunden. Jeder Fehler der Forscher wurde in wochenlangen Beiträgen diskutiert, beispielsweise der tatsächlich kritikwürdige Zahlendreher über das Abschmelzen der Himalaja-Gletscher: Im IPCC-Report stand, die Gletscher würden 2035 verschwunden sein, statt der damals geltenden Prognose des Jahres 2350. Die *Sunday Times* berichtete darüber in einem Text mit dem alarmierenden Titel »Die Welt wurde über das Schmelzen der Himalaja-Gletscher getäuscht«[14] und suchte anschließend das gesamte, 4000 Seiten starke Dokument nach Fehlern ab. Dem sogenannten Himalaja-Gate folgten weitere in den Medien als »Gates« bezeichnete Fehler – die, so sollten es anschließende Prüfverfahren beweisen, den wissenschaftlichen Konsens keineswegs infrage stellten, sie waren unbedeutend. Und manchmal auch schlicht an den Fakten vorbei. Die *Sunday Times* musste ihre Behauptung, eine Studie über den Klimaschaden im Amazonas-Regenwald sei falsch und die Wissenschaftler »grüne Aktivisten«, in einer Gegendarstellung zurücknehmen.[15] Bedeutsam ist, dass die britische Presse immer nur dann über die Fehler der weltweit forschenden Klimawissenschaftler berichtet, wenn sie die Folgen des Klimawandels *über*schätzt haben. Dass die Mehrzahl der Prognosen immer wieder nach oben korrigiert werden muss, wird hingegen nicht skandalisiert. Denn in Wirklichkeit sind die IPCC-Forscher immer sehr vorsichtig mit ihren Vorhersagen – die meisten von ihnen wurden im Laufe der Jahre nach oben korrigiert: Noch im Sommer 2019 wurde bekannt, dass die alaskischen Gletscher hundert Mal schneller abschmelzen als bislang befürchtet.[16]

Aber die einseitigen Berichte über eine angeblich korrupte Klimawissenschaft, die sich in dem besonders kalten Winter 2010 besonders eindrücklich lasen, haben ihre Spuren hinterlassen – sie sind symptomatisch für die populistische Klimawandel-Beschreibung in Großbritannien. Denn hier haben die Leugner schon immer einen großen Einfluss auf die öffentliche Debatte ausgeübt. Klimawandel-Leugner sind im Land keine kleinen Lichter: Eine ganze Reihe von Lords kämpft seit Jahrzehnten nicht nur für den Austritt aus der EU, sondern auch aus allen internationalen Klimavereinbarungen. Nach dem Brexit soll nun ein Clexit her.

Brexiteers und Klimawandel-Leugner – »a match made in heaven«?

Auch unter den regierenden Konservativen wurde und wird gebremst und geleugnet. Beispielsweise von Lord Peter Lilley. An einem grauen Novembermorgen im Jahr 2018 sitzt der 75-jährige Lord auf einem antiken Sofa in seinem Wohnzimmer. Durch die schweren Vorhänge schimmert das Londoner Schlechtwetter, aber der betagte Politiker hat es gemütlich in seinem dreistöckigen Reihenhaus in Westminster. Sein ganzes Leben lang hat der Lord in der britischen Politik verbracht. Er hat als Minister unter Margaret Thatcher gedient, er war Staatssekretär, Oppositionsführer und immer eine wichtige Figur im erlesenen Kreis der britischen Konservativen. Nun ist er in Rente, aber auf eine Sache ist er besonders stolz: Er hat in seiner Laufbahn gegen sämtliche Klimaschutzgesetze im britischen Parlament gestimmt, sogar gegen den entscheidenden Climate Change Act im Jahr 2008. Lilley sieht sich selbst nicht als Klimawandel-Leugner. Auch in Großbritannien gibt es Parlamentsabgeordnete, die während ihrer Amtstätigkeit noch problematischen Nebenbeschäftigungen nachgehen: Einige von ihnen sind Mitglieder im Klimawandel-Leugner-Thinktank Global Warming Policy Foundation (GWPF), der seinen Sitz in London hat. In seinem

Board of Trustees sitzt eine Reihe hochrangiger ehemaliger und amtierender Politiker und Berater. Ein Interview lehnt die GWPF ab, bei einem Telefonanruf legt ein Mitarbeiter mitten im Gespräch einfach auf. Nur Board-Mitglied Peter Lilley antwortet. Lilley ist ehemaliger Parlamentsabgeordneter der Torys, Mitglied des House of Lords und lädt in sein Londoner Privathaus in Westminster ein. Der vornehme ältere Herr bezeichnet sich selbst als »*Lukewarmist*«: Er leugnet weder den Klimawandel noch den Zusammenhang von Treibhauseffekt und CO_2. Allerdings hält er das alles nicht für schlimm: Es werde Hunderte Jahre dauern, bis die Menschheit die Folgen spüre. Ergo: Klimaschutz sei überflüssig. Er sei immer in der Minderheit gegen die »Moralapostel« gewesen, klagt der grauhaarige Lord in seinem Wohnzimmer mit den schweren Vorhängen und dem Sofa mit Goldrand. Aber jetzt sieht er seine Positionen im Aufwind: »Der Klimakonsens wird langsam bröckeln, weil diese Ziele nur mit enormen wirtschaftlichen Einbußen zu erreichen sind, die niemand politisch verantworten kann«, glaubt er. Bisher hätten die Politiker viel versprochen, aber nichts halten müssen. »Sobald es ernst wird, werden sie einen Rückzieher machen«, davon ist Lilley überzeugt. In diesem Punkt hat der Lord recht: Nach jetziger Lage wird kein europäisches Land genug CO_2 einsparen, um das 1,5-Grad-Ziel zu erreichen. Auch selbst gesteckte Ziele haben Länder wie Deutschland bereits verfehlt. Nach dieser politischen Niederlage haben Leugner und Bremser leichtes Spiel. Der Klimaschutz ist für den britischen Konservativen eine globale Verschwörung, um Steuerzahlern das Geld aus der Tasche zu ziehen, grüne Lobbys zu finanzieren und Universitäten Fördergelder für zweifelhafte Projekte zu geben.

Lord Peter Lilley ist insofern ein »Klassiker« unter den Vertretern der Klimaschmutzlobby: Seine jahrelange Arbeit für die Ölindustrie[17] brachte ihm laut Medienangaben[18] eine Vergütung von mindestens einer halben Million britischen Pfund. Wie so viele seiner Art ist er ein älterer Mann, der sein Rentenalter unter anderem damit verbringt, in dem klimawandelskeptischen Londoner Thinktank GWPF zusammen mit anderen betagten (und, bis auf eine Frau, männlichen) Politikern und Wirtschaftsvertretern in den »Widerstand« gegen die globale »Klimaschutzverschwörung« zu ziehen.

Die aktiven Leugner in der konservativen Partei werden im Zuge des Brexits wieder einflussreicher: Der EU-Ausstieg als populistisches Projekt ist mit dem populistischen Projekt, den Klimawandel zu leugnen, eng verbunden. Die bereits genannte GWPF wurde kurz vor dem Klimagipfel in Kopenhagen 2009 gegründet, um, wie ihre Anhänger sagen, die »extrem schädliche Klimaschutzpolitik zu beenden«.[19] Mitglieder der GWPF spenden auch laut einer Analyse von britischen Enthüllungsjournalisten regelmäßig größere Summen an die Konservativen.[20] Mitglied in der GWPF ist auch der deutsche Professor Fritz Vahrenholt[21] – ein bekannter Klimawandel-Skeptiker in der SPD.

Die populistischen Kreise in Großbritannien liegen zumindest örtlich schon einmal nicht weit auseinander: Die Brexiteers und die Leugner residieren am selben Bürostandort, in den Backsteinhäusern der Tufton Street 55 in London. Dort hat die GWPF ihren Sitz,[22] aber auch viele neoliberale Organisationen wie die Steuerzahler-Vereinigung (TaxPayers' Alliance)[23] oder Business for Britain.[24] Beide Vereinigungen kämpfen für einen Staat, der sich nicht in die Wirtschaft einmischt und auch keine Gesetze oder Auflagen zum Schutz der Umwelt erlässt.[25]

Gleich nebenan, in der Tufton Street 57, sitzt die Initiative für freien Handel (Initiative for free trade – IFT) – ein neoliberales Institut. Es vertritt die These: Freie Märkte sind nicht nur ein Mittel, um günstig iPhones zu kaufen, sondern auch der einzige Weg, um die weltweite Armut zu bekämpfen. Umweltprobleme entstünden, wenn der Handel neue Technologien nicht schnell und grenzenlos transportieren könne. In der IFT konzentriert sich die neoliberale, konservative Bewegung in Großbritannien. Einer der Gründer der IFT: Boris Johnson.[26] In der Geschäftsführung: der Klimaschmutzlobbyist Lord Lilley. Ihr Vorsitzender: Daniel Hannan.[27]

Hannan ist ein Leugner und Hardliner unter den Brexiteers, ein britischer Konservativer, dem es mit dem Brexit gar nicht schnell und hart genug gehen konnte. Sein Twitter-Konto schmückt ein Bild der »Eisernen Lady« Margaret Thatcher[28] – mit 140 000 Followern ist er in dem sozialen Netzwerk ein echter Meinungsbilder. Hannan organisiert in Brüssel den europaweiten Verband der europäischen Konservativen ACRE. Als solcher tritt er auf dem »Blue-Green Summit« auf, dem jährlichen Gipfel von konservativen Politikern, und tätigt Aussagen wie diese: »Nehmen wir an, was der Konsens zu sein scheint, dass sich die Welt zum Teil aufgrund menschlicher Aktivitäten erwärmt. Und die besondere Frage ist, wie viel Geld wir ausgeben, um den Temperaturanstieg ein wenig abzumildern, oder ob wir nicht eher in die Anpassung investieren, mit einem Bruchteil der Geldsumme. (…) Ich schaue mich um und sehe, dass in Helsinki die Durchschnittstemperatur bei etwa fünf Grad liegt, in Athen bei etwa 21 Grad, in Rio bei etwa 35 Grad – große Bevölkerungsgruppen können alle damit umgehen. Ich denke, wir können uns vielleicht anpassen.«[29] Die Botschaft: Wir können weiter fossile Ressourcen verbrennen, und der Staat könne hier und da für die Folgen des Klimawandels geradestehen. Dass die Kosten für die Anpassung extrem steigen würden, wenn die fossile Verbrennung nicht gestoppt werden sollte, unterschlägt Hannan. Allein die Folgen von Wetterextremen oder die Sicherung der Küsten vor einem steigenden Meeresspiegel gehen in den nächsten Jahrzehnten in die Billionen[30], wie Ökonomen längst nachgewiesen haben. Der Stern-Report des ehemaligen Weltbank-Chefökonomen Nicholas Stern schätzt, dass die Klimawandelfolgekosten bei einem »Weiter so« bald bis zu fünf Prozent des globalen Bruttoinlandsproduktes betragen könnten – und zwar jedes Jahr und ohne absehbares Ende.[31]

Den Report seines britischen Landsmannes hat der Konservative Daniel Hannan wohl nicht gelesen. Oder ignoriert. Dabei ist Hannan einer der bestvernetzten britischen Politiker, und daher ist sein Einfluss auf die Klimadebatte groß: Der Endvierziger ist redegewandt und wortgewaltig. Er schreibt Kolumnen für zahlreiche Zeitungen, von der *Daily Mail* bis zum *Wall Street Journal*, und gibt die Zeitschrift *The Conservative* heraus.[32]

Hannan hat auch gute Kontakte – nicht nur zu ACRE: So flog 2018 auf, dass Hannans Freihandelskampagne von US-Thinktanks wie Heritage und Cato finanziert wurde.[33] Cato wiederum erhielt Geld von den amerikanischen Koch-Brüdern (die ein Imperium aus Petrol und Chemie führen), Google und Facebook.[34]

Im Frühling 2017 konnte Daniel Hannan sogar nach Miami reisen. Grund war die erste Konferenz der von ACRE gegründeten Organisation Conservatives International, die aus 327 Thinktanks, 73 politischen Parteien und 36 Unternehmen besteht. US-Riesen wie die Heritage Foundation, das Atlas-Netzwerk oder das ebenfalls von Koch und Exxon gesponserte Competitive Enterprise Institute unterstützten dieses Event.[35] Auch hier zeigt sich wieder: Konservative Klimaschutz-Bremser und vermögende Klimawandel-Leugner vernetzen sich weltweit. Inzwischen wurde Hannan von der Europäischen Union für seine teuren Konferenzen »ohne Bezug zur europäischen Politik« gerügt. Offenbar hat die EU Hannans konservative Konferenzen mitfinanziert. Hannan soll nun über eine halbe Million Euro zurückzahlen.[36]

Zum Entstehungszeitpunkt dieses Buches im Herbst 2019 ist schon zu erahnen, wie sich der Brexit und auch die im Dezember 2019 neu gewählte, konservative Regierung auf den Klimaschutz auf der Insel auswirken werden. Die Anti-Europa-Partei UKIP und die Konservativen unter Brexiteer Boris Johnson sind sich inhaltlich beim Klimaschutz nahe: Keine von beiden Parteien will sich dafür ins Zeug legen. Johnson hatte schon als Außenminister keine Ambitionen, notwendige Gesetze zu veranlassen. Der frühere Chefwissenschaftler der britischen Regierung, David Kings, klagte in der englischen Tageszeitung *Guardian*, Johnson sei eine Gefahr für den Klimaschutz.[37] Tatsächlich hatte Johnson noch 2013 den Klimawandel geleugnet. Damals schrieb er eine Kolumne. An einem Wintertag in London, der von heftigem Schneefall begleitet wurde, behauptete er, es gebe keine »Evidenz« für den Klimawandel und dass der Mensch sich überschätze, wenn er glaube, den Lauf der Welt beeinflussen zu können.[38] Im vergangenen Jahr nun lobte er die Klimabewegung

Extinction Rebellion, sagte aber auch wie viele Bremser, sie sollte lieber in China demonstrieren.[39]

Fest steht: Allein die endlosen Diskussionen auf EU-Gipfeln über den britischen Ausstieg haben den Klimaschutz in ganz Europa gebremst. Die Klimadiskussionen wurden mehrfach vertagt, um über das x-te Brexit-Angebot von Johnson und seiner Vorgängerin zu diskutieren.[40] Die nach Frankreich ausgewanderte Biologin Parmesan ist überzeugt: »Solange die Populisten in Großbritannien das Sagen haben, hat der Klimaschutz keine Chance. Und das wird, leider, noch einige Jahre andauern.«

Kohlelobby und Klimaschutz-Bremser in Osteuropa

Unsere osteuropäischen Nachbarn sind erst 2004 zur Europäischen Union dazugekommen. Sie haben ein besonders schwieriges fossiles Erbe: Viele der Volkswirtschaften des ehemaligen Sowjetblocks funktionieren nur dank veralteter Energietechnologien wie besonders schmutziger Kohlekraftwerke und alter Industriestandorte. Stärker als die westlichen EU-Staaten kämpfen sie mit Korruption, niedrigen Einkommen und einer jungen Zivilgesellschaft und Demokratie, die sich erst noch bewähren muss. Viele dieser Länder blockieren im EU-Parlament und im Ministerrat wichtige Klimaschutzvorhaben. Wir haben zwei Länder besonders in den Blick genommen: Polen und Tschechien. Beide Länder haben eine mächtige rechtspopulistische und im Falle von Tschechien eine neoliberale Elite, die seit Jahren an der Macht ist und für die Klimaschutz ein Diktat aus Brüssel ist, das sie nur wider Willen akzeptiert und immer wieder sabotiert. Die Interessenverstrickung von Politik, Unternehmen und Medien ist erschreckend, und ihr Einfluss reicht bis nach Deutschland.

Kohlegiganten in Polen

Der größte Klima-Verschmutzer Europas ist schon aus 30 Kilometern Entfernung zu sehen. Man erkennt ihn an den weißen Qualmsäulen, die ohne Unterlass in den stahlblauen Abendhimmel aufsteigen. Die Schornsteine des größten Braunkohlekraftwerks der Welt[1] ragen 300 Meter hoch aus der Landschaft. Sie sind damit fast so hoch wie der Eiffelturm. Die grauen Kühltürme daneben kommen allein im Durchmesser auf bis zu 115 Meter.[2] Das Kraftwerk im polnischen Bełchatów ist ein Riese unter den Kohlekraftwerken. Pro Jahr rollen 45 Millionen Tonnen Braunkohle von den umliegenden Tagebauen auf den Förderbändern in die Brennkammern. So gelangen zwischen 30 und 40 Millionen Tonnen des klimaschädlichen CO_2 in die Atmosphäre.[3] Damit stößt das Werk allein jährlich mehr Treibhausgase aus als ganze Länder wie die Slowakei oder Irland.

Mit dem Auto sind es von der deutschen Grenze gute fünf Stunden durch das schlesische Kohlegebiet bis nach Bełchatów. Die 60 000-Seelen-Gemeinde ist eine typisch polnische Kleinstadt: Zwischen verfallenen Bauernhäuschen stehen kantige Neubauten und Gewerbebauten mit großen Werbetafeln. Schon beim Aussteigen kriecht uns der Kohlemief in die Nase. Der kommt von den vielen Kohleöfen, mit denen der überwiegende Teil der polnischen Bevölkerung in den strengen Wintern noch heizt. Doch der Ofenmief ist vielleicht das geringste Problem, das die Leute in Bełchatów haben. Gut zehn Kilometer vor der Stadt steht der Braunkohlekoloss, seine Schlote sind von überall zu sehen – wie eine Art Stadtkompass. Umweltschützer behaupten, dass das Kraftwerk nicht nur ein Klimakiller sei, sondern auch krank mache. Die Quecksilber- und Bleiemissionen sowie Schwefeldioxide und Stickoxide sollen für Hunderte verfrühte Todesfälle pro Jahr verantwortlich sein und Krankheiten wie Bronchitis fördern.[4] In einem schmucklosen Büro an einem langen Holztisch empfängt uns Jakub Berłowski, der stellvertretende Stadtplaner der Gemeinde Bełchatów. Er weiß angeblich nichts von den Gesundheitsrisiken des Kohlekraftwerks. Dafür betont er, wie wichtig das Werk für Bełchatów sei. »Hier hängt die Mehrheit der Arbeitsplätze an dem Kohlekraftwerk. Bevor es gebaut wurde, hatten wir hier knapp 20 000 Einwohner, heute haben wir das Dreifache«, so Berłowski. Was die Gemeinde von Klimaschutz halte, fragen wir. »Viel«, antwortet der Stadtplaner mit einem eindringlichen Nicken und einem etwas nervösen Blick. »Wir haben hier einen kostenlosen öffentlichen Nahverkehr und viele Grünanlagen. Die Gemeinde versucht sehr viel, um Bełchatów klimafreundlich zu machen.« Damit meint Berłowski natürlich die Stadt. Nicht das Kraftwerk. Das nämlich sei Sache des Betreibers. Und das ist der polnische Staat. Der ist der größte Beschützer der Kohle und gibt laut Subventionsberichten über 900 Millionen Euro pro Jahr für Bergbau und Kohleverstromung aus.[5] Polen und Deutschland zusammen produzieren die Hälfte aller Kohleemissionen in der EU – und sind auch die größten Geldgeber. Das Land östlich der Oder hat nur die Hälfte der Einwohner Deutschlands, knapp 40 Millionen. Zwei Weltkriege und 40 Jahre Sowjetsozialismus haben dem Land zugesetzt: Gerade in kleineren Städten und auf dem Land ist dieses Erbe nicht zu übersehen. Die Durchschnittsgehälter liegen immer noch weit unter denen in Deutschland, dennoch konnte die Zahl armutsgefährdeter Menschen in den vergangenen Jahren – jedenfalls laut einiger Statistiken – drastisch reduziert werden.[6] Polen verzeichnet, wie viele osteuropäische Länder, ein jährliches Wirtschaftswachstum von rund fünf Prozent.[7] Für den Aufbau des Landes brauche man die Kohle, so die Argumentation.

Kohle ist in Polen nicht nur eine Energiequelle. Die Kohlelobby hat es geschafft, sich als Wohlstandsbringer zu inszenieren. Ohne die Kohle, so geht die polnische Erzählung, ist alles verloren, und der schwer erarbeitete Lebensstandard löst sich in Wohlgefallen auf.

Zu Beginn des Schuljahres 2019 gab der staatliche Kohlebetreiber PGE in Bełchatów 478 Schultüten an Erstklässler der anliegenden Ortschaften aus.[8] Die Kleinen und ihre Eltern posierten brav für die Fotos des Kohlekonzerns. »Seit vielen Jahren engagiert sich PGE GiEK für soziale und wohltätige Zwecke sowie als Sponsor von Initiativen für lokale Gemeinschaften«, preist sich der Kohlekonzern.[9] Ob sich die Gemeinde eine Zukunft ohne Kohle vorstellen kann, fragen wir. Schließlich will die EU ja bis spätestens 2050 klimaneutral werden. Schulterzucken. Dann schaltet sich ein Kollege von Berłowski ins Gespräch ein. Er heißt Artur Kurzeja und ist Stadtsekretär, eine Art Verwaltungsbeamter von Bełchatów. Kurzeja hält es nicht für ratsam, dass gerade Polen aus der Kohle raussoll, wo doch andere Länder in Asien viel mehr Emissionen ausstoßen würden. Der Beamte fragt ketzerisch, ob wir denn wirklich daran glauben würden, dass der deutsche Kohleausstieg ernst gemeint sei. In Bełchatów plane man derzeit die neuen Tagebaue für die Zeit nach 2030. Auch dafür müssten wieder Dörfer aufgelöst werden. Der Stadtsekretär Kurzeja, ein älterer Herr mit blauem Sakko, kommt selbst aus einem Dorf, das vom Betreiber PGE für die Braunkohle abgebaggert wurde. »Der Boden war ohnehin sandig und ungeeignet für die Landwirtschaft«, erklärt Kurzeja. Sie hätten einfach einen neuen Bauernhof gekauft, ein paar Kilometer vor Bełchatów. Auch zu deutschen Kohlefans hat die Gemeinde anscheinend gute Beziehungen: »Neulich hatten wir eine Gemeinde aus Sachsen-Anhalt zu Besuch und haben ihnen gezeigt, wie nachhaltig man Braunkohle gewinnen kann«, erzählt der Stadtsekretär stolz. Die Gäste seien von der Modernität des Tagebaus »sehr beeindruckt gewesen«. Als wir fragen, was die Gemeinde darüber denkt, dass die britische Umwelt-NGO Client Earth[10] den staatlichen Betreiber des Kraftwerkes verklagt, zucken beide Gemeindemitglieder nur mit den Schultern. Dazu habe man keine Meinung.

Trotz aller Klimaschutzbekundungen der Gemeinde können sich die beiden Verwalter ein Leben nach der Kohle nicht vorstellen. Der Stadtplaner erzählt noch etwas von Tourismus, den man hier fördern wolle. Beispielsweise Skipisten auf Abraumhalden. Mehr Ideen gibt es erst mal nicht. Alles scheint noch sehr vage zu sein.

Fossile Konzerne sponsern Klimagipfel

Wie Kohle und Klimaschutz zusammengehen, erleben wir auch in einer anderen Stadt: Rund 150 Kilometer südlich vom Kohleort Bełchatów liegt Katowice. Dort fand die UN-Klimakonferenz 2018 statt. Dazu reisten 20 000 Diplomaten, Politiker und Journalisten aus aller Welt an. Dreimal fand die UN-Klimakonferenz bereits in Polen statt – und noch immer ist Polen ein Kohleland. Bei der 24. Klimakonferenz, der COP24 im Jahr 2018, war dieses Paradoxon besonders offensichtlich: So sponserten die polnischen Kohlekonzerne PGE, Tauron, JSW und der Gaskonzern PGNiG die UN-Konferenz. Das ist etwa so, als würde man einen Nichtrauchergipfel von Philip Morris sponsern lassen. Die Konferenz selbst fand in einem ehemaligen Bergwerk statt. Kohle gehört zum Klimaschutz dazu – das jedenfalls wollten die Kohlekonzerne des Landes den COP24-Besuchern weismachen: Mit besseren Filteranlagen oder CO_2-Endlagern im Untergrund – so geht saubere Kohle.[11] Die sogenannte CCS-Technologie, bei der die CO_2-Emissionen der Kohleverbrennung unterirdisch gespeichert statt in die Luft geblasen werden, unterstützte auf dem Gipfel dann auch die US-Regierung, die ein historisch gutes Verhältnis mit Polen pflegt.[12] Dabei stellte der Europäische Rechnungshof der Technologie schon 2018 ein katastrophales Zeugnis aus: Über 400 Millionen Euro waren in sechs Testprojekte geflossen, davon auch eines in Polen.[13] »Keines der Projekte hat es geschafft, CCS in der EU einzusetzen«, bilanziert der Bericht.[14] In Polen wurde das Projekt am Kraftwerk Bełchatów sogar bereits 2013 »gecancelt«.[15]

Polnische Gewerkschaften kooperieren mit Leugner-Thinktanks

Auch in der polnischen Kreisstadt Katowice ist die Kohle omnipräsent. Bei einem winterlichen Spaziergang steigt dem Besucher hier der Kohlegeruch in die Nase. Katowice gehört zu den 50 dreckigsten Städten der Welt.[16] Die Europäische Umweltagentur schätzt, dass in Polen jedes Jahr 43 000 Menschen verfrüht sterben, weil der Anteil von Feinstaub- und Stickstoffdioxid in der Luft viel zu hoch ist.[17] Im Zentrum der Kreisstadt Katowice stehen heute noch die eisernen Fördertürme und erinnern an die einstigen Gruben. Früher arbeiteten Hunderttausende Kumpel in Katowice und Umgebung. Heute ist nur noch gut ein Viertel davon in der Kohle beschäftigt. Einer, der noch selbst unter Tage schuftete, ist Jarosław Grzesik. Auch Vater und Großvater des heutigen Gewerkschaftsfunktionärs fuhren in die Grube. Doch seit 20 Jahren sitzt der stämmige Bergmann mit den muskulösen Armen nun am Schreibtisch und kämpft für die Rechte seiner Kumpels – und das Überleben der polnischen Kohle. Er ist stolzer-Solidarność-Gewerkschaftler. Solidarność genießt in Polen und Europa einen guten Ruf, weil sie in den 1980er-Jahren aus einer Streikbewegung gegen die sozialistische Staatsmacht und die sowjetische Einflussnahme entstand, an der sich auch viele Intellektuelle, Regimekritiker, aber auch die katholische Kirche beteiligten. Im Büro von Grzesik hängen Heiligenbilder neben vergoldeten Bergbauhämmern. Es liegt ein paar Querstraßen von dem Konferenzort entfernt, wo sich zwölf Monate zuvor noch Zehntausende Klimadiplomaten getroffen haben. »Wenn hier die Kohle abgeschaltet wird, gibt es soziale Aufstände«, erklärt Grzesik. Ein Ende der Kohle kann und will er sich nicht vorstellen. Auch von Lösungen wie CCS hält er nichts. Das habe alles keinen Sinn: »Warum sollen wir überhaupt aufhören mit der Kohle? Der Mensch ist schließlich nur für 1,5 Prozent der Erderwärmung verantwortlich«, meint der Solidarność-Vertreter und schaut uns an, als hätte er eine große Wahrheit ausgesprochen. Eine Quelle gibt er nicht an, aber er erklärt ganz offen, wer seine Ideengeber sind: Seine Gewerkschaft kooperiert mit dem größten US-Klimawandel-Leugner-Thinktank, dem Heartland Institute. Die hätten auf Basis der »Daten des IPCC bewiesen«, dass der Mensch nicht für die Erderwärmung verantwortlich sei, erklärt uns Grzesik.[18] Während Grzesik den Thinktank für absolut vertrauenswürdig hält, ist er der Meinung, die Europäische Kommission werde ganz Polen mit ihrer Klimapolitik ins Unglück stürzen.

Die Kooperation zwischen den US-Klimawandel-Leugnern und der polnischen Gewerkschaft ist noch recht frisch: Zeitgleich zur Klimakonferenz COP24 luden die Chefs des Heartland Institute in Katowice zusammen mit ihrem deutschen Pendant, dem Europäischen Institut für Klima und Energie (EIKE), in ein Viersternehotel ein, um über die angeblichen Lügen des UNO-Klimarates IPCC zu sprechen. Auch EIKEs Vizechef und AfD-Mann Michael Limburg war dabei. In der Kooperationsvereinbarung fordern die Unterzeichner »die Wiederherstellung der wissenschaftlichen Methodik und die Eliminierung ideologischer Dogmen der UN«.[19] Schon auf der »Social Pre-COP« wenige Monate vor dem UN-Klimagipfel luden die drei größten Gewerkschaften des Landes, Solidarność, OPZZ und FZZ, zu einer Veranstaltung, auf der der US-amerikanische Klimawandel-Leugner William Happer sprach. Der US-Amerikaner war bis September 2019 ein Berater von US-Präsident Donald Trump und ist ehemaliger Leiter des Thinktanks CO_2-Coalition.[20] Außerdem ist er Mitglied des globalen Netzwerkes Clexit, einer Gruppe von Klimawandel-Leugnern, die für den Austritt aller Staaten aus dem Klimaabkommen eintritt. Erstaunlicher ist jedoch, dass die Veranstaltung unter der Schirmherrschaft des polnischen Präsidenten Andrzej Duda stand.[21] Der erklärte noch kurz vor dem Gipfel kampfbereit Richtung EU-Kommission: »Niemals werde ich dem zustimmen, dass uns durch irgendwelche EU-Rechtsvorschriften die Kohle weggenommen wird.«[22] Auch nach der COP24 geht es weiter mit der USA-Polen-Connection: Im Juni 2019 ist Heartland-Senior-Fellow James Taylor von der Gewerkschaft Solidarność eingeladen, um auf einer Veranstaltung zu sprechen,[23] und wenige Wochen später wird der Solidarność-Chef in Schlesien,[24] Dominik Kolorz, live in der Klimakonferenz des Heartland Institute zugeschaltet.[25]

Klimapolitik in Osteuropa: Bremsen statt Leugnen

Während sich Gewerkschaften wie Solidarność seit 2018 offensichtlich in das Feld der Klimawandel-Leugner geschlagen haben, ist die Position der rechtspopulistischen PiS-Partei (Prawo i Sprawiedliwość/Recht und Gerechtigkeit) nicht so eindeutig. Sie regiert seit 2015 allein und konnte 2019 sogar noch Stimmen hinzugewinnen. Zu ihr passt die paradoxe Situation, die sich auf der Klimakonferenz in Katowice bot: das Hochhalten der Kohle und eine Pro-Klimaschutz-Rhetorik. Für Parteien wie die PiS ist das kein Widerspruch. Einige Politiker der Partei, wie ihr Vorsitzender Jarosław Kaczyński, bezweifelten in der Vergangenheit den Zusammenhang von CO_2 und Erderwärmung[26], jedoch sind ihre Aussagen allgemein widersprüchlich, und im Parteiprogramm – im Gegensatz zu Parteien wie der AfD – tauchen die Thesen auch nicht auf. Das ist symptomatisch für den Osten der EU: Rechtspopulistische Parteien in Tschechien, der Slowakei und Polen sind an sich keine Klimawandel-Leugner-Parteien, so erklären es die Autoren der Adelphi-Studie zu Rechtspopulisten und Klimawandel-Leugnern in Europa.[27] Sie seien eher »unbeteiligt«, leugnen den menschengemachten Klimawandel nicht in ihrem Parteiprogramm. Gleichzeitig bremsen sie aber Klimaschutzgesetze und wollen sich von der EU nicht »reinreden« lassen. Zum Beispiel die tschechische rechtspopulistische Partei SPD von Tomio Okamura (Svoboda a přímá demokracie/Freiheit und direkte Demokratie): Sie macht in Tschechien gegen Erneuerbare Energien und Klimaschutz mobil, konnte bei den letzten Wahlen 2017 auf zehn Prozent zulegen und ist nun eine wichtige Stimme der Opposition. Auch hier äußern sich einige Parteimitglieder abfällig über die Klimawissenschaft, jedoch wird der menschengemachte Klimawandel offiziell nicht geleugnet.[28] Die Partei versucht es wie die polnische PiS mit einer strikten Anti-Erneuerbare-Politik. Keine Klimawandelleugnung, aber klare Kante zeigen gegen Erneuerbare Energien und Klimaschutzinstrumente wie den Emissionshandel – das ist auch das Programm der polnischen Regierungspartei PiS. Noch 2018 versuchte die polnische Regierung, die sogenannte Marktstabilitätsreserve zu stoppen. Damit verknappten die EU-Länder die Emissionszertifikate, um den CO_2-Preis anzuheben. Jahrelang gab es ein Überangebot an Zertifikaten, und der Preis war sehr niedrig. Der Anstieg um fast zehn Euro pro Tonne innerhalb weniger Monate trifft die polnische Kohlebranche empfindlich.[29] Denn auch diese muss Zertifikate für ihre hohen Emissionen zukaufen. Die PiS-Partei bremste auch die meisten Klimaschutzvorschläge im Europäischen Parlament.[30] Anträge zur Umwelt- und Klimapolitik wurden von Abgeordneten der PiS in der Mehrheit abgeschmettert.[31] Auf dem EU-Gipfel im Dezember 2019 boykottierte das Land abermals das Ziel der Union, bis 2050 klimaneutral zu werden.[32] Ministerpräsident Mateusz Morawiecki schlug sogar vor, dass sein Land erst 2070 klimaneutral werden solle. Für Polen gilt nun eine Sonderregelung, weil das Land darauf bestand, das Ziel in seinem »eigenen Tempo« zu erreichen. Bereits wenige Monate zuvor hatte eine Mehrheit der EU-Staaten vergeblich versucht, das 2050-Klimaschutzziel festzuschreiben.[33] Damals blockierten neben Polen auch andere osteuropäische Staaten wie Tschechien und Ungarn das Vorhaben. Trotzdem einigten sich die Verantwortlichen darauf, Kohlesubventionen in der EU ab 2025 zu verbieten. Polen konnte eine Ausnahmeregelung durchsetzen und darf seine bereits genehmigten Kraftwerke weiter mit Staatsgeld unterstützen.[34] Eine Lizenz zum Weiterverschmutzen, kritisierten Umweltschützer.

Doch PiS-Politiker tun mehr, als ambitionierte Klimaziele im EU-Rat zu verhindern oder für saubere Kohle zu lobbyieren. So ist der polnische EU-Abgeordnete Tomasz Poręba (PiS) auch Vorsitzender der konservativen New Direction Foundation – eines Thinktanks, in dem sich seit Jahren EU-Gegner, Marktradikale und Klimaschutz-Kritiker zusammenfinden und der 2009 von Margaret Thatcher gegründet wurde.[35] Die New Direction Foundation organisierte in der Vergangenheit unter anderem Treffen mit Klimawandel-Leugnern und propagiert marktbasierte Instrumente (solange sie den CO_2-Preis nicht zu hoch treiben) sowie technologische Lösungen für den Erhalt von fossilen Energien wie CCS. Auf unsere Anfragen reagierte Tomasz Poręba nicht. Auch die New Direction Foundation hüllte sich in einen Mantel des Schweigens. Mit der Presse will sie offenbar nichts zu tun haben.

Tschechische Klimawandel-Leugner und die Heartland-Connection

Einer der bekanntesten Klimawandel-Leugner Osteuropas ist Václav Klaus, Ex-Präsident Tschechiens und Vorkämpfer einer neoliberalen Wirtschaftsordnung. Eine Art Trump Osteuropas. Václav Klaus ist auch ein gern gesehener Gast des US-Klimawandel-Leugner-Thinktanks Heartland Institute, das ihn auf seiner Seite listet.[36] Klaus zog mit seinen Klimawandel-Leugner-Thesen sogar offensiv in den Wahlkampf und schrieb Bücher mit Titeln wie *Blauer Planet in grünen Fesseln*.[37] Die russische Übersetzung des Buches sei angeblich vom russischen Mineralölkonzern Lukoil und die englische Version vom Competitive Enterprise Institute gesponsert worden, berichtet der Prager Autor Petr Vidomus, der zur tschechischen Klimawandel-Leugner-Szene recherchiert hat.[38] Überprüfen konnten wir diese Vermutung nicht. Vidomus meint allerdings: »Klaus leugnet schon seit den 1990ern den Klimawandel, weil er das immer als eine linke Attacke auf sein Konzept einer neoliberalen Transformation der tschechischen Gesellschaft ansah.«

Der Ex-Präsident ist seit dem Ende seines Mandats in dem nach ihm benannten Václav-Klaus-Institut aktiv, einem Thinktank, der finanziell von dem tschechischen Milliardär Petr Kellner unterstützt wird.[39] Kellner verdient sein Geld mit der PPF-Holding, einer Unternehmensgruppe, die in den Niederlanden registriert ist. Im Jahresbericht der PPF schreibt der Milliardär: »Für meine Generation zählen Freiheit, Fleiß und Unternehmergeist sowie der Respekt vor Traditionen. (…) Heute ist die westliche Gesellschaft und Europa immer mehr von Ideologien wie Individualismus, Egalitarismus und der Relativierung von traditionellen Werten gezeichnet.«[40] Ob sich der Milliardär nun mit den Klimawandel-Leugner-Thesen von Klaus wirklich identifiziert, ist ungewiss. Deutlich wird jedoch, dass für Kellner die Unternehmerfreiheit ganz oben steht. Damit gehört er zu jenen Kräften Osteuropas, die sich im Geiste des Anti-Kommunismus vor allem stark konservativen Werten und der neoliberalen, marktfreundlichen Denkschule verschrieben haben. Klimawandel-Leugner oder nicht – klar ist, dass Klimaschutz dem Geschäftsmodell von Kellner schadet. Seine PPF investiert auch in die Kohle.

Die Tochter des PPF-Milliardärs und Klaus-Unterstützers ist mit dem tschechischen Unternehmer Daniel Křetínský verheiratet.[41] Der wiederum ist Gründer des Kohleunternehmens Energetický a Průmyslový Holding (EPH). Umweltorganisationen bezeichnen EPH als zweitgrößten Klimasünder Europas.[42] Und er ist auch in Deutschland aktiv: Der Konzern betreibt zusammen mit Kellners Holding PPF die Lausitzer Braunkohlegesellschaft Leag. Die Unternehmer übernahmen 2015 den Betrieb von der schwedischen Firma Vattenfall. Doch auch der Kohleboss Křetínský ist nicht nur im Energiegeschäft. Er beeinflusst die öffentliche Meinung in Tschechien: Er ist Mitinhaber des Medienunternehmens Czech News Center und gibt damit die zweitgrößte Tageszeitung des Landes heraus (*Blesk*, Auflage 200 000).[43] Dort erscheinen immer wieder kritische Beiträge gegen die »Fridays-for-Future«-Bewegung oder Klimaschutzmaßnahmen wie eine Fleischsteuer, gleichzeitig werden Lobreden auf technische Lösungen der Klimakrise gehalten oder Klimaaktivisten mit marxistischen Bewegungen gleichgesetzt.[44]

Ministerpräsident von Tschechien ist seit 2017 der Milliardär Andrej Babiš. Seine Partei ANO wurde bei den letzten Parlamentswahlen die stärkste Partei. Der Agrochemie- und Medienunternehmer ist neu in der politischen Landschaft – einige Beobachter vergleichen ihn mit Silvio Berlusconi in Italien.[45] Zu seinen Unternehmen zählen unter anderem Stickstoffdünger- und Chemieproduzenten sowie Medienverlage – subsumiert unter dem Dach der 1993 gegründeten Aktiengesellschaft Agrofert.[46] Dazu zählen auch große tschechische Zeitungen. Mittlerweile hat der Präsident die Holding in Treuhandfonds umgewandelt, die von ihm ausgesuchte Vorstände kontrollieren. Trotzdem steht der Korruptionsvorwurf im Raum:[47] Sein Konzern Agrofert profitierte jahrelang von Brüssel. Laut Medienberichten erhielten die Unternehmen von Agrofert zwischen 2013 bis 2017

Fördergelder in Höhe von 42 bis 82 Millionen Euro – gleichzeitig war Babiš Chef des tschechischen Rates für den Europäischen Struktur- und Investitionsfonds.[48] Bisher konnte die Brüsseler Anti-Korruptions-Einheit Olaf allerdings kein Urteil sprechen, die Anschuldigungen stehen im Raum, und Babiš streitet einen Interessenkonflikt ab.[49]

Klimaschutz hat für den Regierungschef Babiš keine Priorität – eher warnt er davor, dass Klimaschutz zu einer neuen »fanatischen Religion« zu werden drohe.[50] Seine Regierung wolle verhindern, dass man mit politischen Maßnahmen die Industrie »zerstöre«.[51] Die Energieversorgung solle Sache der Mitgliedsstaaten der EU bleiben.

Solange Brüssel selbst gegen offensichtliche Interessenkonflikte nur zögerlich vorgeht und Korruption und Vetternwirtschaft in ihren Mitgliedsländern nicht entschlossen bekämpft, wird es erst recht beim Klimaschutz schwer, ein Machtwort zu sprechen. Dabei haben auch Staaten wie Polen und Tschechien den Weltklimavertrag als Teil der EU unterschrieben. In den Gesprächen mit den polnischen Gewerkschaftlern und Gemeinden wurde aber auch klar, dass Klimaschutz in diesen Ländern noch als Luxus gesehen wird, den sich vor allem westliche Staaten leisten können. Sie fühlen sich allein gelassen, denn einen deutschen Kohleausstieg mit Strukturwandelhilfen von 40 Milliarden Euro können sich diese Staaten nicht leisten. Die EU hat nun damit begonnen, einen Strukturwandelfonds, den Just Transition Fund, für Staaten wie Polen aufzulegen. Allerdings müsste sich dafür auch die Mentalität ändern und Klimaschutz nicht mehr nur als Diktat aus Brüssel verstanden, sondern wirklich ernst genommen werden.[52] Die enge Verstrickung von Staat und Kohlelobby in Polen oder die Verstrickung von Politik und Unternehmen in Tschechien, gepaart mit einer wenig durchsetzungsstarken Zivilgesellschaft, machen einen politischen Paradigmenwechsel zu einer enormen Herausforderung. Allein mehr Geld aus Brüssel wird die Probleme nicht lösen.

Auf ins 21. Jahrhundert – ein Ausblick

Nach unseren Recherchen wissen wir: Die aktuelle Klimapolitik musste scheitern. Das spärliche Klimapaket der Bundesregierung, die EU-Projekte zu Erneuerbaren Energien, die französische Auto- und die polnische Kohlepolitik – die Entwicklungen waren vorhersehbar. Die Klimaschmutzlobby hat einen effektiven Klimaschutz in den letzten 30 Jahren blockiert. Ihre Vertreter mussten sich für die Durchsetzung ihrer Interessen nicht einmal geschickt verhalten: Die maßgeblichen Entscheidungsträger haben ihnen die Türen geöffnet, sie zu Beratern gemacht, zu Experten – und wurden dafür häufig mit lukrativen Jobs in der Industrie belohnt.

Die Klimaschmutzlobby: das Produkt einer alten Weltordnung

Die Klimapolitik wird nicht von Fakten beherrscht, sondern von Ideologien und Werten. Was Wissenschaftler über das drohende Klimachaos herausgefunden haben, passt nicht zum Lebensstil und zur Weltanschauung von jenen Politikern und Wirtschaftslenkern, die seit Jahrzehnten über Gesetze entscheiden. Die Klimaschmutzlobby hat es deshalb leicht: Sie ist erfolgreich, weil Konzerne und die aktuellen Regierungen – sei es in Brüssel, Berlin oder Paris – für dasselbe Ziel kämpfen: die Erhaltung einer alten Ordnung. Dazu gehören dicke SUV, luxuriöse Kreuzfahrten, gigantische Einkaufszentren und billiges Fleisch. Zur alten Ordnung gehört auch der Glaube an unendliche Ressourcen und einen Markt, der den menschengemachten Klimawandel ohne Fremdeingriff regeln kann.

Weil die alte Ordnung nicht mit dem Schutz vor einem Klimachaos vereinbar ist, ziehen Wirtschaftsminister, EU-Kommissare, Automobilclubs und Energiekonzerne am selben Strang und verhindern weitreichende Gesetze – oftmals, um ihren persönlichen Wohlstand zu sichern. Diejenigen, die etwas verändern wollen, denn auch in Regierungen und Konzernen gibt es überzeugte Klimaschützer, haben es schwer: Es ist immer leichter, ein altes System fortzusetzen, als einen schwerfälligen Tanker zum Umsteuern zu bewegen. Konservative Politiker nutzen die Argumente der Lobbys und Thinktanks, um ihre fossile Agenda des 20. Jahrhunderts fortzuführen. Sie wollen sich nicht für etwas einsetzen, das ihren Werten widerspricht. Für vier oder fünf Jahre eingesetzte Minister wollen oftmals auch kein Risiko eingehen für ein Klimaschutzgesetz, das ihren eigenen Lebensstil konterkariert und ihnen eine vielversprechende Karriere verbaut. Dabei ignorieren sie die eindeutige und dringliche Warnung der Wissenschaft: Wenn ihr so weitermacht, wird das katastrophale Folgen für unsere Erde haben.

Für diese Verhinderungshaltung gibt es naheliegende ökonomische Gründe: Wirtschaftslenker und konservative Politiker verscherbeln unsere Zukunft auch, weil sie mit dem alten System viel Geld verdient haben, im Falle der Auto- und Energiekonzerne viele Milliarden Dollar oder Euro. Das ist ein handfester Grund, jede Transformation zu behindern. Traditionelle Konzerne verlieren, wenn die Gesellschaft sich für einen nachhaltigen, ökologisch vertretbaren Lebens- und Produktionsstil entscheidet. Das Ende des ungebremsten Wachstums und die Ansage, Ressourcen zu sparen und Rohstoffe im Boden zu lassen, ist eine Kriegserklärung. Sie widerspricht der heute noch gängigen Wirtschaftslogik, nach der jeder Profit machen darf, egal, ob er die Luft verschmutzt, Kohle und Öl aus dem Boden holt oder Plastiktüten produziert. Was für unsere Gesellschaften und deren Zukunft wichtig ist, fließt bislang nicht in ihre Bilanzen mit ein und ist im Endpreis nicht sichtbar. Wirksamer Klimaschutz aber schreibt plötzlich vor: Ohne diese Rechnung dürft ihr keine Geschäfte mehr machen. Ihr müsst von nun an mit einkalkulieren, was die Tankfüllung, das Steak oder das billige T-Shirt für die kommenden Generationen bedeuten.

Das ist ein großer Umschwung und entthront die Profiteure der Vergangenheit. Denn die heutigen Verschmutzer sind die Gewinner von gestern. Wofür sie früher gefeiert wurden – ihre Exporte, ihre technischen Fortschritte, ihre zuverlässige und stets wachsende Produktion –, das ist plötzlich nichts mehr wert: Ihr Geschäftsmodell gilt plötzlich sogar als zerstörerisch. Für die fossile Lobby muss sich das so anfühlen, als ob plötzlich Ökoaktivisten ihre Agenda bestimmten. Auch wenn es allein wissenschaftliche Fakten sind, die Klimaschutz verlangen.

Das Netzwerk der Klimaschutz-Bremser

Aber es steckt noch mehr hinter der politischen Blockade: Klimalösungen wie Erneuerbare Energien in Bürgerhand, Radfahren, vegetarisches Essen, weniger Konsum sind den Mächtigen suspekt. Sie basieren auf der Idee: »Weniger ist mehr.« Damit kann eine wachstumsorientierte Konsumindustrie wenig anfangen. Das Gleiche gilt für dezentrale, lokale Lösungen, die gegen das Mantra einer globalisierten Wirtschaft sprechen. Diese glaubt weiter an fossile Großkonzerne, die einen Teil der Deutschen reich gemacht haben und das Land international groß und bedeutsam werden ließen. »Hätte RWE die grünen Energien erfunden, hätte die CDU für sie gekämpft«, analysiert ein Insider der Regierung diese Haltung.

Deshalb setzen herrschende Regierungen in Berlin, London, Brüssel und Paris und viele Industrien darauf, mit neuen technischen Lösungen die Klimaziele zu erreichen – nur damit niemand sein (Konsum-)Verhalten ändern muss und die Wirtschaft weiter mit Öl, Gas und Kohle befeuert wird. In Europa und Deutschland wurden bereits Milliarden Steuergelder in technische Lösungen investiert, die entweder nur für wenige Jahre Sinn ergeben (wie Gasprojekte) oder sich bei näherer Betrachtung als Irrwege erweisen, wie das unterirdische Speichern von klimaschädlichen Gasen, das sogenannte CCS, das bis heute weder im größeren Maßstab funktioniert noch wirtschaftlich ist. Hinter all diesen Versprechen steht derselbe Gedanke: die Rettung von klimaschädlichen Geschäftsmodellen ins 21. Jahrhundert.

Viele Klimaschutz-Bremser sind wirklich überzeugt, dass eine Dekarbonisierung der Gesellschaften uns arm macht und Industrien und Wohlstand zerstört. Die Konservativen haben ein »Störgefühl« bei der Klima-Agenda und sind deswegen meilenweit von den meist jungen Aktivisten auf der Straße entfernt, die auf große Entscheidungen drängen, um ihre Zukunft zu retten. Diese Bewegung reagiert jedes Mal erneut fassungslos auf die spärlichen Klimapakete ihrer Regierungen.

Vertreter dieser Regierungen stehen häufig den Industrien des 20. Jahrhunderts nahe. Etwa durch von ihnen entsandte Experten im Bundestag oder in der Brüsseler Kommission, die für ihre partikulären Interessen kämpfen und direkt an Gesetzen mitschreiben. Beispielsweise stützt sich die Europäische Kommission auf Vorhersagen der großen Gaskonzerne in Europa, um sich für Milliardeninvestitionen in Pipelines zu entscheiden. Oder die Bundesregierung lässt sich von Landwirten einflüstern, wie viel klimaschädliche Düngemittel auf die Felder gebracht werden müssen. Oftmals gehen Entscheidungsträger darüber hinweg, dass ihnen hier Menschen mit finanziellen Einzelinteressen gegenübersitzen. Und dass sie Gesetze im Interesse von allen Bürgerinnen und Bürgern entwickeln müssten.

Stattdessen hat das Bundeswirtschaftsministerium im Einklang mit großen Energiekonzernen die Energiewende verlangsamt, hat Umlagen gesenkt, Obergrenzen oder Abstandsregelungen für Windkraft eingeführt und sogar Kohlekraftwerke genehmigt, obwohl wir sie für eine nachhaltige Energieversorgung nicht mehr brauchten, und das nur, um sie später wieder mit Milliardenhilfen stillzulegen. Diese absurden und teuren Entscheidungen sind wiederum nur mit der engen Verbindung der Klimaschmutzlobby zu Industrie und Regierung zu erklären.

Diese Nähe findet sich auch zu neoliberalen Thinktanks. Besonders erfolgreich ist die Initiative Neue Soziale Marktwirtschaft (INSM), die vom Arbeitgeberverband Metall finanziert wird und dem Wirtschaftsflügel der CDU nahesteht. Die INSM führt millionenschwere Kampagnen gegen einen wirksamen CO_2-Preis – viele Mitarbeiter des Wirtschaftsministeriums greifen ihre Thesen auf und verbreiten sie weiter.

Die Strippenzieher kennen sich untereinander, ob sie nun in Brüssel zusammen After-Work-Cocktails trinken oder in Bayreuth Opern anhören. Für manche Politiker verspricht der enge Kontakt zur Klimaschmutzlobby auch ganz einfach einen lukrativen Job nach der nächsten Wahl. In Deutschland wechselten zahlreiche Politiker vom Bundestag oder den Ministerien in Aufsichtsräte von Energiekonzernen oder in landwirtschaftliche Großbetriebe, in Brüssel werden manche Parlamentarier direkt von den PR-Agenturen der Klimaschmutzlobby eingekauft.

Der erneute Aufstieg der Klimawandel-Leugner

Hinzu kommt ein Erstarken der Leugner des klimawissenschaftlichen Konsenses – diese Tendenzen verstärken sich aktuell in den USA, Brasilien, aber auch in europäischen Ländern. So berät der deutsche Klimawandel-Leugner-Verein EIKE die rechtspopulistische AfD und versammelt unter seinem Dach zahlreiche dubiose Wissenschaftler. Mittlerweile werden sie auch zu Anhörungen in den Bundestag eingeladen, ihre kruden Thesen gehen in die Protokolle des Parlaments ein. Als Oppositionsführer hetzt die AfD ihre Anhänger gegen die angeblich teure Energiewende auf und treibt die Regierung vor sich her. In Ländern wie den USA, Russland und Brasilien kommt noch eine starke Wissenschaftsfeindlichkeit hinzu: Die Klimaschmutzlobby entmachtet Umweltbehörden, streicht Hochschulstellen und schüchtert Nichtregierungsorganisationen ein. In den USA sitzen Klimawandel-Leugner in der Regierung, ihre Organisationen geben jährlich Millionen aus, um Klimaschutz zu stoppen.

Lange Zeit war das für uns in Europa unvorstellbar. Doch diese klimafeindliche Lobby investiert mittlerweile Zeit und Geld auch in Europa. Der alte Kontinent soll davon abgebracht werden, internationalen Klimaschutz weiter zu verfolgen.

Populisten aus der AfD, Trump, Bolsonaro und Klimawandel-Leugner-Netzwerke wie EIKE stehen international agierenden neoliberalen Thinktanks und Netzwerken nahe. Die Verfechter des freien Marktes sind wiederum eng mit der fossilen Industrie verbandelt – vor allem in den USA gibt es dafür eine ganze Reihe von Beweisen. Doch die von den fossilen Industrien finanzierten Lobbys wirken auch nach und in Europa: Leugner-Thinktanks wie das Heartland Institute schmücken sich mit europäischen Partnern wie dem EIKE-Institut oder der polnischen Gewerkschaft Solidarność.

Dabei verfolgen die von uns identifizierten Gruppen ihre jeweils individuellen Strategien. Je nach Land sind harte Klimawandel-Leugner, fossile Lobbys, Rechtspopulisten, Neoliberale und Regierungen mehr oder weniger gut miteinander vernetzt. Ihre Rhetorik fällt überall in Europa auf fruchtbaren Boden, verunsichert die Menschen und zerstreut wissenschaftliche Fakten. Ihre Rechnung könnte aufgehen. Denn sie versprechen etwas für viele Menschen Angenehmes: dass wir einfach so weiterleben können, wie alle es seit Jahrzehnten gewohnt sind.

Ein radikaler Umschwung ist nötig

Um unter der vom Weltklimarat empfohlenen Erwärmung von weniger als 2 Grad oder möglichst 1,5 Grad zu bleiben, müsste jeder Mensch bereit sein, seinen Alltag zu verändern – weniger Auto zu fahren oder mehr für sein Steak zu bezahlen. Ein klimafreundliches Leben müsste hingegen belohnt werden. Aber weil viele Regierungen die Klimawende hinauszögern, müssen immer mehr CO_2-Reduktionen in immer kürzerer Zeit beschlossen werden. Es bleibt also weniger Zeit für unsere persönliche Anpassung. Die Regierungen spielen den Ball an die Bürger zurück, weil sie nicht den Mut zum Durchgreifen haben und die Klimawende nicht mit einer sozialen Idee verbinden. Das hat fatale Folgen: Notwendige, aber teilweise unbeliebte Veränderungen könnten die Rechtsextremisten stärken und Parteien unter Druck setzen, sich zwischen konsequenter Klimapolitik und der Aufgabe von Klimazielen zu entscheiden. Wenn die Verlierer der Energiewende wirklich mobilmachen (beispielsweise Angestellte im Kohle- und Automobilsektor) und Länder zudem unerwartet in wirtschaftliche Krisen geraten, könnte das den gesellschaftlichen Diskurs über den Klimaschutz von heute auf morgen ändern. Welcher Politiker hält dann noch die Fahne für den Kampf gegen den menschengemachten Klimawandel hoch?

Um die europäische Politik vor der Klimaschmutzlobby zu bewahren, müssen ihre Ziele als das erkannt werden, was sie sind: ideologische und finanzielle Interessen einzelner Branchen. Doch diese Transparenz fehlt. Wir sind mit unseren Recherchen an Grenzen gestoßen. Weder in Deutschland noch in anderen europäischen Ländern sind Lobby-Transparenzregister vorhanden oder ausreichend Informationen verfügbar. In den meisten Ländern gibt es sie überhaupt nicht. Es bleibt im Dunkeln, wie finanzstark viele Verbände, Vereine oder Stiftungen sind, ob und wann sie in den Parlamenten ein und aus gehen, mit wem sie sprechen und wie viel Geld sie Politikern für ihren neuen Job am Ende einer Legislaturperiode zahlen. Wir haben viele der präsentierten Fakten mithilfe der US-Transparenzregister recherchiert, in Europa unzählige Gespräche geführt, Leaks verfolgt und mühselig Konferenzprogramme und Einladungskarten durchgesehen – so gelang es uns, die Netzwerke der Lobbyisten aufzuspüren. Oftmals konnten wir nur feststellen, dass es ein Sponsoring gibt – aber nicht, in welcher Höhe. Es ist durchaus denkbar, dass die millionenschweren US-Thinktanks mehr Geld und Manpower in Europa investieren, als uns bekannt ist. Auch der Bundestag ist eine Blackbox. Wer beispielsweise im Bundestag oder in den Ministerien ein und aus geht und ob dort Lobbyisten sogar angestellt sind, erfahren auch Journalisten nur, falls Parteien dazu Kleine Anfragen an die Bundesregierung stellen.

Aufgrund dieser Intransparenz ist es der Klimaschmutzlobby gelungen, ihre Interessen als die Interessen aller zu verkaufen. Dabei kann das Ziel für alle Menschen nach Lage der Fakten nur sein, aus dem fossilen Zeitalter auszusteigen. Daher benötigt echter Klimaschutz in Zukunft bessere Regeln für Lobbyisten: Beispielsweise sollten Politiker, aber auch Beamte in Länderregierungen und im EU-Parlament offenlegen müssen, wenn sie sich mit Lobbyisten treffen, egal, ob sie von Greenpeace oder E.ON sind. In Frankreich müssen Parlamentarier bereits heute ihre Agenda online stellen, damit Bürgerinnen und Bürger sehen, mit wem sie wann sprechen. Zudem sollten bezahlte Nebenjobs für Politiker verboten werden – sie verführen Abgeordnete zu parteiischen Abstimmungen. Auch lukrative Jobs in der Privatwirtschaft sollten nach dem Ende der Amtszeit ausgeschlossen werden.

Das sind alles notwendige Regeln – aber sie sind nicht ausreichend. Denn wie wir gesehen haben, widerstrebt Klimaschutz vielen Regierenden aus ideologischen Gründen, sie sind in einem alten System verhaftet. Gegen diese gefühlte Zugehörigkeit haben bislang unzählige alarmierende Berichte und Fakten von Klimaforschern wenig ausrichten können. Deshalb müssen wir, als Journalistinnen, Politiker oder Bürgerinnen, dem Narrativ der Lobbyisten eine mächtige faktenbasierte Erwiderung entgegensetzen: wie wir in einer klimafreundlichen Welt besser und gesünder leben können.

Ein klimafreundliches 21. Jahrhundert würde uns viele Vorteile verschaffen: Innenstädte ohne Autoabgase. Schadstofffreies, lokales Essen. Bibliotheken und Kulturzentren statt Shoppingmalls. Jobs bei Solarkonzernen und im öffentlichen Nahverkehr, Urlaub mit bequemen Nachtzügen und Belohnungen fürs Nichtkaufen. Statt uns über Konsum, teure Produkte und sozialen Status zu definieren, könnten wir wieder Dinge in den Fokus stellen, die gut für uns und dazu auch noch klimafreundlich sind: kochen mit Freunden, Sprachen lernen, Kinofilme gucken, Theater besuchen, spazieren gehen, unter freiem Himmel zelten. Noch sind die Erzählungen der Klimaschmutzlobby stärker.

Aber: Alle Lobbys sind immer nur so mächtig wie die unreflektierte Zeit und Aufmerksamkeit, die Regierungen und Medien ihnen widmen. Ihren großen Einfluss können wir, anders als das heraufziehende Klimachaos, wieder zurückdrängen.

Fünf Maßnahmen der Klima*schutz*lobby, an denen wir uns orientieren sollten

Auf der Welt gibt es rund 1200 Gesetze zum Klimaschutz.[1] Wir haben uns umgesehen und fünf klimafreundliche Konzepte in verschiedenen Ländern und Städten ausgewählt, die sich Regierungen zum Vorbild nehmen könnten.

1. Klimaschädlichen Konsum teuer machen

Die Idee: Klimaschädliches Verhalten, etwa Autofahren, massives Heizen oder das Kaufen von Plastikprodukten teurer und damit langfristig unattraktiv zu machen.

Vorbild: Schweden und die Schweiz

Das skandinavische Land erhebt seit 1996 einen Preis von umgerechnet 121 Euro auf eine Tonne CO_2. Die Schweiz hat in diesem Jahr mit 96 Euro pro Tonne nachgezogen.

Mit Erfolg: Seitdem haben die Schweden ihren privaten Ölkonsum, etwa für Heizungen, deutlich reduziert. In Schweden sind die Emissionen im Verkehrs- und Wärmesektor seit 2005 um 28 Prozent gesunken. In Deutschland blieben sie im selben Zeitraum gleich. Die Einnahmen kommen dem Staatshaushalt zugute und sind wie in Schweden üblich nicht zweckgebunden. Die Schweiz hat ein etwas anderes Modell: Die Einnahmen aus der Steuer werden zum Teil an ärmere Bürger zurückgezahlt.

Das steht zum CO_2-Preis im Klimapaket der deutschen Bundesregierung:

»Die Bundesregierung wird ab 2021 eine CO_2-Bepreisung für die Sektoren Verkehr und Wärme einführen. (...) Im Jahr 2021 werden Zertifikate zu einem Festpreis von 25 Euro pro Tonne CO_2 ausgegeben.«

Deutschland bleibt weiter hinter dem Preis von mindestens 35 Euro zurück, den Wissenschaftler fordern. Mit so einem niedrigen Preis werde keine Lenkungswirkung entfaltet, sagte Ottmar Edenhofer[2], Direktor des Berliner Klimaforschungsinstituts MCC. Keine Lenkungswirkung bedeutet: Ein derart geringer Preis wird die klimaschädlichen Produkte nicht ausreichend verteuern, um sie unattraktiv zu machen. Ein sinnvoller Einstiegspreis, so Edenhofer, läge bei 50 Euro pro Tonne CO_2 – und er müsste dann bis zum Ende des nächsten Jahrzehnts, also bis 2030, auf 130 Euro steigen.

2. Zu weniger Fleisch überzeugen

Die Idee: Deutsche essen mit 60 Kilogramm jährlich doppelt so viel Wurst, Schnitzel und Frikadellen wie der internationale Durchschnitt. Eine internationale Studie[3] von 2018 förderte erstaunliche Zahlen über die Fleischwirtschaft zutage: Die 20 größten Fleisch- und Milchkonzerne der Welt emittieren mehr CO_2 als ganz Deutschland oder Australien. Vegetarische oder fleischarme Ernährung sollte also gefördert werden – etwa durch einen normalen Mehrwertsteuersatz auf Fleischprodukte.

Vorbild: China

China hat in seinen Ernährungsempfehlungen 2015 festgelegt,[4] den Fleischkonsum bis 2030 zu halbieren: Chinesen und Chinesinnen sollen nur noch zwischen 14 und 26 Kilogramm pro Jahr essen. Chinas Ernährungsempfehlungen werden dazu führen, dass etwa in Kantinen weniger Fleisch serviert wird und Produzenten weniger Subventionen erhalten. Auch eine Werbekampagne[5] mit Arnold Schwarzenegger soll Chinesen davon überzeugen, vegetarisch zu essen.

Das steht dazu im Klimapaket:

Nichts. Im Klimapaket der Bundesregierung steht lediglich: »Neben Forschung und Züchtung wird es auf die künftige Entwicklung der Tierbestände ankommen.« Ob sie größer oder kleiner werden sollen und wie sie eventuell verkleinert werden könnten, wird mit keiner Silbe erwähnt. Mehr noch: Bundeslandwirtschaftsministerin Julia Klöckner möchte die Verbraucher gar

nicht überzeugen. »Wir leben in einem freien Land. Und der Verbraucher entscheidet selbstständig«, sagte sie in einem Interview[6] mit der *taz*.
Bislang hält Deutschland auch an verringerten Mehrwertsteuersätzen für Fleischprodukte fest – im Gegensatz[7] zu den meisten EU-Staaten. Nach einer Studie[8] von Greenpeace würde sich der Preis für Fleisch mit dem regulären Mehrwertsteuersatz um rund elf Prozent erhöhen – und der Konsum von Rind, Geflügel und Schwein um bis zu neun Prozent abnehmen.

3. Kohlekraftwerke früher schließen
Die Idee: Kohlekraftwerke sind Relikte eines vergangenen fossilen Zeitalters und sollten abgeschafft werden.
Vorbild: Belgien, Frankreich, Portugal, Österreich und Finnland
Belgien hat 2016 sein letztes Kohlekraftwerk geschlossen. Noch 2009 plante der deutsche Versorger E.ON ein neues Werk in Antwerpen. Die Regierung erteilte jedoch nach öffentlichen Protesten keine Erlaubnis für den Bau. Portugal will im kommenden Jahr alle Kohlekraftwerke abstellen, Österreich bis 2025, Finnland bis 2020 und Frankreich bis 2022.
Das steht dazu im Klimapaket:
»Die installierte Erzeugungskapazität aus Kohlekraftwerken im Markt soll bis 2030 auf insgesamt 17 GW reduziert werden und bis spätestens 2038 vollständig beendet werden.«
Das bedeutet: Deutschland wird noch fast zwanzig Jahre den klimaschädlichsten aller Rohstoffe verbrennen. Braun- und Steinkohle sind laut Daten des Bundesumweltamts[9] für rund 70 Prozent aller CO_2-Emissionen in der Stromproduktion Deutschlands verantwortlich. Trotzdem hat die Bundesregierung erst einen Ausstieg in knapp zwei Jahrzehnten geplant.

4. Müll vermeiden
Die Idee: Müll erst zu produzieren und dann zu entsorgen kostet Energie. Klimaschädlich ist auch die Herstellung von Verpackungen und Wegwerfprodukten. Bislang gehört Deutsch-

land zu den vier Ländern in Europa, die pro Kopf am meisten Müll produzieren.

Vorbild: Schweden, Japan und Vanuatu

In Schweden werden 99 Prozent der Abfälle recycelt – in Deutschland sind es je nach Rechnung[10] nur 17 Prozent. Eine nationale Kampagne brachte Bürgerinnen und Bürgern bei, ihre Dinge zu reparieren, zu teilen und neu zu nutzen. Ebenso in Japan: In der Gemeinde Kamikatsu, einem Bergdorf, gibt es eine *»Zero waste«*-Akademie. In örtlichen Läden können Waschmittel in Flaschen aufgefüllt werden, Näherinnen nutzen alte Stoffstücke für neue Kleidung. Und: Die Einwohnerinnen und Einwohner sortieren ihre Abfälle in nicht weniger als 45 verschiedene Tonnen. Schon allein das motiviert, keinen Müll zu produzieren. Der größte Abfall-Verhinderer ist aber die Insel Vanuatu: Dort sind Plastiktüten, Plastikbecher, Styroporbehälter und konventionelle Windeln verboten[11].

Das steht dazu im Klimapaket:

»Potentiale zur Reduzierung von Treibhausgasemissionen aus dem Abfallsektor liegen in der aeroben Stabilisierung von Deponien durch Belüftung und in der optimierten Deponiegasfassung.«

Das bedeutet: Zur Reduzierung von Abfall und Wegwerfprodukten, dem wichtigsten Ziel von klimafreundlicher Abfallpolitik, findet sich keine Zeile. Lediglich die Gase, die auf den Müllhalden entstehen, sollen besser eingefangen werden.

5. Verkehr für Fußgänger und Radfahrer auslegen

Die Idee: Der Autoverkehr belastet das Klima und gefährdet die Gesundheit. Durch attraktive Radwege und sichere Bürgersteige können Bürgerinnen und Bürger das Auto stehen lassen.

Das Vorbild: Dänemark/Kopenhagen

Die dänische Hauptstadt gilt als Fahrradstadt. Schon jetzt legen die Einwohner mehr als 33 Prozent der Wege zur Arbeit oder zur Schule auf dem Fahrrad oder zu Fuß zurück. Warum? Weil die Stadt einen konkreten Plan[12] umgesetzt hat, Fahrradfahrern immer und überall Vorrang zu gewähren. Dazu gehört, dass Autos an Ampeln hinter den Radfahrern stoppen müssen und die Radwege so breit sind, dass sie in eine schnelle und eine langsamere Spur unterteilt sind. Bis 2025 werden die straßenbreiten Radwege weiter ausgebaut, Straßen zu Einbahnstraßen für Autofahrer degradiert oder ganz gesperrt, an Kreuzungen Reparier- und Aufpumpstationen aufgebaut und überall für sichere Abstellplätze gesorgt. Und: Radwege werden künftig genauso schnell von Schnee befreit wie Autostraßen.

Das steht dazu im Klimapaket:

»Der Ausbau von Radschnellwegen und Radwegen an Bundesstraßen wird fortgesetzt. Durch zwei Sonderprogramme ›Stadt‹ und ›Land‹ wird die Chancengleichheit für den Radverkehr gewährt, z. B. mittels sicherer und moderner Abstellanlagen und den Ausbau der Infrastruktur für Lastenräder.« Klingt gut. Aber es fehlen klare Zielvorgaben, beispielsweise um wie viele Kilometer das Radschnellnetz bis wann ausgebaut werden soll und wo und wie viel Geld investiert wird.

Dank

Wir möchten uns ganz herzlich bei unseren fachlichen Beraterinnen und Helfern bedanken, ganz besonders bei Prof. Stefan Rahmstorf, Dr. Friederike Schmitz, Jörg Staude, Dr. Dietrich Brockhagen, Dr. Julia Hildermeier, Dr. Ute Werner, Jan Opielka, Dr. Eva Stegen und Céline Préaux.

Außerdem bei Charlyne Bieniek und Martin Kulik für ihre sorgfältige, motivierende und sachkundige Redigatur und beim Piper Verlag für sein Vertrauen und Engagement.

In diesem Buch stecken eine Menge Energie und viele Nachtschichten – und Zeit, die unseren Familien fehlte. Daher möchten wir auch Leandro, Bettina, Stefan, Margret, Heinz, Holger, Louis und Noah für ihre nimmermüde Geduld, warme Essen und Zuspruch danken. Ihr seid das Wichtigste.

Anhang

Abkürzungsverzeichnis

ACEA	Association des Constructeurs Européens d'Automobiles, Europäischer Automobilverband
ACRE	Fraktion Alliance Conservatives and Reformists in Europe
AEC	Austrian Economics Center
BDI	Bundesverband der Deutschen Industrie
BMU	Bundesministerium für Umwelt, Naturschutz und nukleare Sicherheit
BMWi	Bundesministerium für Wirtschaft und Energie
BUND	Bund für Umwelt und Naturschutz
CEI	Competitive Enterprise Institute
CFACT	Committee for a Constructive Tomorrow
COP	Conference of the Parties
CCS	Carbon dioxide capture and storage, CO_2-Abscheidung- und Speicherung
EBAA	European Business Aviation Agency (Europäische Agentur für Geschäftsflugverkehr)
EEG	Erneuerbare-Energien-Gesetz
EIKE	Europäisches Institut für Klima und Energie
ENTSOG	European Network of Transmission System Operators for Gas, Verband Europäischer Fernleitungsnetzbetreiber für Gas
ENTSOE	European Network of Transmission System Operators for Electricity, Verband Europäischer Übertragungsnetzbetreiber
ENVI	Environment, Public Health and Food Safety Comittee, Umwelt-Komitee der Europäischen Union
EPA	United States Environmental Protection Agency (US-Umweltbehörde)
EPH	Energetický a Průmyslový Holding
FAO	Food and Agricultural Organization of the United Nations, Welternährungsorganisation der UNO

FCKW	Fluorchlorkohlenwasserstoffe
FDSEA	Fédération Départementale des Syndicats d'Exploitants Agricoles, Französischer Bauernverband
GAP	Gemeinsame Agrarpolitik, Förderprogramm der EU
ICAO	International Civil Aviation Organization, Internationale Zivilluftfahrtorganisation
INSM	Initiative Neue Soziale Marktwirtschaft
IPCC	Intergovernmental Panel on Climate Change (Weltklimarat)
IRS	Internal Revenue Service
IUF	Institut für Unternehmerische Freiheit
IW	Institut der deutschen Wirtschaft Köln
NOAA	National Oceanic and Atmospheric Administration (US-Wetter- und Ozeanografiebehörde)
OLAF	Office Européen de Lutte Anti-Fraude (Europäisches Amt für Betrugsbekämpfung)
PCI	»*Projects of Common Interest*« der EU-Kommission
PIK	Potsdamer Institut für Klimafolgenforschung
PiS	Recht und Gerechtigkeit/Prawo i Sprawiedliwość
REFIT	Regulatory Fitness and Performance Programme, EU-Entbürokratisierungsprogramm
SEPP	Science & Environmental Policy Project
SUV	Sport Utility Vehicle
SWP	Stiftung Wissenschaft und Politik
UBA	Umweltbundesamt
WWF	World Wildlife Fund

Anmerkungen

Zitat

1 Im Original: »Il n'y a qu'un seul véritable mystère en jeu: c'est la réponse que nous serons capables de créer face aux conséquences de ce que nous avons provoqué.« Siehe https://www.lemonde.fr/idees/article/2017/12/29/en-2018-vous-ne-verrez-plus-le-rechauffement-climatique-comme-une-fatalite-grace-a-la-philosophe-emilie-hache_5235552_3232.html, aufgerufen am 27.1.2019.

Einleitung

1 Siehe https://klima-energie-stiftung.de/klima-arena/.
2 Siehe https://www.umweltbundesamt.de/daten/klima/klima-schutzziele-deutschlands, aufgerufen am 20.11.2019.
3 Projektionsbericht für Treibhausgasemissionen der Bundesregierung 2019: https://cdr.eionet.europa.eu/de/eu/mmr/art04-13-14_lcds_pams_projections/projections/envxnw7wq/Projektionsbericht-der-Bundesregierung-2019.pdf, aufgerufen am 25.11.2019.
4 Schätzt das DIW in einer Studie vom Oktober 2019: https://www.greenpeace.de/sites/www.greenpeace.de/files/publications/s02681_gp_energie_klimaziele_2020_studie_10_2019.pdf, aufgerufen am 25.11.2019.
5 Studie des DIW und der TU Berlin im Auftrag von Greenpeace auf Basis der Projektionsberichte der Bundesregierung, Oktober 2019: https://www.greenpeace.de/sites/www.greenpeace.de/files/publications/s02681_gp_energie_klimaziele_2020_studie_10_2019.pdf, S. 7, aufgerufen am 25.11.2019.
6 Finanzplan des Bundes 2019–2023: http://dipbt.bundestag.de/dip21/brd/2019/0331-19.pdf, S. 35, aufgerufen am 25.11.2019.
7 Siehe https://www.umweltrat.de/SharedDocs/Downloads/DE/04_Stellungnahmen/2016_2020/2019_09_Brief_Klimakabinett.pdf?__blob=publicationFile&v=5, aufgerufen am 20.11.2019.
8 Siehe https://www.bmwi.de/Redaktion/DE/Downloads/P-R/pri-

maerenergeiverbrauch.pdf?__blob=publicationFile&v=8, aufgerufen am 20.11.2019.

9 Siehe https://www.germanwatch.org/sites/germanwatch.org/files/Klimaschutz-Index%202019_Die%20wichtigsten%20Ergebnisse.pdf, aufgerufen am 20.11.2019.

10 Siehe https://www.independent.co.uk/news/world/australasia/australia-wildfires-climate-change-scott-morrison-coal-industry-a9258811.html, aufgerufen am 10.1.2020.

11 Siehe https://www.unglobalcompact.org/docs/issues_doc/Environment/climate/Guide_Responsible_Corporate_Engagement_Climate_Policy.pdf, S. 8, aufgerufen am 20.11.2019.

12 Siehe https://wedocs.unep.org/bitstream/handle/20.500.11822/27114/AGR_2018.pdf?sequence=3, aufgerufen am 20.11.2019.

13 *Umweltschädliche Subventionen in Deutschland*, aktualisierte Ausgabe 2016, Umweltbundesamt. Noch im Jahr 2012 war der deutsche Steinkohlenbergbau mit 1,3 Milliarden Euro der größte Empfänger direkter Finanzhilfen des Bundes. Ebenda, S. 23. Trotzdem wird aktuell Braunkohle durch steuerliche Freistellungen indirekt gefördert, ebenso fossile Brennstoffe wie Diesel und Kerosin.

14 Studie des britischen Thinktanks Carbon Tracker: https://www.carbontracker.org/reports/breaking-the-habit/, aufgerufen am 20.11.2019.

15 Siehe https://www.carbontracker.org/reports/breaking-the-habit/, aufgerufen am 10.1.2020.

16 Siehe Kapitel »Neoliberale Thinktanks und ihre großzügigen Spender«. Beispiel: Im Februar 2012 veröffentlichte ein »Heartland-Insider« die geheime Klimastrategie des Institutes sowie das Budget und die Geldgeber. Der Leak ist weiterhin online verfügbar: https://www.desmogblog.com/sites/beta.desmogblog.com/files/2012%20Climate%20Strategy%20%283%29.pdf, aufgerufen am 23.8.2019. Zudem stellte Greenpeace die geleakten Spendendaten von ExxonMobil ins Netz: https://exxonsecrets.org/html/index.php, aufgerufen am 21.8.2019. Heartland bekam demnach über 600 000 Dollar von Exxon (bis 2014).

17 Siehe http://www.climatefiles.com/shell/1988-shell-report-greenhouse/, aufgerufen am 20.11.2019.

18 Siehe https://www.derwesten.de/politik/klima-terror-jobs-das-sind-die-groessten-aengste-der-deutschen-vor-der-bundestagswahl-id211430395.html, aufgerufen am 20.11.2019.

19 Siehe Kapitel »Populisten torpedieren Klimaschutz«.

20 Siehe https://www.tagesschau.de/faktenfinder/weidel-klimawandel-101.html, aufgerufen am 25.11.2019.

21 Siehe https://www.industrydocuments.ucsf.edu/tobacco/docs/#id=psdw0147, aufgerufen am 29.11.2019.

22 Stéphane Horel, *Lobbytomie*, La Découverte 2018, S. 62.

23 Siehe https://www.bpb.de/politik/extremismus/rechtspopulismus/242635/europakarte, aufgerufen am 20.11.2019.

24 Hans Joachim Schellnhuber: *Selbstverbrennung*, München 2015, S. 54.

25 James Cook u. a.: Quantifying the consensus on anthropogenic global warming in the scientific literature, *Environmental research letters* 8 (2), 2013.

26 Kipp-Punkte im Klimasystem: Welche Gefahren drohen?, Umweltbundesamt Hintergrundpapier 2008.

Wer ist die Klimaschmutzlobby?

1 Siehe https://www.spiegel.de/wissenschaft/mensch/klimawandel-wie-ueberzeugt-man-andere-von-der-notwendigkeit-zu-handeln-a-1287084.html, aufgerufen am 24.11.2019.

2 Patrick J. Michaels, Chip Knappenberger: Lukewarming – The New Climate Science that Changes Everything, Cato Institute, September 2016.

3 Interview der Autorinnen in London-Westminster mit Lord Peter Lilley, Dezember 2018.

4 Siehe Kapitel »Populisten torpedieren Klimaschutz«.

5 Siehe auch Kapitel »Neoliberale Thinktanks und ihre großzügigen Spender«.

6 In: Justin Farrell: Corporate funding and ideological polarization about climate change, PNAS, 23.11.2015, https://doi.org/10.1073/pnas.1509433112, aufgerufen am 1.9.2019. Deutsche Zusammenfassung der Studie auf Klimafakten.de: https://www.klimafakten.de/meldung/us-studie-zweifel-klimaforschung-strategisch-kreiert, aufgerufen am 1.9.2019.

7 Siehe Appendix der Studie, dort sind die Akteure aufgelistet: https://www.pnas.org/content/pnas/suppl/2015/11/18/1509433112.DCSupplemental/pnas.1509433112.sapp.pdf, aufgerufen am 1.9.2019.

8 Siehe Kapitel »Wie die Klimaschmutzlobby ihre Ziele erreicht – USA, Brasilien, Europa«.

9 Sarah Messina, Susanne Götze: Der nächtliche Krimi: Klimakonsens auf der Kippe, 19.12.2009, klimaretter.info, http://www.

klimaretter.info/klimakonferenz/klimakonferenz-kopenhagen/hintergrund/4722-der-naechtliche-krimi-klimakonsens-auf-der-kippe, aufgerufen am 24.11.2019.

10 Siehe auch Kapitel »Die Klimaschmutzlobby in Deutschland«.

11 Klimaschutz-Index 2019, Germanwatch: Die meisten Länder sind mäßig bis sehr schlecht im Klimaschutz. Siehe https://www.germanwatch.org/sites/germanwatch.org/files/Klimaschutz-Index%202019_Die%20wichtigsten%20Ergebnisse.pdf, S. 3, aufgerufen am 24.11.2019.

12 Zahlen für 2018 laut Global Carbon Project (u. a. World Climate Research Programme): https://www.globalcarbonproject.org/carbonbudget/18/infographics.htm sowie Internationale Energieagentur: https://www.iea.org/statistics/co2emissions/, aufgerufen am 24.11.2019.

13 Moore macht seit Jahren auch Werbung für Gentechnik in der Landwirtschaft, Atomkraft und Pestizide. Siehe auch Kapitel »Die Klimaschmutzlobby in Deutschland«.

14 Interview mit den Autorinnen am 22.8.2019.

15 Siehe Kapitel »Die Klimaschmutzlobby in Deutschland«.

16 Beispiel war die RWE-Kampagne »Energieriese«: https://www.youtube.com/watch?v=eIfzgBmcFlU, aufgerufen am 2.9.2019. RWE betreibt die Kraftwerke mit dem größten CO_2-Ausstoß in der EU – nur ein polnisches Kraftwerk in Bełchatów stößt noch mehr aus: http://awsassets.panda.org/downloads/dirty_30_report_finale.pdf, aufgerufen am 24.11.2019.

17 Kathrin Hartmann: *Die grüne Lüge. Weltrettung als profitables Geschäftsmodell*, Blessing 2018.

18 Freihandel gegen Klimaschutz: Das Mercosur-Handelsabkommen der EU, Monitor-Sendung (WDR), 8.8.2019.

19 Lance Bennett während seines Vortrages am 9.8.2019 am IASS Potsdam: »The Political Organization of Disinformation about Climate Science«.

Populisten torpedieren Klimaschutz

1 Siehe https://www.landtag.brandenburg.de/media_fast/5701/20190814%20Register%20Interessenvertretungen%20LT%20BB_349_10.pdf, aufgerufen am 29.11.2019.

2 Liegt nur bei knapp 60 Prozent, siehe Agora Energiewende: Wie weiter mit dem Ausbau der Windenergie?, 2018, S. 11.

3 Frühzeitige Öffentlichkeitsbeteiligung im Kontext der Windenergie. Von der Theorie in die Praxis, Fachagentur Windenergie an Land, 2017.

4 Susanne Götze, Sandra Kirchner: Die Umweltpolitik der Alternative für Deutschland (AfD), 2016.

5 Siehe https://www.vernunftkraft.de/mission/ und https://www.vernunftkraft.de/vernunftkraft-de-zu-klimawandel-und-klimaschutz/, aufgerufen am 27.8.2019.

6 Siehe http://www.transformation-des-energiesystems.de/sites/default/files/Energiekonflikte_Abschlussbericht.pdf, S. 39, aufgerufen am 24.11.2019.

7 Siehe https://www.spiegel.de/politik/deutschland/afd-alexander-gauland-ernennt-kampf-gegen-klimaschutzpolitik-zum-top-thema-a-1289163.html, aufgerufen am 10.1.2020.

8 »Populismus idealisiert das Volk und baut Feindschaft zur Elite auf. (…) Populismus erzählt die Geschichte des von der Elite betrogenen Volkes: Durch den Anführer merkt das Volk, dass es von der korrupten Elite unterdrückt wird, und geht den Weg seiner Befreiung, an dessen Ende, so verspricht es der Populismus, die Macht dem Volke zurückgegeben wird.« In: Was ist Populismus?, Bundeszentrale für politische Bildung, https://www.bpb.de/dialog/netzdebatte/260878/was-ist-populismus?type=galerie&show=image&i=260977, aufgerufen am 30.8.2019.

9 Tweet von Donald Trump: https://twitter.com/realDonaldTrump/status/265895292191248385?ref_src=twsrc%5Etfw%7Ctwcamp%5Etweetembed%7Ctwterm%5E265895292191248385&ref_url=https%3A%2F%2Fwww.vox.com%2Fpolicy-and-politics%2F2017%2F6%2F1%2F15726472%2Ftrump-tweets-global-warming-paris-climate-agreement, aufgerufen am 24.11.2019.

10 Bolsonaro ›doesn't accept the global warming hoax‹, Interview mit Skynews Australia, https://www.youtube.com/watch?v=UdgxS3CGDNQ, aufgerufen am 10.1.2020.

11 25.10.2019, 122. Sitzung des Deutschen Bundestages, Rede von Heiko Wildberg, AfD.

12 Siehe auch Kapitel »Die Klimaschmutzlobby in Deutschland«.

13 *Washington Post*, 3.3.2017: https://www.washingtonpost.com/gdpr-consent/?destination=%2fnews%2fenergy-environment%2fwp%2f2017%2f03%2f03%2fwhite-house-proposes-steep-budget-cut-to-leading-climate-science-agency%2f%3f, aufgerufen am 24.11.2019.

14 Siehe https://www.nasa.gov/content/nasa-administrator-bridenstine, aufgerufen am 24.11.2019.

15 Bolsonaro wettert gegen Bundesregierung, *Tagesspiegel*, 12.8.2019.

16 Interview der Autorinnen am 14.8.2019 mit Prof. Esther Solano, Universität von São Paulo (Internationale Beziehungen).

17 Freihandel gegen Klimaschutz: Das Mercosur-Handelsabkommen der EU, Monitor-Sendung (WDR), 8.8.2019.

18 Klaus Ehringfeld: Boliviens linker Bolsonaro, *Spiegel Online*, 28.8.2019, https://www.spiegel.de/wissenschaft/mensch/evo-morales-und-die-amazonas-braende-boliviens-linker-bolsonaro-a-1284042.html, aufgerufen am 28.8.2019.

19 Hierzu ausführlicher in Kapitel »Neoliberale Thinktanks und ihre großzügigen Spender«.

20 Martina Schulze: Bolsonaro setzt Hochschulen unter Druck, *Forschung & Lehre*, 1.8.2019.

21 Ausführlicher siehe Kapitel »Neoliberale Thinktanks und ihre großzügigen Spender«.

22 Anne Jean Kaiser: Brazil environment chief accused of ›war on NGOs‹ as partnerships paused, *Guardian*, 17.1.2019.

23 Siehe https://russland.ahk.de/fileadmin/AHK_Russland/Newsroom/Publikationen/RIZ/2019/RiZ_1_2019.pdf, aufgerufen am 29.11.2019.

24 Siehe https://www.t-online.de/nachrichten/ausland/id_87024982/rusland-praesident-wladimir-putin-fuerchtet-verwuestungen-durch-klimawandel.html, aufgerufen am 21.12.2019, AfP: https://www.youtube.com/watch?v=o-XpPyOonmk, aufgerufen am 21.12.2019.

25 Siehe https://www.dw.com/en/russias-vladimir-putin-doubts-man-made-climate-change-backs-trump/a-51736903, aufgerufen am 21.12.2019.

26 Siehe https://www.urdupoint.com/en/world/at-least-18-dead-as-devastating-floods-contin-659900.html, aufgerufen am 27.11.2019.

27 Siehe https://www.nature.com/articles/s41467-018-07557-4#auth-2, aufgerufen am 29.11.2019.

28 Interview mit Arshak Makichyan im Juli 2019. Teile des Textes bereits hier veröffentlicht: https://www.spiegel.de/wissenschaft/mensch/fridays-for-future-in-moskau-allein-gegen-wladimir-putins-klimapolitik-a-1276336.html, aufgerufen am 29.11.2019.

29 Pressemitteilung Urgewald: Russischer Staat will Umweltschützer mundtot machen: https://urgewald.org/medien/russischer-staat-will-umweltschuetzer-mundtot, aufgerufen am 6.1.2020.

30 Putin awaits return on Le Pen investment, *Financial Times*, 4.5.2017, https://www.ft.com/content/010eec62–30b5–11e7-9555-23ef563ecf9a, aufgerufen am 29.11.2019.

31 177 der 751 Sitze gehören nach den Wahlen rechten, EU-skeptischen Parteien. Einige von ihnen sind auch in der konservativen Fraktion organisiert, beispielsweise die ungarische Fidesz-Partei von Viktor Orbán. https://europarl.europa.eu/election-results-2019/de/aufschlusselung-nationale-parteien-fraktion/2019-2024/, aufgerufen am 5.1.2020.

32 Stella Schaller, Alexander Carius: *Convenient Truths. Mapping climate agendas of right-wing populist parties in Europe*, Berlin 2019.

33 Für ein Klimaschutz-Ranking haben der Deutsche Naturschutzring (DNR) und das Climate Action Network (CAN) 21 Abstimmungen im Europaparlament in den Jahren 2014 bis 2019 ausgewertet. Demnach stimmten die Abgeordneten von CDU und CSU im Schnitt nur jeder achten Klimaschutzvorlage zu, die FDP-Abgeordneten jeder siebten. In: Defenders, Delayers, Dinosaurs: Ranking of EU political groups & national parties on climate change, April 2019.

34 Dr. Frieder Rubik, Ria Müller, Richard Harnisch, Dr. Brigitte Holzhauer, Michael Schipperges, Dr. Sonja Geiger: *Umweltbewusstsein in Deutschland 2018. Ergebnisse einer repräsentativen Bevölkerungsumfrage*, Mai 2019.

35 Folgende Milieus unterscheidet die Studie: traditionell, etabliert, prekär, bürgerlich, kritisch-kreativ, jung-idealistisch, jung-pragmatisch, jung-distanziert.

36 Ebenda, S. 37.

37 Bundesumweltministerium/Umweltbundesamt (Hrsg.): *Umweltbewusstsein in Deutschland 2016. Ergebnisse einer repräsentativen Bevölkerungsumfrage*, April 2017, S. 15.

38 Ebenda. In dem Bericht von 2018 werden die Milieus generell positiver porträtiert. Hier heißt es stattdessen: »Bei den Angehörigen der traditionellen Milieus handelt es sich meist um ältere Personen über 70 Jahre. Frauen sind demografisch, also durch den hohen Altersschwerpunkt dieses Milieus bedingt, überrepräsentiert. Es finden sich unterschiedliche soziale Lagen. Gemeinsam ist ihnen eine an traditionellen Werten ausgerichtete Grundeinstellung.«

39 *Umweltbewusstsein in Deutschland 2018*, S. 75.

40 Siehe weiter unten.

41 Oskar Niedermayer: Parteimitgliedschaften im Jahre 2014, in: *Zeitschrift für Parlamentsfragen* 46 (2), 2015, S. 380.

42 AfD als Partei von Männern für Männer: Nur die härtesten Frauen kommen durch, *Merkur*, 3.4.2019. https://www.merkur.de/politik/afd-als-partei-von-maennern-fuer-maenner-nur-haertesten-frauen-kommen-durch-zr-9635568.html, aufgerufen am 29.8.2019.

43 *Umweltbewusstsein in Deutschland 2018*, S. 77.

44 James Cook u. a.: Quantifying the consensus on anthropogenic global warming in the scientific literature, *Environmental research letters* 8 (2), 2013.

45 Antrag der AfD-Fraktion: Aufgabe der Energie- und Klimaschutz-Zwischenziele 2030 des Energiekonzeptes 2010 – Für eine faktenbasierte Klima- und Energiepolitik, 27.6.2018. http://dip21.bundestag.de/dip21/btd/19/029/1902998.pdf, aufgerufen am 29.8.2019.

46 *Programm für Deutschland. Das Grundsatzprogramm der Alternative für Deutschland*, S. 156.

47 In: Susanne Götze: Heimat, Boden & Natur: Warum die AfD für den Tierschutz, aber gegen die Energiewende ist, in: *Die AfD – psychologisch betrachtet. Psychologischer Beitrag zum Verständnis des Erfolgs der AfD*, 2019.

48 Jonathan Watts: Brazil's new foreign minister believes climate change is a Marxist plot, 15.11.2018, https://www.theguardian.com/world/2018/nov/15/brazil-foreign-minister-ernesto-araujo-climate-change-marxist-plot, aufgerufen am 29.8.2019.

49 Die gesamte Sitzung am 15.5.2019 im Bundestag ist hier einsehbar: https://www.youtube.com/watch?v=47ygK7KlzQQ&feature=youtu.be, aufgerufen am 29.8.2019.

50 Siehe beispielsweise im Verlag Antaios des rechten Verlegers Götz Kubitschek, im Kai Homilius Verlag oder im Magazin *Compact*, vgl. etwa: *Compact Spezial*, Klimawandel. Fakten gegen Hysterie, November 2017.

51 Bundestagsdebatte am 28.6.2018: https://www.bundestag.de/dokumente/textarchiv/2018/kw26-de-klima-energiepolitik-561634, aufgerufen am 29.8.2019.

52 Siehe https://www.eike-klima-energie.eu/, aufgerufen am 24.11.2019.

53 Siehe https://www.eike-klima-energie.eu/ueber-uns/fachbeirat/, aufgerufen am 24.11.2019.

54 Siehe Kapitel »Wirtschaftsliberalismus in Frankreich«.

55 Pressekonferenz am 25.7.2019 mit Karsten Hilse, https://www.youtube.com/watch?v=Eu01MG6xNTo, aufgerufen am 13.8.2019.

56 Dresdener Erklärung, 13./14.7.2019, https://cdn.afd.tools/wp-content/uploads/sites/156/2019/07/Dresdener-Erkla%CC%88rung-V7.pdf, aufgerufen am 24.11.2019; Interview der Autorinnen mit Nils Franke am 15.7.2019.

57 Interview der Autorinnen mit Nils Franke am 15.7.2019.

58 Siehe https://www.joerg-urban.de/vita/, aufgerufen am 24.11.2019.

59 »Astroturf« bedeutet Kunstrasen und spielt darauf an, dass hier

»Graswurzelbewegungen«, also Initiativen von »unten«, imitiert bzw. vorgetäuscht werden. Siehe auch: Kathrin Voss. Grassroots-campaigning und Chancen durch neue Medien, Bundeszentrale für politische Bildung, Nr. 19/10.5.2010 – Thema: Lobbying und Politikberatung.

60 Siehe https://lobbypedia.de/wiki/Astroturfing#Bundesverband_Landschaftsschutz, aufgerufen am 11.1.2020.

61 Siehe http://bls-landschaftsschutz.de/mediadata/images/inhalte/07_Landtagswahl/Wahlpruefsteine%20Sachsen%202014.pdf, aufgerufen am 24.11.2019.

62 Siehe https://www.grueneliga.de/index.php/de/29-aktuell/presse mitteilung/681-erklaerung-der-gruenen-liga, aufgerufen am 11.1.2020.

63 Siehe https://www.umweltbundesamt.de/publikationen/umwelt bewusstsein-in-deutschland-2018, aufgerufen am 24.11.2019.

Neoliberale Thinktanks und ihre großzügigen Spender

1 Das Heartland-Institut schreibt von sich in »Our Mission«: *»To discover, develop, and promote free-market solutions to social and economic problems.«* (»Entdecken, Entwickeln und Bewerben von marktliberalen Lösungen für soziale und wirtschaftliche Probleme.«) Siehe https://www.heartland.org/, aufgerufen am 24.11.2019.

2 Naomi Klein: Die Entscheidung: Kapitalismus vs. Klima, S. Fischer, 2015.

3 Greenpeace erklärte gegenüber den Autorinnen, dass Spenden von Regierungen oder regierungsnahen Organisationen allgemein gegen die Spendenpolitik der Organisation verstoßen.

4 United States House of Representatives Commitee on Science, Space, and Technology, Majority Staff Report, Russian Attempts to Influence U.S. Domestic Energy Markets by Exploiting Social Media, 1.3.2018. http://2hiwrx1aljcd3ryc7x1vkkah.wpengine.netdna-cdn.com/wp-content/uploads/2018/06/SST-Staff-Report-Russian-Attempts-to-Influence-U.S.-Domestic-Energy-Markets-by-Exploit ing-Social-Media-03.01.18.pdf, aufgerufen am 11.1.2020.

5 *»Climate alarmists have failed to explain the lack of global warming over the past 15 years.«* (»Klima-Alarmisten haben es in den letzten 15 Jahren nicht geschafft die globale Erwärmungspause zu erklären.«) In anderen Veröffentlichungen bezweifelt Smith die Integrität des IPCC und bezeichnet die Klimawissenschaft als Religion:

Siehe u. a. https://www.wsj.com/articles/the-climate-change-religion-1429832149, https://archive.is/CIUoA, https://www.wsj.com/articles/the-climate-change-religion-1429832149, alle aufgerufen am 24.11.2019.

6 Siehe https://www.opensecrets.org/members-of-congress/industries?cid=N00001811&cycle=2018&newMem=N&recs=20&type=C, aufgerufen am 20.8.2019.

7 Im Wahljahr 2016 waren es allein von Koch Industries 10 000 Dollar und von Öl- und Gasfirmen insgesamt 100 000 Dollar. Vgl. https://www.opensecrets.org/members-of-congress/industries?cid=N00001811&cycle=2016&newMem=N&recs=20&type=I, aufgerufen am 5.1.2020.

8 Hans-Jürgen Urban (Hrsg.): *ABC zum Neoliberalismus. Von »Agenda 2010« bis »Zumutbarkeit«*, Hamburg 2006, S. 224.

9 »Diese Akteure – Stiftungen und Thinktanks – sind nicht Teil des traditionellen Wissenschaftssystems mit seiner Ausrichtung der Kommunikation an Wahrheit, Universalität, Skeptizismus und Reputationsgenerierung innerhalb der wissenschaftlichen Fachgemeinschaften. Sie versuchen aber, Universitäten und Forschungseinrichtungen mit Ideen und finanziellen Mitteln selektiv zu unterstützen. Somit sind sie als Akteure der Wissenschaftspolitik anzusehen, da sie in diesem Politikfeld bestimmte Entwicklungen vorantreiben und Innovationen befördern wollen«, in: Rudolf Speth: Stiftungen und Thinktanks, in: D. Simon/A. Knie/S. Hornbostel (Hrsg.): *Handbuch Wissenschaftspolitik*, 2010, S. 390; sowie Dieter Plehwe: Attack and Roll Back. The Constructive and Destructive Potential of Think Tank Networks, in: *Global Responsibility – Newsletter of the International Network of Engineers and Scientists for Global Responsibility*, No. 64 (2012), S. 10–12.

10 Urban: *ABC zum Neoliberalismus*, S. 225.

11 Dieter Plehwe: Social networks of influence in Europe – and beyond, in: Daphne Büllesbach/Marta Cillero/Lukas Stolz (Hrsg.): *Shifting Baselines of Europe. New Perspectives beyond Neoliberalism and Nationalism*, 2017.

12 Ebenda, S. 150.

13 Das nennt man auch Astroturfing, wenn durch Thinktanks Industrieinteressen in künstlichen sozialen Bewegungen ihren Ausdruck finden. Anna Irmisch: *Astroturf: Eine neue Lobbyingstrategie in Deutschland*, Wiesbaden, VS Verlag 2011.

14 Global Go To Think Tank Index Report 2018, University of Pennsylvania.

15 N. Oreskes/E. M. Conway: *Merchants of Doubt*, London, Bloomsbury 2010.
16 Siehe Plehwe: Social networks of influence in Europe – and beyond.
17 Der Mythos vom gefährlichen sauren Regen, https://www.eike-klima-energie.eu/2018/05/27/der-mythos-vom-gefaehrlichen-sauren-regen/, aufgerufen am 24.8.2019.
18 Edward Krug: The great acid rain flimflam, https://www.heartland.org/publications-resources/publications/the-great-acid-rain-flim flam, aufgerufen am 24.8.2019.
19 Siehe https://europeanresourcebank.org/#about, aufgerufen am 29.11.2019.
20 Ebenda.
21 Siehe https://www.hayek-institut.at/vorstand/kolm-barbara/, aufgerufen am 29.11.2019.
22 Siehe https://www.zeit.de/2012/43/Hayek-Institut-Wien/seite-2, aufgerufen am 29.11.2019.
23 Siehe https://www.hayek-institut.at/hitzewellen-und-die-panik mache-der-klimaalarmisten/, aufgerufen am 29.11.2019.
24 Etwa im Rahmen der »Free Market Road Show«: https://www.heart land.org/news-opinion/news/heartland-weekly-heartland-energy-expert-in-wall-street-journal, aufgerufen am 11.1.2020.
25 Rede auf der COP24 in Katowice beim Heartland Institute: https://twitter.com/heartlandinst/status/1069960493262024705, Generalsekretär von EIKE, Redner und Organisator von Klimaleugner-Konferenzen: https://www.eike-klima-energie.eu/2019/09/21/die-13-internationale-klima-und-energiekonferenz-13-ikek-findet-vom-22-auf-den-23-11-19-in-muenchen-statt/, aufgerufen am 11.1.2020.
26 Mailaustausch mit Anders Mertzlufft, Pressesprecher Friedrich-Naumann-Stiftung.
27 Siehe https://www.freiheit.org/content/rumaenien, aufgerufen am 29.11.2019.
28 Siehe https://europeanresourcebank.org/#speakers, aufgerufen am 29.11.2019.
29 Siehe https://nes-g.org/en/past-events/new-economic-school-georgia/free-market-road-show-tbilisi, aufgerufen am 29.11.2019.
30 Mailaustausch mit Anders Mertzlufft, Pressesprecher Friedrich-Naumann-Stiftung.
31 2015: http://990s.foundationcenter.org/990_pdf_archive/363/363309812/363309812_201512_990.pdf. 2016: http://990s.foundation

center.org/990_pdf_archive/363/363309812/363309812_201612_990.pdf. 2017: http://990s.foundationcenter.org/990_pdf_archive/363/363309812/363309812_201712_990.pdf, aufgerufen am 21.8.2019.

32 2015 waren es 100 000 Dollar, 2016 insgesamt 800 000 Dollar. Für 2017 und 2018 lagen zum Zeitpunkt der Recherche noch keine Steuerbescheide vor. http://990s.foundationcenter.org/990pf_pdf_archive/201/201982204/201982204_201512_990PF.pdf, aufgerufen am 21.8.2019. Robert Mercer ist ein US-amerikanischer Informatiker und Milliardär und Unterstützer von Donald Trump.

33 Im Februar 2012 veröffentlichte ein »Heartland-Insider« die geheime Klimastrategie des Institutes sowie das Budget und die Geldgeber. Der Leak ist weiterhin online verfügbar: https://www.desmogblog.com/sites/beta.desmogblog.com/files/2012%20Climate%20Strategy%20%283%29.pdf, aufgerufen am 23.8.2019. Zudem stellte Greenpeace die geleakten Spendendaten von ExxonMobil ins Netz: https://exxonsecrets.org/html/index.php, aufgerufen am 21.8.2019. Heartland bekam demnach über 600 000 Dollar von Exxon (bis 2014).

34 Siehe https://www.charleskochfoundation.org/news/foundation-statement-heartland-institute/, aufgerufen am 28.1.2020.

35 Siehe ebenfalls den Leak von 2012. Zudem ist Heartland auf der Webseite des NIPCC als Unterstützer gelistet. http://climatechangereconsidered.org/, aufgerufen am 21.8.2019.

36 Siehe Heartland Institute: https://www.heartland.org/about-us/who-we-are/s-fred-singer, aufgerufen am 24.11.2019. »*The Intergovernmental Panel on Climate Change (IPCC) has to provide proof for significant human-caused climate change; yet their climate models have never been validated and are rapidly diverging from actual observations. The real threat to humanity comes not from any (trivial) greenhouse warming but from cooling periods creating food shortages and famines.*« (»Der IPCC muss Nachweise für einen signifikanten vom Menschen verursachten Klimawandel erbringen. Ihre Klimamodelle wurden jedoch nie validiert und weichen von den tatsächlichen Beobachtungen ab. Die wirkliche Bedrohung für die Menschheit entsteht nicht durch einen [unbedeutenden] Treibhauseffekt, sondern durch Abkühlungsperioden, die zu Nahrungsmittelknappheit und Hungersnöten führen.«) Siehe https://web.archive.org/web/20160913233758/http://www.americanthinker.com/articles/2016/01/climate_change_the_burden_of_proof.html, aufgerufen am 24.11.2019. Vgl. auch: Michael E. Mann/Tom Toles: *Der Tollhauseffekt: Wie die Leugnung des Klimawandels unseren Planeten*

bedroht, unsere Politik zerstört und uns in den Wahnsinn treibt, Heise Medien 2018.

37 Das geht aus geleakten Dokumenten hervor: https://exxonsecrets.org/html/personfactsheet.php?id=1 und https://www.theguardian.com/environment/2012/feb/15/leak-exposes-heartland-institute-climate, aufgerufen am 24.11.2019. Laut einem Report der Union of Concerned Scientists von 2007 erhielten verschiedene Organisationen, in denen Singer führende Positionen hatte, über die Jahre Geldsummen von ExxonMobil: Siehe https://www.ucsusa.org/sites/default/files/2019-09/exxon_report.pdf, aufgerufen am 24.11.2019.

38 Naomi Oreskes/Erik Conway: *Merchants of Doubt*, New York 2010, S. 143.

39 Singer selbst stritt noch 2001 ab, Geld von Ölkonzernen wie Exxon zu nehmen: https://archive.is/h31Nm, Exxon-Leaks: https://exxonsecrets.org/html/personfactsheet.php?id=1, aufgerufen am 21.8.2019; sowie der Report der Union of Concerned Scientists von 2007: http://climate.envsci.rutgers.edu/pdf/UCSexxon_report.pdf, aufgerufen am 5.1.2020.

40 Naomi Oreskes/Erik Conway: *Merchants of Doubt*, New York 2010, S. 233.

41 Allein die Koch Brothers spendeten 40 000 Dollar, ebenso das Ölunternehmen Vess Oil Corp. Siehe Plattform OpenSecrets: http://www.opensecrets.org/members-of-congress/contributors?cid=N00027649&cycle=CAREER&type=I, aufgerufen am 20.8.2019.

42 »*We work together with groups all over the world promoting free markets and we hosted already twelve different conferences about climate science to show: CO_2 is not a pollutant.*« Interview mit den Autorinnen am 7.8.2018, New Orleans.

43 The Climate Deception Dossiers, Internal Fossil Fuel Industry Memos Reveal Decades of Corporate Disinformation: https://www.ucsusa.org/sites/default/files/attach/2015/07/The-Climate-Deception-Dossiers.pdf, aufgerufen am 6.1.2020.

44 Zu CFACT und CEI siehe weiter unten.

45 Das Original ist hier einsehbar: http://www.climatefiles.com/trade-group/american-petroleum-institute/1998-global-climate-science-communications-team-action-plan/, aufgerufen am 6.1.2020.

46 Ebenda, S. 4.

47 Lance Bennett während seines Vortrages am 9.8.2019 im IASS Potsdam: »The Political Organization of Disinformation about Climate Science«.

48 Toxic 100 Air Polluters Index (2019 Report, Based on 2017 Data), https://www.peri.umass.edu/toxic-100-air-polluters-index-current, aufgerufen am 24.8.2019.
49 Jane Mayer: Covert Operations. The billionaire brothers who are waging a war against Obama, in: *New Yorker*, 23.8.2010, https://www.newyorker.com/magazine/2010/08/30/covert-operations, aufgerufen am 24.8.2019.
50 Das Cato wurde 1977 von Charles Koch mitgegründet. Siehe https://www.cato.org/about, aufgerufen am 24.8.2019.
51 Plattform Opensecrets: https://www.opensecrets.org/overview/toporgs.php?cycle=2016&view=sp, aufgerufen am 21.8.2019.
52 Die gesammelten Spendendaten findet man hier: https://exxonsecrets.org/html/index.php, aufgerufen am 21.8.2019.
53 Report der Union of Concerned Scientists von 2007: http://climate.envsci.rutgers.edu/pdf/UCSexxon_report.pdf, aufgerufen am 21.8.2019.
54 Das zeigen wir u. a. im Kapitel »Wie die Klimaschmutzlobby ihre Ziele erreicht – USA, Brasilien, Europa«.
55 Siehe https://www.atlasnetwork.org/about/our-story, aufgerufen am 24.8.2019.
56 Darunter das CEI und das Heartland-Institut.
57 Die Spender von Atlas sind bis 2014 hier einsehbar: http://conservativetransparency.org/recipient/atlas-economic-research-foundation/, aufgerufen am 26.8.2018.
58 Atlas Network, Koch Industries Climate Denial Front Group: https://www.greenpeace.org/usa/global-warming/climate-deniers/front-groups/atlas-economic-research-foundation/, aufgerufen am 26.8.2018.
59 Siehe Kapitel »Die Klimaschmutzlobby in Deutschland«.
60 Siehe https://www.frankschaeffler.de/ich-bin-ein-klimaskeptiker/, aufgerufen am 11.1.2020. Siehe Kapitel »Die Klimaschmutzlobby in Deutschland«.
61 Siehe https://projects.probublica.org/nonprofits/display_990/942763845/07_2019_prefixes_88-95%2F942763845_201812_990_2019070516462976, aufgerufen am 28.1.2020.
62 »*From 2008–2010, an interruption in the neoliberal networks occurred, where the Stockholm Network (…) ceased activity – the main reason, according to the authors, ›was the formation of the Alliance of European Conservatives and Reformists, led by the British Tories and other right-wing parties from Poland and the Czech Republic (Vaclav Claus, a Mont Pèlerin member)‹ (…) ›AECR forged*

a new neo-liberal think tank network under the umbrella of the party foundation New Directions (Plehwe & Schlögl, 2014), which combines many former Stockholm Network members‹.« In: Daphne Büllesbach/Marta Cillero/Lukas Stolz (Hrsg.): *Shifting Baselines of Europe: New Perspectives beyond Neoliberalism and Nationalism*, Xtexte (Bielefeld: Transcript, 2017), S. 153–154.

63 Prawo i Sprawiedliwość.

64 Conservative and Unionist Party.

65 Lucke war ehemals Mitglied und Vorsitzender der AfD.

66 Auditor's Report New Direction Foundation 2011: https://newdirection.online/2018-files/ND_report_2011.pdf, aufgerufen am 6.1.2020.

67 Siehe https://www.ecrparty.eu/event/conservatives_international_miami, aufgerufen am 6.1.2020, vgl. auch: https://www.instazu.com/media/1761846986628550923, aufgerufen am 21.8.2019.

68 Siehe https://www.acreurope.eu/event/blue_green_summit_2017, aufgerufen am 26.6.2019. Trump berief Ebell nach seiner Wahl zum Beauftragten für die US-Umweltbehörde EPA: https://www.nytimes.com/2016/11/12/science/myron-ebell-trump-epa.html, aufgerufen am 1.9.2019.

69 Siehe https://www.independent.co.uk/environment/how-america-plotted-to-stop-kyoto-deal-518575.html und https://theecologist.org/2018/oct/08/why-did-george-w-bush-pull-out-kyoto-protocol, aufgerufen am 24.11.2019.

70 »*›We alerted anyone we thought could have influence and get the line, if it was in the speech, out‹,« says CEI president Fred Smith, who counts this as another notch in CEI's belt. The White House declines to comment.«* In: https://www.newsweek.com/global-warming-deniers-well-funded-99775, aufgerufen am 6.1.2020.

71 Paul Harris: Bush covers up climate research, 21.3.2003, in: *The Guardian*: https://www.theguardian.com/environment/2003/sep/21/usnews.georgewbush, aufgerufen am 26.8.2019.

72 Siehe https://www.independent.co.uk/environment/how-america-plotted-to-stop-kyoto-deal-518575.html, aufgerufen am 11.1.2020.

73 Seit 2015 ist die Initiative kaum mehr aktiv. Finanziert wurde auch sie von der fossilen Industrie. Siehe https://climateinvestigations.org/climate-deniers/cooler-heads-coalition/, aufgerufen am 26.8.2019.

74 Siehe https://www.theguardian.com/environment/2019/oct/11/google-contributions-climate-change-deniers, aufgerufen am 24.11.2019.

75 Ottmar Edenhofer/Christian Flachsland/Lisa Katharina Schmid:

Wie der Emissionshandel wieder zur zentralen Säule der europäischen Klimapolitik werden kann. 12 Jahre Emissionshandel: https://www.pik-potsdam.de/members/edenh/copy_of_publikations/Edenhoferetal_2018_SeitenausAngrick_12JahreEuropischer Emissionshandel.pdf, aufgerufen am 26.8.2019. Reform der Emissions-Zertifikate – Warum der CO2-Handel nicht funktioniert hat: https://www.zdf.de/nachrichten/heute/warum-der-co2-handel-bis-jetzt-gescheitert-ist-100.html, aufgerufen am 26.8.2019.

76 Calculation of additional profits of sectors and firms from the EU ETS 2008–2015, CE Delft, März 2016.

77 Lance Bennett während seines Vortrages am 9.8.2019 im IASS Potsdam: »The Political Organization of Disinformation about Climate Science«.

78 »*The Left, in fact, has much to learn from the right-wing efforts to organise and coordinate across borders. Paradoxically, the Right has become the international party.*« Dieter Plehwe: Social networks of influence in Europe – and beyond, in: Daphne Büllesbach/Marta Cillero/Lukas Stolz (Hrsg.): *Shifting Baselines of Europe. New Perspectives beyond Neoliberalism and Nationalism*, 2017.

Wie die Agrarlobby klimafreundliche Ernährung verhindert

1 Interview mit den Autorinnen am 30.9.2019.

2 Siehe https://ec.europa.eu/info/food-farming-fisheries/key-policies/common-agricultural-policy/cap-glance_en, aufgerufen am 21.11.2019.

3 Siehe https://eur-lex.europa.eu/legal-content/DE/TXT/PDF/?uri=CELEX:32013R1307&from=en, aufgerufen am 11.1.2020.

4 Siehe http://mobil.bauernverband.de/12-jahrhundertvergleich, aufgerufen am 11.1.2020.

5 Siehe https://www.bmel.de/SharedDocs/Downloads/Ministerium/Beiraete/Agrarpolitik/GAP-GrundsatzfragenEmpfehlungen.pdf?__blob=publicationFile, aufgerufen am 11.1.2020.

6 Siehe https://www.bmel.de/SharedDocs/Pressemitteilungen/2019/156-WBAE.html, aufgerufen am 11.1.2020.

7 Siehe https://www.eca.europa.eu/de/Pages/NewsItem.aspx?nid=11130, aufgerufen am 11.1.2020.

8 Siehe https://www.gesetze-im-internet.de/energiestg/__57.html, aufgerufen am 11.1.2020.

9 Siehe https://commons.wikimedia.org/wiki/File:Deutsches_Reichsgesetzblatt_22T1_030_0396.jpeg, aufgerufen am 11.1.2020.

10 Siehe https://www.thuenen.de/de/thema/einkommen-und-beschaeftigung/einkommen-in-der-landwirtschaft-ein-dauerbrenner/einkommens-und-betriebsentwicklung/, aufgerufen am 21.11.2019.

11 Siehe https://www.umweltbundesamt.de/sites/default/files/medien/1410/publikationen/190917_uba_kp_landwirtschaft_quovadis_bf.pdf, aufgerufen am 21.11.2019.

12 Siehe https://www.umweltbundesamt.de/sites/default/files/medien/357/dokumente/praesentation_webinar_srccl_deutsch_20190906.pdf, S. 10, aufgerufen am 21.11.2019.

13 Siehe http://www.europarl.europa.eu/news/de/headlines/society/20190313STO31218/co2-emissionen-von-autos-zahlen-und-fakten-infografik, aufgerufen am 21.11.2019.

14 Siehe http://www.europarl.europa.eu/news/de/headlines/society/20180404STO00909/bio-lebensmittel-und-okolandbau-zahlen-und-fakten-infografik, aufgerufen am 21.11.2019.

15 Siehe https://www.pik-potsdam.de/aktuelles/pressemitteilungen/von-avocados-bis-zu-aepfeln-lebensmittel-lokaler-produzieren-koennte-helfen-klima-emissionen-zu-senken, aufgerufen am 21.11.2019.

16 Siehe https://www.umweltbundesamt.de/themen/boden-landwirtschaft/umweltbelastungen-der-landwirtschaft/lachgas-methan, aufgerufen am 21.11.2019.

17 Telefonat der Autorinnen am 23.9.2019.

18 Siehe https://www.bundesregierung.de/resource/blob/975232/1673502/768b67ba939c098c994b71c0b7d6e636/2019-09-20-klimaschutz-programm-data.pdf?download=1, aufgerufen am 21.11.2019.

19 Siehe https://www.bmel.de/DE/Landwirtschaft/Nachhaltige-Landnutzung/Klimawandel/_Texte/Extremwetterlagen-Zustaendigkeiten.html, aufgerufen am 22.11.2019.

20 Siehe https://agriculture.gouv.fr/secheresse-le-gouvernement-vient-en-aide-aux-agriculteurs, aufgerufen am 22.11.2019.

21 Siehe https://www.nabu.de/imperia/md/content/nabude/landwirtschaft/agrarreform/190429-studie-agrarlobby-iaw.pdf, aufgerufen am 22.11.2019.

22 Siehe http://www.unwortdesjahres.net/index.php?id=112, aufgerufen am 22.11.2019.

23 Siehe https://www.bmel.de/SharedDocs/Pressemitteilungen/2019/190808-Sonderbericht-Weltklimarat.html, aufgerufen am 22.11.2019.

24 Siehe https://www.bmel.de/DE/Landwirtschaft/Nachhaltige-Land nutzung/Klimawandel/_Texte/LandwirtschaftUndKlimaschutz.html;jsessionid=85F67C2B9F93357, aufgerufen am 22.11.2019.
25 Siehe https://media.diemayrei.de/30/719730.pdf, S. 6, aufgerufen am 22.11.2019.
26 Ebenda, S. 8.
27 Michael Shellenberger ist auch Co-Gründer des Breakthrough-Institutes. Zum Thema Gas: https://thebreakthrough.org/issues/energy/collection-natural-gas, aufgerufen am 21.8.2019. Zum Thema Atomkraft: http://environmentalprogress.org/why-we-fear-nuclear-1, aufgerufen am 21.8.2019.
28 Siehe http://www.fao.org/3/a-i4066e.pdf, aufgerufen am 22.11.2019.
29 Siehe https://www.cema-agri.org/market-trends/32-market-data/521-positive-first-six-months-for-tractor-registrations-in-2019_2, aufgerufen am 22.11.2019.
30 Siehe https://www.nature.com/articles/s41558-019-0613-7, aufgerufen am 22.11.2019.
31 Siehe https://www.umweltbundesamt.de/sites/default/files/medien/1410/publikationen/190917_uba_kp_landwirtschaft_quovadis_bf.pdf, aufgerufen am 29.11.2019.
32 Siehe https://www.thuenen.de/media/publikationen/thuenen-report/Thuenen_Report_65.pdf, aufgerufen am 11.1.2020.
33 Siehe https://www.youtube.com/watch?v=X-umPbPSmvg, aufgerufen am 22.11.2019.
34 Siehe https://www.entreprises.gouv.fr/files/files/directions_ser vices/etudes-et-statistiques/prospective/Industrie/2017–06-filiere-drones-civils-export.pdf, aufgerufen am 22.11.2019.
35 Siehe http://www.ecaf.org/ca-in-europe/uptake-of-ca-in-europe, aufgerufen am 22.11.2019.
36 Siehe https://www.gkb-ev.de/publikationen-2/, aufgerufen am 22.11.2019.
37 Siehe https://www.nature.com/articles/s41558-019-0591-9.epdf, aufgerufen am 22.11.2019.
38 Mail an die Autorinnen vom 25.10.2019.
39 Siehe http://www.etcgroup.org/sites/www.etcgroup.org/files/files/etc-whowillfeedus-english-webshare.pdf, aufgerufen am 22.11.2019.
40 Siehe http://www.fao.org/family-farming/detail/en/c/284666/, aufgerufen am 22.11.2019.
41 Siehe https://www.bmel.de/DE/Landwirtschaft/Nachhaltige-Land nutzung/Klimawandel/_Texte/forschung_drohne_boeden_zalf.html, aufgerufen am 22.11.2019.

42 Mail an die Autorinnen vom 28.10.2019.

43 Siehe https://www.bundestag.de/resource/blob/459034/6e4108a96aa55c9940a3da82bb133f5a/wd-5-068-16-pdf-data.pdf, aufgerufen am 22.11.2019.

44 Siehe https://www.bmel.de/DE/Landwirtschaft/Nachhaltige-Landnutzung/Klimawandel/_Texte/LandwirtschaftUndKlimaschutz.html;jsessionid=85F67C2B9F93357385ECAB86AB9E9BDE.2_cid376, aufgerufen am 22.11.2019.

45 Siehe https://www.researchgate.net/publication/222158321_Ecological_services_of_faba_bean, aufgerufen am 22.11.2019.

46 Siehe http://www.fao.org/gacsa/members/members-list/en/, aufgerufen am 22.11.2019.

47 Siehe https://investor.kelloggs.com/CorporateProfile, aufgerufen am 22.11.2019.

48 Siehe https://www.syngenta.com/~/media/Files/S/Syngenta/syngenta-at-a-glance-2019.pdf, aufgerufen am 22.11.2019.

49 Siehe https://www.iva.de/verband/industrieverband-agrar-e-v-iva, aufgerufen am 22.11.2019.

50 Siehe https://www.pnp.de/nachrichten/politik/3411900_Kloeckner-Es-ist-nicht-fair-die-Landwirtschaft-pauschal-fuer-alles-verantwortlich-zu-machen.html, aufgerufen am 22.11.2019.

51 Siehe https://martin-haeusling.eu/images/Klimaschutz_kleiner_RZ_copi.pdf, S. 12, aufgerufen am 22.11.2019.

52 Siehe http://www.arc2020.eu/climate-smart-agriculture-an-agribusiness-fairytale-about-industrial-farming-and-climate-change/, aufgerufen am 22.11.2019.

53 Siehe https://www.bund.net/service/presse/pressemitteilungen/detail/news/verbaende-kritisieren-ergaenzende-vorschlaege-der-bundesregierung-zur-duengeverordnung-nitratbelastun/, aufgerufen am 22.11.2019.

54 Siehe https://www.bmel.de/SharedDocs/Pressemitteilungen/2019/124-Duengeverordnung.html, aufgerufen am 22.11.2019.

55 Siehe https://www.umweltbundesamt.de/sites/default/files/medien/357/dokumente/praesentation_webinar_srccl_deutsch_20190906.pdf, S. 26, aufgerufen am 11.1.2020.

56 Siehe https://taz.de/Julia-Kloeckner-ueber-Tiere-als-Essen/!5534590/, aufgerufen am 11.1.2020.

57 Siehe https://ec.europa.eu/clima/policies/strategies/2030_de, aufgerufen am 11.1.2020.

58 Siehe https://www.agrarheute.com/land-leben/fleischkonsum-diese-laender-konsumieren-meisten-528934, aufgerufen am 11.1.2020.

59 Siehe https://www.umweltbundesamt.de/fuer-klima-umwelt-tierische-produkte-hoeher#textpart-5, aufgerufen am 11.1.2020.
60 Siehe https://www.umweltbundesamt.de/sites/default/files/medien/1410/publikationen/190917_uba_kp_landwirtschaft_quovadis_bf.pdf, aufgerufen am 11.1.2020.
61 Siehe https://www.ruegenwalder.de/vegetarische-und-vegane-produkte, aufgerufen am 22.11.2019.
62 Siehe https://www.iatp.org/emissions-impossible, aufgerufen am 22.11.2019.
63 Siehe https://www.spiegel.de/sport/sonst/clemens-toennies-will-rassistische-aussagen-wiedergutmachen-a-1280315.html, aufgerufen am 22.11.2019.
64 Siehe https://toennies.de/geschaeftsfelder/division-meat-pork-beef/, aufgerufen am 22.11.2019.
65 Siehe https://www.iatp.org/emissions-impossible, aufgerufen am 22.11.2019.
66 Siehe https://globalresearchalliance.org/about/, aufgerufen am 22.11.2019.
67 Siehe https://www.ferienbauernhof-gerig.de/ferienhof/landwirtschaft/, aufgerufen am 11.1.2020.
68 Siehe https://www.abgeordnetenwatch.de/profile/alois-gerig/question/2019-04-30/314762, aufgerufen am 11.1.2020.
69 Siehe https://www.nabu.de/imperia/md/content/nabude/landwirtschaft/agrarreform/190429-studie-agrarlobby-iaw.pdf, aufgerufen am 22.11.2019.
70 Siehe https://www.phw-gruppe.de/static/Taetigkeitsbericht_Januar2019-d9fe553fd11b99a9d920a62f38b51ba9.pdf, aufgerufen am 9.12.2019.
71 Siehe https://www.peter-bleser.de/vita, aufgerufen am 9.12.2019.
72 Siehe https://www.peter-bleser.de/in-berlin, aufgerufen am 11.1.2020.
73 Siehe https://www.raiffeisen.de/holzenkamp-mahnt-schnelle-europaeische-loesung, aufgerufen am 9.12.2019, https://www.cducsu.de/abgeordnete/franz-josef-holzenkamp, aufgerufen am 21.12.2019.
74 Siehe https://www.johannes-roering.de/5_23_Kurzvita.html, aufgerufen am 22.11.2019.
75 Siehe https://www.sueddeutsche.de/politik/bundestag-cdu-abgeordneter-nebenjobs-roering-1.4479323, aufgerufen am 22.11.2019.
76 Siehe https://www.johannes-roering.de/5_44_Nebentaetigkeiten.html, aufgerufen am 22.11.2019.
77 Siehe https://www.spiegel.de/politik/deutschland/nebeneinkuenfte-

im-bundestag-top-verdiener-wehren-sich-gegen-kritik-a-983415.html, aufgerufen am 22.11.2019.

78 Siehe https://www.abgeordnetenwatch.de/profile/johannes-roring?page=10#block-pw-vote-profile, aufgerufen am 22.11.2019.

79 Siehe https://www.peta.de/neues-video-zeigt-erschuetternde-zustaende-in-schweinebetriebenvon, aufgerufen am 22.11.2019.

80 Siehe https://www.spiegel.de/spiegel/print/d-147238306.html, aufgerufen am 22.11.2019.

81 Siehe https://www.ima-shop.de/, aufgerufen am 22.11.2019.

82 Siehe https://www.ima-shop.de/Hausaufgabenheft, aufgerufen am 22.11.2019.

83 Siehe https://www.ima-shop.de/Wir-ueber-uns, aufgerufen am 22.11.2019.

84 Siehe https://www.bildungsserver.de/institution.html?institutionen_id=9577, aufgerufen am 11.1.2020.

85 Siehe https://www.facebook.com/InformationMedienAgrar/photos/pcb.2001973043213606/2001972486546995/?type=3&theater, aufgerufen am 11.1.2020.

86 Siehe https://www.morgenpost.de/berlin/gruenewoche/article216277885/Besuch-auf-dem-Erlebnisbauernhof-Woher-Brot-und-Eier-kommen.html?fbclid=IwAR3I7Xi94Os42_33-1UXDwkOYrtUwbcjoxZeC87KUg3bQdSyzxoIAqbUnOw, aufgerufen am 11.1.2020.

87 Siehe https://www.ima-shop.de/mediafiles/PDF/104-104_landwirtschaft-im-wandel.pdf, aufgerufen am 22.11.2019.

88 Siehe https://www.ima-shop.de/mediafiles/PDF/104-123_malheft_landtechnik_v3.pdfm, aufgerufen am 22.11.2019.

89 Siehe https://www.maireantipesticide.fr/galerie, aufgerufen am 22.11.2019.

90 Siehe https://www.nouvelobs.com/justice/20190827.OBS17609/son-arrete-anti-pesticides-suspendu-par-la-justice-le-maire-breton-daniel-cueff-veut-faire-appel.html, aufgerufen am 22.11.2019.

91 Siehe https://www.legifrance.gouv.fr/affichTexte.do?cidTexte=JORFTEXT000039686039&categorieLien=id, aufgerufen am 21.12.2019.

92 Siehe https://twitter.com/Caroline_Roux/status/1181810515368128512, aufgerufen am 22.11.2019.

93 Siehe http://www.jeunes-agriculteurs.fr/agribashing/, aufgerufen am 22.11.2019.

Wie die Klimaschmutzlobby ihre Ziele erreicht – USA, Brasilien, Europa

1 13th International Conference on Climate Change »Best Science, Winning Energy Policies«, https://climateconference.heartland.org/, aufgerufen am 21.8.2019.
2 Siehe Kapitel »Populisten torpedieren Klimaschutz«.
3 The Science & Environmental Policy Project (SEPP) – »non profit« organization: http://www.sepp.org/, aufgerufen am 11.1.2020.
4 Siehe https://www.heritage.org/, aufgerufen am 11.1.2020.
5 Siehe https://cei.org/, aufgerufen am 11.1.2020.
6 Heartland's ICCC13 – Keynotes: https://www.youtube.com/watch?v=xUT4vzprlCA, aufgerufen am 30.8.2019.
7 EIKE selbst weigert sich, seine Sponsoren offenzulegen.
8 Siehe https://climateconference.heartland.org/speakers/dominik-kolorz/ und Heartland's ICCC13 – Keynotes: https://www.youtube.com/watch?v=xUT4vzprlCA, aufgerufen am 30.8.2019.
9 Mehr zu Polens Kohlelobby in Kapitel »Kohlelobby und Klimaschutz-Bremser in Osteuropa«.
10 Siehe https://climateconference.heartland.org/speakers/lord-christopher-monckton/, aufgerufen am 30.8.2019.
11 Siehe Kapitel »Populisten torpedieren Klimaschutz«.
12 Siehe https://climateconference.heartland.org/speakers/myron-ebell/, aufgerufen am 30.8.2019.
13 Siehe http://climateconferences.heartland.org/myron-ebell-speaks-truth-to-power-award-iccc12/, aufgerufen am 30.8.2019.
14 Siehe https://cei.org/about/staff, aufgerufen am 30.8.2019.
15 Siehe https://cei.org/content/how-private-ownership-inspires-green-management-panel-discussion-featuring-myron-ebell, aufgerufen am 30.8.2019.
16 Siehe http://conservativesinternational.org/panel/miami2017-the-future-of-europe-in-the-world, aufgerufen am 21.8.2019.
17 GWPF & FPA Press Briefing with Myron Ebell. 30 January 2017: https://www.youtube.com/watch?v=JvWMfAk47_Q, aufgerufen am 30.8.2019.
18 Myron Ebell: Die US-Klimapolitik nach der Präsidentenwahl (10. IKEK), https://www.youtube.com/watch?v=RNraZnUucu4, aufgerufen am 30.8.2019.
19 Marlo Lewis: Ignoranz ist Stärke, Abweichlertum ist stalinistisch, in: https://www.eike-klima-energie.eu/2019/03/25/ignoranz-ist-staerke-abweichlertum-ist-stalinistisch/, aufgerufen am 31.8.2019.

Lewis ist auch beim Heartland-Institut aktiv: https://www.heartland.org/about-us/who-we-are/marlo-lewis, aufgerufen am 11.1.2020.

20 Siehe https://www.youtube.com/watch?v=RNraZnUucu4&fbclid=IwAR1EqYX1JkaXuTe_IDHulSzXNxPa3cKBInj9FZIgjsTtJV4RC56xkWsMGpo, aufgerufen am 11.1.2020.

21 Siehe https://www.eike-klima-energie.eu/13-konferenz/programm/, aufgerufen am 24.11.2019.

22 Beispielsweise: Horst-Joachim Lüdecke: 9 Fragen zum »Klimaschutz«, S. Fred Singer: Falsche Klimaprognosen, Langzeitbeobachtungen des Klimas und Klimamodelle des IPCC im Vergleich, siehe http://www.tvrgroup.de/, aufgerufen am 24.11.2019.

23 Zu den Parallelen zwischen Klimawandel-Leugner-Thinktanks und Tabaklobby siehe Kapitel »Neoliberale Thinktanks und ihre großzügigen Spender«.

24 Siehe https://www.ff.org/about/, aufgerufen am 1.9.2019.

25 Siehe https://exxonsecrets.org/html/orgfactsheet.php?id=35, aufgerufen am 1.9.2019.

26 »*The environment is best protected and preserved where free markets thrive, capitalism is robust, and property rights are respected.*« https://www.ff.org/about/, aufgerufen am 11.1.2020.

27 Siehe oben und Kapitel »Populisten torpedieren Klimaschutz«.

28 Siehe https://www.youtube.com/channel/UCeYSlCaX1PheCaqxN7u2klw, aufgerufen am 15.12.2019.

29 Pressemitteilung von CFACT anlässlich der COP21: https://www.prnewswire.com/news-releases/cfact-delegation-headed-to-paris-to-challenge-un-climate-pact-300183654.html, Programm der Gegenkonferenz: Cooler Heads to livestream climate skeptic conference at #COP21, https://wattsupwiththat.com/2015/12/06/cooler-heads-to-livestream-climate-skeptic-conference-at-cop21/, beide aufgerufen am 11.1.2020.

30 990 Finder, Dokument abrufbar unter: http://990s.foundationcenter.org/990_pdf_archive/521/521462893/521462893_201712_990.pdf, aufgerufen am 15.8.2019.

31 Siehe http://conservativetransparency.org/recipient/committee-for-a-constructive-tomorrow/, aufgerufen am 15.8.2019. Die Datenbank zeigt derzeit nur Spenden bis 2014 an.

32 990 Finder, Dokument abrufbar unter: http://990s.foundationcenter.org/990_pdf_archive/473/473722575/473722575_201612_990.pdf, aufgerufen am 15.8.2019.

33 Mercer unterstützt eine ganze Reihe von Klimawandel-Leugner-In-

stituten, unter anderem auch das Center for the Study of Carbon Dioxide and Global Change, das von dem Kohlekonzern Peabody Energy initiiert wurde, siehe https://www.theguardian.com/environment/2016/jun/13/peabody-energy-coal-mining-climate-change-denial-funding, aufgerufen am 21.8.2019. Mercer-Donations: http://990s.foundationcenter.org/990pf_pdf_archive/201/201982204/201982204_201612_990PF.pdf, aufgerufen am 21.8.2019. Die CO2-Coalition erhielt 2016 beispielsweise 150 000 Dollar von Mercer.

34 Siehe auch Kapitel »Neoliberale Thinktanks und ihre großzügigen Spender«.

35 Siehe 990 tax forms und die darauf registrierten Adressen.

36 *»(…) to formulate and promote conservative public policies based on the principles of free enterprise, limited government, individual freedom, traditional American values, and a strong national defense.«* Siehe: Steuererklärung der Behörde IRS für steuerbefreite Organisationen: http://990s.foundationcenter.org/990_pdf_archive/237/237327730/237327730_201712_990.pdf.

37 990 Finder, Dokument abrufbar unter: http://990s.foundationcenter.org/990_pdf_archive/237/237327730/237327730_201712_990.pdf, aufgerufen am 15.8 2019.

38 *»The reality, however, is that policies endorsed to combat climate change would carry significant costs and would do nothing to mitigate warming, even if there were a looming catastrophe like the National Climate Association says«*, in: Nicolas Loris: 4 Problems With the New Climate Change Report, Heritage Foundation. https://www.heritage.org/environment/commentary/4-problems-the-new-climate-change-report, aufgerufen am 15.8.2019.

39 Siehe https://www.gisreportsonline.com/nick-loris,67,expert.html, aufgerufen am 11.1.2020.

40 Aussage von Loris am 20. Juni im US-Kongress: Nicolas Loris: The Administration's Rollback of Fuel Economy and Clean Car Standards at the Subcommittee on Consumer Protection and Commerce and the Subcommittee on Environment and Climate Change of the Committee on Energy and Commerce, 20. Juni 2019. https://energycommerce.house.gov/sites/democrats.energycommerce.house.gov/files/documents/Witness%20Testimony_Loris_06.20.19.pdf, aufgerufen am 15.8.2019.

41 Siehe https://www.eenews.net/stories/1060051271, aufgerufen am 31.8.2019.

42 *»In fact, the U.S. could cut its carbondioxide emissions 100 percent*

and it would not avert much warming. According to the Model for the Assessment of Greenhouse Gas Induced Climate Change, using a climate sensitivity of 4.5 degrees Celsius (the warming effect of a doubling of carbon-dioxide emissions and an estimate exceeding some recent peer-reviewed research on the topic), the world would be less than twotenths of a degree Celsius cooler by the turn of the century. The rise of sea levels would be reduced by less than 2 centimeters.«

43 Siehe https://www.climateinteractive.org/analysis/us-role-in-paris/, aufgerufen am 31.8.2019.

44 Siehe https://www.heritage.org/staff/david-kreutzer, aufgerufen am 31.8.2019.

45 Siehe https://departmentofinfluence.org/person/david-kreutzer/, aufgerufen am 31.8.2019.

46 Siehe https://www.youtube.com/watch?v=RE21q-hlPL4, aufgerufen am 1.9.2019.

47 Siehe https://www.eenews.net/stories/1060051271, aufgerufen am 15.8.2019.

48 Jonathan Mahler: How One Conservative Think Tank Is Stocking Trump's Government, in: *New York Times Magazine*, 20.6.2018, siehe https://www.nytimes.com/2018/06/20/magazine/trump-government-heritage-foundation-think-tank.html, aufgerufen am 1.9.2019.

49 Ebenda.

50 Siehe https://exxonsecrets.org/html/orgfactsheet.php?id=42, aufgerufen am 15.8.2019.

51 Siehe https://www.greenpeace.org/usa/global-warming/climate-deniers/front-groups/the-heritage-foundation/, aufgerufen am 15.8.2019.

52 Plattform Conservative Transparency: http://conservativetransparency.org/recipient/heritage-foundation/, aufgerufen am 21.8.2019. Über Donors Trust: https://www.independent.co.uk/environment/climate-change/exclusive-billionaires-secretly-fund-attacks-on-climate-science-8466312.html, aufgerufen am 21.8.2019. Nach eigenen Angaben vergab Donors Trust seit seiner Gründung 1999 über eine Milliarde Dollar an 1900 Organisationen. Siehe https://www.donorstrust.org/who-we-are/mission-principles/, aufgerufen am 21.8.2019. Die Stiftung ist zudem mit dem Donors Capital Fund verbunden.

53 Einkommen laut 990 tax forms im Jahr 2016 und Auflistung der Beträge, die an Institute und Organisationen gespendet wurden, siehe http://990s.foundationcenter.org/990_pdf_archive/522/522166327/522166327_201612_990.pdf, aufgerufen am 21.8.2019.

54 Siehe Kapitel »Neoliberale Thinktanks und ihre großzügigen Spender«.

55 Dachorganisation von konservativen Thinktanks wie Heartland, Cato, Heritage Foundation, Leadership Institute etc.; Mitglieder: https://spn.org/directory/, aufgerufen am 21.8.2019.

56 Siehe Kapitel »Wie die Klimaschmutzlobby ihre Ziele erreicht«.

57 Siehe Kapitel »Neoliberale Thinktanks und ihre großzügigen Spender«.

58 Siehe http://990s.foundationcenter.org/990_pdf_archive/522/522166327/522166327_201612_990.pdf, aufgerufen am 11.1.2020.

59 Michael Shellenberger ist auch Co-Gründer des Breakthrough-Institutes. Zum Thema Gas: https://thebreakthrough.org/issues/energy/collection-natural-gas, aufgerufen am 21.8.2019; und zum Thema Atomkraft: http://environmentalprogress.org/why-we-fear-nuclear-1, aufgerufen am 21.8.2019.

60 Organisator als Teil der Nuclear Pride Coalition: http://environmentalprogress.org/big-news/2018/9/10/pro-nuclear-fest-in-munich-germany-on-october-21, aufgerufen am 21.8.2019.

61 Steuererklärung von CFACT 2010, letzte Seite: https://assets.documentcloud.org/documents/2848191/Committee-for-a-Constructive-Tomorrow-2010.pdf, aufgerufen am 30.8.2019.

62 Holger Thuß betreibt den Verlag TvR. Im Sortiment sind vor allem Bücher von Klimawandel-Leugnern und Energiewende-Gegnern. http://www.tvrgroup.de/, aufgerufen am 30.8.2019.

63 Die Autorinnen des Buches sowie ein Team des WDR erhielten ein Hausverbot von EIKE für die 12. »Klimakonferenz« des Vereins vom 23. und 24.11.2018 in München. Den »Rausschmiss« dokumentierte der WDR: Klimawandel durch kosmische Strahlung?, Monitor, Das Erste, WDR, 6.12.2018.

64 Basic Science of a Changing Climate: How Processes in the Sun, Atmosphere and Ocean Affect Weather and Climate https://www.portoconference2018.org/, aufgerufen am 30.8.2019.

65 Siehe https://www.linkedin.com/in/howard-dewhirst-b0a55718/?originalSubdomain=au, aufgerufen am 11.1.2020.

66 Siehe https://www.zeit.de/sport/2019–08/clemens-toennies-tag-des-handwerks-klimawandel-rassismus, aufgerufen am 12.12.2019.

67 Siehe https://searise.correctiv.org/de/explore/countries/FJI, aufgerufen am 29.11.2019.

68 Siehe https://www.graphyonline.com/archives/IJEES/2017/IJEES-137/, aufgerufen am 29.11.2019.

69 Siehe oben.

70 Siehe https://de.statista.com/statistik/daten/studie/169880/umfrage/anteile-der-wirtschaftssektoren-am-bruttoinlandsprodukt-brasi liens/; zu den Fleischexporten: https://www.fleischwirtschaft.de/wirtschaft/nachrichten/Handel-mit-Rindfleisch-Brasiliens-Ex porte-erreichen-neuen-Rekord-38460?crefresh=1, http://wko.at/statistik/laenderprofile/lp-brasilien.pdf, aufgerufen am 29.11.2019.

71 Siehe https://www.weltagrarbericht.de/aktuelles/nachrichten/news/de/33409.html, aufgerufen am 29.11.2019.

72 Interview der Autorinnen mit Prof. Esther Solano, Universität von São Paulo (Internationale Beziehungen), am 14.8.2019.

73 Beatriz, Juca: Um investigado por fraude ambiental comandará Meio Ambiente sob Bolsonaro, *El Pais*, Dezember 2018. Zur Gerichtsentscheidung: https://www.reuters.com/article/us-brazil-politics-minister/brazils-incoming-environment-minister-found-guilty-of-improper-conduct-idUSKCN1OJ2VE, aufgerufen am 12.1.2020.

74 Atlas YEAR-IN-REVIEW FALL 2007, S. 5.

75 João Filho: Candidato do novo incita crime »contra a esquerda« em propaganda eleitoral, *The Intercept Brasil*, 19.8.2018. https://the intercept.com/2018/08/19/candidato-do-novo-incita-crime-contra-a-esquerda-em-propaganda-eleitoral/, aufgerufen am 14.8.2019.

76 Siehe http://americafirstenergy.org/sponsors/, aufgerufen am 21.8.2019.

77 *»Here is a clever way to stage conversations about Global Warming on campus.«* CLP Activism: Global Warming Beach Party: https://www.youtube.com/watch?v=do-HbmL1ank, aufgerufen am 14.8.2019.

78 Siehe Kapitel »Neoliberale Thinktanks und ihre großzügigen Spender«.

79 990 Finder, Dokumente abrufbar unter: http://990s.foundation center.org/990_pdf_archive/510/510235174/510235174_201612_990.pdf, aufgerufen am 15.8.2019.

80 Tweet, Ricardo Salles MMA, @rsallesmma, 18. Juli 2019 (mit Video): »Cacique dos Cinta Larga, in den Reservaten Roosevelt, Sete de Setembro und Zoró: Sie wollen Holz legal abbauen und verwerten«.

81 Amazon Watch: Complicity Destruction II. HOW NORTHERN CONSUMERS AND FINANCIERS ENABLE BOLSONARO'S ASSAULT ON THE BRAZILIAN AMAZON, siehe https://amazon-watch.org/assets/files/2019-complicity-in-destruction-2.pdf, aufgerufen am 12.1.2020.

82 Siehe https://www.theguardian.com/world/2019/sep/13/brazil-en

vironment-minister-climate-denier-group-ricardo-salles, aufgerufen am 12.1.2020.

83 Siehe https://www.studentsforliberty.org/, aufgerufen am 16.8.2019.

84 Students for liberty plays strong role in free brazil movement, 1.4.2015, siehe https://www.atlasnetwork.org/news/article/students-for-liberty-plays-strong-role-in-free-brazil-movement, aufgerufen am 16.8.2019.

85 Siehe https://www.mises.org.br/SouJornalista.aspx, aufgerufen am 20.8.2019. Zu Mises-Institut siehe auch Kapitel »Neoliberale Thinktanks und ihre großzügigen Spender«.

86 *»Many members within the Free Brazil Movement have passed through Atlas Network's premier training program, the Atlas Leadership Academy, and are now applying what they have learned on the ground where they live and work.«* In: Lee Fang: Esfera de influência: como os libertários americanos estão reinventando a política latino-americana, *The Intercept*, 11.8.2017, https://theintercept.com/2017/08/11/esfera-de-influencia-como-os-libertarios-americanos-estao-reinventando-a-politica-latino-americana/, aufgerufen am 16.8.2019.

87 Siehe https://www.studentsforliberty.org/europe/, aufgerufen am 12.1.2020.

88 Siehe https://www.studentsforliberty.org/europe/germany, aufgerufen am 16.8.2019.

89 Jahresbericht 2018/2019, online unter: https://studentsforliberty.org/wp-content/uploads/2019/09/Annual-Report-19webshare.pdf, aufgerufen am 28.1.2020.

90 Siehe https://www.sourcewatch.org/index.php/Students_for_Liberty, aufgerufen am 16.8.2019. Zu den einzelnen Thinktanks siehe Kapitel »Neoliberale Thinktanks und ihre großzügigen Spender«.

91 *»The debate over whether evidence-based policymaking should be the guiding mantra for politicians seems to be moot. There's an effective and well-funded machine of environmental lobbies and activists pushing bad science to political ends. In response to this, the London-based Campaign for Science and Engineering called in its summer report for more science advisers and publicly funded agencies to ensure politicians uphold the integrity of scientific research. But more than that, our public institutions should listen more to the scientists and less to the activists funded by public money.«* https://www.studentsforliberty.org/2017/08/14/whos-really-anti-science/, aufgerufen am 16.8.2019.

92 *»Yes, without a doubt, our climate is changing. But the fear behind it is not always warranted. The distinctly human capacity for innovation reduced hunger and poverty and greatly expanded our life expectancies greatly since the Industrial Revolution. Many industries may have contributed to the problem of atmospheric carbon, but a new industry will be what solves it.«* Siehe https://www.studentsforliberty.org/2016/10/29/innovation-solution-carbon-crisis/, aufgerufen am 16.8.2019.

93 Siehe https://climateinvestigations.org/thousands-of-fossil-fuel-observers-attended-climate-negotiations-unfccc-data-2005–2018-cop1-cop24/, aufgerufen am 23.8.2019.

94 Derzeit sind 197 Staaten in der Klimarahmenkonvention und haben den Weltklimavertrag formell angekommen (die USA scheiden wahrscheinlich 2020 aus dem Abkommen aus): https://treaties.un.org/Pages/ViewDetails.aspx?src=TREATY&mtdsg_no=XXVII-7-d&chapter=27&clang=_en, aufgerufen am 23.8.2019.

Die Klimaschmutzlobby in Brüssel

1 Siehe https://www.spiegel.de/wissenschaft/mensch/european-green-deal-wie-die-eu-zum-klimaschutz-kontinent-werden-will-a-1300723.html, aufgerufen am 16.12.2019.

2 Quelle Twitter: https://twitter.com/xabierbenito/status/1110856307811274752, aufgerufen am 21.11.2019.

3 Siehe https://euobserver.com/institutional/145783, aufgerufen am 21.11.2019.

4 E-Mail-Antwort von Aled Williams, Managing Director, Strategic Communications, FTI Consulting, am 1.10.2019.

5 Siehe https://ec.europa.eu/clima/policies/strategies/2050_en, aufgerufen am 21.11.2019.

6 Siehe http://ec.europa.eu/transparencyregister/public/datavisualisation/TransparencyRegister/lineChart/layout_linechart.html, aufgerufen am 21.11.2019.

7 Siehe https://www.lemonde.fr/les-decodeurs/article/2019/05/23/petit-guide-de-lobbyisme-dans-les-arenes-de-l-union-europeenne_5466056_4355770.html?utm_medium=Social&utm_source=Twitter#Echobox=1558610772, aufgerufen am 21.11.2019.

8 Siehe https://europeanclimate.org/wp-content/uploads/2019/04/European-Parliament-Study_Media_EU.pdf, aufgerufen am 21.11.2019.

9 Siehe https://lobbyfacts.eu/representative/4193629ab768429489b9f3d8e7a21e13/bayer-ag, aufgerufen am 21.11.2019.

10 Siehe https://lobbyfacts.eu/representative/34a40f9ff5df4e2097beb4c03b44735a/european-business-aviation-association, aufgerufen am 21.11.2019.

11 Interview von Annika Joeres mit Pascoe Sabido von Corporate Europe am 27.10.2019.

12 *Les courtiers du capitalisme. Milieux d'affaires et bureaucrates à Bruxelles*, Agone 2015.

13 Siehe https://ec.europa.eu/info/about-european-commission/organisational-structure/commission-staff_de, aufgerufen am 21.11.2019.

14 Telefonisches Interview von Annika Joeres am 24.9.2019.

15 Maja Kluger Rasmussen: The Battle for Influence: The Politics of Business Lobbying in the European Parliament, *JCMS: Journal of Common Market Studies*, 2014.

16 C. Burns: Who pays? Who gains? How do costs and benefits shape the policy influence of the European Parliament?, *JCMS: Journal of Common Market Studies* 43 (3) (2005), S. 485–505.

17 Siehe https://corporateeurope.org/sites/default/files/lp_brussels_report_v7-spreads-lo.pdf, aufgerufen am 21.11.2019.

18 Siehe Kapitel »Die Klimaschmutzlobby in Deutschland«.

19 Siehe https://www.iwkoeln.de/presse/in-den-medien/beitrag/hubertus-bardt-klimaschutz-darf-nicht-zu-protektionismus-fuehren.html, aufgerufen am 12.1.2020.

20 Siehe https://www.iwkoeln.de/fileadmin/user_upload/Institut_der_deutschen_Wirtschaft/IW-Geschaeftsbericht-2018–19.pdf, aufgerufen am 21.11.2019.

21 Siehe http://www.caneurope.org/docman/climate-energy-targets/3476-defenders-delayers-dinosaurs-ranking-of-eu-political-groups-and-national-parties-on-climate-change/file, aufgerufen am 21.11.2019.

22 Siehe https://www.adelphi.de/de/publikation/convenient-truths, aufgerufen am 21.11.2019.

23 Siehe https://transparency.eu/mep-outside-incomes/, aufgerufen am 21.11.2019.

24 Siehe https://bcw-global.com/news/2019-09-12-former-mep-julie-girling-joins-bcw-as-senior-adviser/, aufgerufen am 12.1.2020.

25 Siehe https://www.theguardian.com/media/2011/may/12/burson-masteller-pr-firm-facebook-row, aufgerufen am 12.1.2020.

26 Siehe https://corporateeurope.org/en/revolvingdoorwatch/cases/martin-callanan, aufgerufen am 12.1.2020.

27 Siehe https://corporateeurope.org/sites/default/files/lp_brussels_report_v7-spreads-lo.pdf, S. 10, aufgerufen am 12.1.2020.

28 Interview von Annika Joeres am 27.9.2019.

29 Siehe https://ec.europa.eu/info/about-european-commission/service-standards-and-principles/transparency/freedom-informa tion_en, aufgerufen am 12.1.2020.

30 Siehe https://www.automotiveworld.com/news-releases/acea-truck-industry-reacts-eu-proposal-first-ever-co2-standards/, aufgerufen am 21.11.2019

31 Siehe https://www.acea.be/press-releases/article/affordable-mobi lity-threatened-by-car-co2-targets-major-auto-ceos-warn, aufgerufen am 21.11.2019.

32 Siehe https://influencemap.org/report/The-EU-s-Long-Term-Climate-Ambition-e35b2796696e61e3d15d0b40ee158b75, aufgerufen am 21.11.2019.

33 Siehe https://eur-lex.europa.eu/legal-content/EN/TXT/?uri=CELEX%3A32009R0443, aufgerufen am 21.11.2019.

34 Siehe https://www.eea.europa.eu/data-and-maps/data/co2-cars-emission-16, aufgerufen am 21.11.2019.

35 Siehe https://ec.europa.eu/germany/news/20190415-co2-grenz werte_de, aufgerufen am 21.11.2019.

36 Siehe https://eur-lex.europa.eu/LexUriServ/LexUriServ.do?uri=OJ%3AL%3A2013%3A060%3A0052%3A0128%3ADE%3APDF, aufgerufen am 21.11.2019.

37 Siehe https://www.vcd.org/fileadmin/user_upload/Redaktion/Themen/Auto_Umwelt/CO2-Grenzwert/2018_04_CO2_emissions_cars_The_facts_report_final.pdf, aufgerufen am 21.11.2019.

38 Siehe https://ec.europa.eu/clima/consultations/strategy-long-term-eu-greenhouse-gas-emissions-reductions_en, dort auf »trade association« klicken, aufgerufen am 21.11.2019.

39 Siehe https://www.euractiv.com/section/electricity/news/eu-ham mers-deal-on-coal-phase-out-with-special-polish-clause/, aufgerufen am 21.11.2019.

40 Siehe https://www.faz.net/aktuell/wirtschaft/eu-rechnungshof-foerderung-fuer-co2-speicherung-zu-teuer-15852467.html, aufgerufen am 21.11.2019.

41 Siehe https://www.eca.europa.eu/de/Pages/DocItem.aspx?did=47082, aufgerufen am 21.11.2019.

42 Siehe https://de.reuters.com/article/deutschland-kohle-datteln-idDEKBN1X91MJ, aufgerufen am 21.11.2019.

43 Siehe http://en.embf.eu/speaker/brian-rickets/, aufgerufen am 12.1.2020.

44 Siehe https://lobbyfacts.eu/representative/93d7d50d945b4778b228a788434e4675/european-association-for-coal-and-lignite, aufgerufen am 12.1.2020.

45 Siehe Kapitel »Die Klimaschmutzlobby in Deutschland« und »Kohlelobby und Klimaschutz-Bremser in Osteuropa«.

46 NGOs FOR SALE, ONGs À VENDRE. How the US super-rich influence EU climate and energy policy (2015), https://euracoal.eu/library/publications/#special, aufgerufen am 12.1.2020.

47 Siehe https://www.atmosfair.de/de/kompensieren/flug, aufgerufen am 21.11.2019.

48 Siehe http://mdgs.un.org/unsd/mdg/SeriesDetail.aspx?srid=751&crid, aufgerufen am 9.12.2019.

49 Siehe https://www.bundesfinanzministerium.de/Content/DE/Standardartikel/Service/Einfach_erklaert/2018-01-11-grundlagen-benzinpreis.html, aufgerufen am 21.11.2019.

50 Siehe https://www.sciencedirect.com/science/article/pii/S1361920916000158, aufgerufen am 21.11.2019.

51 Siehe https://books.google.ch/books?id=xqiuCwAAQBAJ&pg=PA7&lpg=PA7&dq=roosevelt+international+aviation+invitation&source=bl&ots=tOayWLf7Y-&sig=opn8PEAfofvQHuGw5culfwEoM3k&hl=de&sa=X&ved=2ahUKEwiwsJHiuMPfAhVksosKHeaYAH8Q6AEwD30ECFsQAQ#v=onepage&q&f=false, aufgerufen am 12.1.2020.

52 Siehe https://stay-grounded.org/planned-airport-projects/, aufgerufen am 21.11.2019.

53 Siehe https://lobbyfacts.eu/representative/b2488ffc00b6413dbe1df7aa10cd3b53/airlines-for-europe, aufgerufen am 21.11.2019.

54 Siehe https://lobbyfacts.eu/representative/34a40f9ff5df4e2097beb4c03b44735a/european-business-aviation-association, aufgerufen am 21.11.2019.

55 Siehe https://lobbyfacts.eu/representative/f2158768f075431ab826312d20240c2c/general-aviation-manufacturers-association, aufgerufen am 21.11.2019.

56 Siehe https://lobbyfacts.eu/representative/3fe722f18e684aa09ec45d259560bb9e/aviation-advocacy, aufgerufen am 21.11.2019.

57 Siehe https://ec.europa.eu/info/persons/director-general-henrik-hololei_en, https://www.integritywatch.eu/, aufgerufen am 21.11.2019.

58 Siehe https://www.klimaschutz-portal.aero/klimaneutral-fliegen/, aufgerufen am 21.11.2019.

59 Siehe https://cfapp.icao.int/Environmental-Report-2013/files/assets/common/downloads/ICAO_2013_Environmental_Report.pdf, aufgerufen am 21.11.2019.

60 Siehe https://www.icao.int/environmental-protection/GFAAF/Pages/Project.aspx?ProjectID=22, aufgerufen am 21.11.2019.

61 Siehe https://corporateeurope.org/sites/default/files/lp_brussels_report_v7-spreads-lo.pdf, aufgerufen am 21.11.2019.

62 Siehe https://www.atag.org/our-publications/archived-publications.html, aufgerufen am 21.11.2019.

63 P. Peeters et al.: Are technology myths stalling aviation climate policy?, 2016.

64 Siehe https://www.t-online.de/nachrichten/deutschland/innenpolitik/id_85850736/fdp-gegen-gruene-im-klimaschutz-europa-wird-keine-insel-der-seligen-bleiben-.html, aufgerufen am 21.11.2019.

65 Siehe http://www.europarl.europa.eu/doceo/document/TA-8-2017-0054_DE.html, aufgerufen am 21.11.2019.

66 Beispielsweise in dieser Broschüre: https://www.icao.int/sustainability/Documents/EconContribution.pdf, aufgerufen am 21.11.2019.

67 Siehe https://www.euractiv.com/section/aviation/opinion/we-can-live-with-this-how-airbus-was-allowed-write-its-own-climate-rules/, aufgerufen am 21.11.2019.

68 Siehe https://www.iea.org/tcep/transport/aviation/, aufgerufen am 21.11.2019.

69 Siehe https://publications.europa.eu/en/publication-detail/-/publication/0b1c6cdd-88d3–11e9-9369-01aa75ed71a1, aufgerufen am 21.11.2019.

70 Siehe https://www.iwd.de/artikel/airlines-widmen-sich-intensiv-dem-klimaschutz-441162/, aufgerufen am 21.11.2019.

71 Siehe https://www.airbus.com/newsroom/news/en/2019/05/zero emission-flight-how-aviation-is-responding-to-the-needs-of-cities.html, aufgerufen am 21.11.2019.

72 Siehe https://corporateeurope.org/sites/default/files/the_great_gas_lock_in_english_.pdf, aufgerufen am 21.11.2019.

73 Siehe https://www.integritywatch.eu/, aufgerufen am 12.1.2020.

74 Siehe https://www.ucsusa.org/sites/default/files/attach/2015/07/The-Climate-Deception-Dossiers.pdf, https://www.spiegel.de/spiegel/wie-shell-sein-wissen-ueber-den-klimawandel-geheimhielt-a-1202889.html, aufgerufen am 12.1.2020. Siehe auch Kapitel »Neoliberale Thinktanks und ihre großzügigen Spender«.

75 Siehe https://www.ft.com/content/fa529dd8–832f-11e7–94e2-c5b903247afd?mhq5j=e5, aufgerufen am 21.11.2019.

76 Siehe https://www.businesseurope.eu/sites/buseur/files/media/position_papers/iaco/2016-01-13_security_of_gas_supply.pdf, aufgerufen am 21.11.2019.

77 Siehe https://www.euractiv.com/section/climate-environment/news/business-lobby-prepares-pushback-against-eu-climate-goals-update/, aufgerufen am 21.11.2019.

78 Siehe https://www.businesseurope.eu/about-us/asgroup-our-partner-companies, aufgerufen am 21.11.2019.

79 Siehe http://www.businesseuropeday.eu/content/uploads/2018/03/BusinessEurope-Day-2018-final-1-03-2018-V21.pdf, aufgerufen am 21.11.2019.

80 Siehe http://www.cercledelorraine.be/fr/Advantages.aspx#clubs, aufgerufen am 21.11.2019.

81 Siehe https://oilandgasclimateinitiative.com/, aufgerufen am 21.11.2019.

82 Siehe https://www.energie-von-nebenan.de/erdgas/erdgas.html, aufgerufen am 21.11.2019.

83 Siehe https://www.euractiv.com/section/climate-strategy-2050/news/canete-sees-gas-as-a-bridge-to-reach-eus-clean-energy-goals/, aufgerufen am 21.11.2019.

84 Siehe https://www.nature.com/articles/nature14016?foxtrotcallback=true, aufgerufen am 21.11.2019.

85 Siehe https://onlinelibrary.wiley.com/doi/full/10.1002/ese3.35, aufgerufen am 21.11.2019.

86 Siehe https://eur-lex.europa.eu/resource.html?uri=cellar:1bd46c90-bdd4–11e4-bbe1–01aa75ed71a1.0002.01/DOC_1&format=PDF, aufgerufen am 21.11.2019.

87 Siehe https://eur-lex.europa.eu/legal-content/DE/TXT/PDF/?uri=CELEX:32013R0347&from=EN, aufgerufen am 21.11.2019.

88 Verband Europäischer Fernleitungsnetzbetreiber für Gas.

89 Siehe https://www.entsog.eu/members, aufgerufen am 21.11.2019.

90 Siehe https://tyndp.entsoe.eu/cba/, https://www.entsog.eu/tyndp#, aufgerufen am 21.11.2019.

91 Siehe https://ec.europa.eu/info/news/commission-publishes-4th-list-projects-common-interest-making-energy-infrastructure-fit-energy-union-2019-oct-31_en, aufgerufen am 21.11.2019.

92 Siehe https://ec.europa.eu/energy/infrastructure/transparency_platform/map-viewer/main.html, aufgerufen am 21.11.2019.

93 Siehe https://energypost.eu/?s=stindl, aufgerufen am 21.11.2019.

94 Übersetzung von den Autorinnen.

95 Siehe https://www.foeeurope.org/sites/default/files/extractive_industries/2017/entso-g_fossil_free_europe_report_vfinal.pdf, aufgerufen am 21.11.2019.

96 Siehe https://ec.europa.eu/info/sites/info/files/list_of_projects_

receiving_eu_support_2018_2acefenergy_call.pdf, aufgerufen am 21.11.2019.

97 Siehe https://www.e3g.org/docs/E3G_Trends_EU_Gas_Demand_June2015_Final_110615.pdf, aufgerufen am 21.11.2019.

98 Siehe https://www.eca.europa.eu/Lists/ECADocuments/SR15_16/SR_ENERGY_SECURITY_DE.pdf, aufgerufen am 21.11.2019.

99 Siehe https://eur-lex.europa.eu/legal-content/DE/TXT/PDF/?uri=CELEX:32013R0347&from=FR, aufgerufen am 21.11.2019.

100 Mail vom 29.10.2019.

101 Siehe https://www.euractiv.com/section/climate-strategy-2050/news/eu-rethinks-future-gas-strategy-in-light-of-european-green-deal/, aufgerufen am 21.11.2019.

102 Siehe https://www.sciencedirect.com/science/article/pii/S0306261916302495, aufgerufen am 21.11.2019.

Die Klimaschmutzlobby in Deutschland

1 Siehe https://www.tagesspiegel.de/politik/schweigen-statt-machtworte-wie-peter-altmaier-an-, der-energiewende-verzweifelt/24843378.html, aufgerufen am 22.11.2019.

2 Interview der Autorinnen mit W. Dürrschmidt im August 2019.

3 Erster Zwischenbericht der Enquete-Kommission »Vorsorge zum Schutz der Erdatmosphäre«, 2.11.1988: http://dipbt.bundestag.de/doc/btd/11/032/1103246.pdf, aufgerufen am 16.9.2019.

4 Erster Bericht der Enquete-Kommission »Schutz der Erdatmosphäre«, 31.3.1992: https://dip21.bundestag.de/dip21/btd/12/024/1202400.pdf, aufgerufen am 16.9.2019.

5 »Möglicherweise werden die unter 2. erwähnten ordnungsrechtlichen Maßnahmen und die Energie-/CO2-Steuer ausreichen, um das Reduktionsziel zu erreichen. Ist dies nicht der Fall, sollten mengenmäßige Begrenzungen der CO2-Emissionen in Kraft gesetzt werden. Mit dem Ziel einer Optimierung der Auswirkungen wäre geboten, handelbare Zertifikate einzuführen«, ebenda, S. 100.

6 Siehe https://www.spiegel.de/wissenschaft/mensch/klimapaket-der-bundesregierung-so-beurteilen-experten-die-einigung-a-1287888.html und https://www.spiegel.de/wissenschaft/mensch/klimaschutzgesetz-entwuerfe-der-regierungsparteien-zeigen-uneinigkeit-a-1285221.html, aufgerufen am 25.11.2019.

7 Ankündigungen von Mitgliedern der Bundesregierung zur Einführung einer CO2-Abgabe/Klimaschutzsteuer, 30.10.1990: http://

dipbt.bundestag.de/dip21/btd/11/084/1108479.pdf, aufgerufen am 23.11.2019.

8 Siehe https://www.bundesregierung.de/resource/blob/975232/1673502/768b67ba939c098c994b71c0b7d6e636/2019-09-20-klimaschutz programm-data.pdf?download=1, aufgerufen am 23.11.2019.

9 Siehe https://www.bmwi.de/Redaktion/DE/Downloads/A/abschlussbericht-kommission-wachstum-strukturwandel-und-beschaeftigung.pdf?__blob=publicationFile, aufgerufen am 23.11.2019.

10 Siehe https://www.umweltbundesamt.de/sites/default/files/medien/1410/publikationen/171207_uba_hg_braunsteinkohle_bf.pdf, aufgerufen am 23.11.2019.

11 Siehe https://www.erneuerbare-energien.de/EE/Redaktion/DE/Downloads/zeitreihen-zur-entwicklung-der-erneuerbaren-energien-in-deutschland-1990-2018.pdf?__blob=publicationFile&v=20, aufgerufen am 23.11.2019

12 Dr. Hendrik Vygen arbeitete unter den Umweltministern Töpfer, Merkel und Trittin zunächst als Referatsleiter und später als Abteilungsleiter.

13 Viele der von uns Interviewten wollen sich namentlich nicht nennen lassen. Sie arbeiten oder arbeiteten in Abteilungen des Bundesumweltministeriums oder des Wirtschaftsministeriums. Es sind vor allem Mitarbeiter, denen nach eigenen Aussagen eine ehrgeizige Klimapolitik und eine schnelle Energiewende wichtig sind. Die Parteizugehörigkeit spielt dabei keine Rolle.

14 Siehe weiter unten der Abschnitt zur SPD.

15 Mail von Urban Rid vom 21.10.2019.

16 Siehe https://www.spiegel.de/wirtschaft/wm-ticket-affaere-staatssekretaer-machnig-zahlte-geldauflage-a-427555.html, aufgerufen am 23.11.2019.

17 Gespräch der Autorinnen mit Matthias Machnig am 29.10.2019.

18 Siehe https://www.innoenergy.com/news-events/matthias-machnig-to-support-innoenergy-s-role-in-transforming-energy-and-automotive-industries/, aufgerufen am 23.11.2019.

19 Siehe https://www.alstom.com/de/press-releases-news/2018/5/vorschlage-fur-kunftigen-verwaltungsrat-von-siemens-alstom-komplett, aufgerufen am 23.11.2019.

20 Telefonat mit Siemens-Pressestelle und E-Mail von Alstom am 14.10.2019.

21 Siehe https://www.spiegel.de/wirtschaft/unternehmen/sigmar-gabriel-gilt-als-favorit-fuer-das-amt-als-chef-autolobbyist-a-1293523.html, aufgerufen am 23.11.2019.

22 Effektive CO_2-Minderung im Stromsektor: Klima-, Preis- und Beschäftigungseffekte des Klimabeitrags und alternativer Instrumente, DIW, 2015, https://www.diw.de/sixcms/detail.php?id=diw_01.c.509252.de, aufgerufen am 23.11.2019.

23 Ausführlicher Beitrag zur Klimaabgabe bei Correctiv: https://correctiv.org/aktuelles/klimawandel/2017/09/12/wie-der-kohle ausstieg-vereitelt-wurde, aufgerufen am 23.11.2019.

24 Siehe https://www.iwr.de/news.php?id=36336. Kleine Anfrage der Grünen von Februar 2018: http://dipbt.bundestag.de/doc/btd/19/009/1900915.pdf, aufgerufen am 23.11.2019.

25 Siehe https://www.lvz.de/Nachrichten/Wirtschaft/Wirtschaft-Regional/Mibrag-kassiert-Millionen-fuer-Geisterkraftwerk-in-Niedersachsen, aufgerufen am 23.11.2019.

26 Siehe https://de.statista.com/statistik/daten/studie/170384/umfrage/umsatz-der-groessten-energieversorger-in-deutschland/, aufgerufen am 23.11.2019.

27 Siehe https://www.bgbl.de/xaver/bgbl/start.xav#__bgbl__%2F%2F*%5B%40attr_id%3-D%27bgbl100s0305.pdf%27%5D__1570982701021, aufgerufen am 23.11.2019.

28 Schriftliches Interview per Mail mit Claudia Kemfert vom 9.9.2019.

29 BMU 2004: J. Nitsch, W. Krewitt, M. Pehnt, G. Reinhardt, M. Fischedick u. a.: Ökologisch optimierter Ausbau der Nutzung erneuerbarer Energien in Deutschland. Forschungsvorhaben im Auftrag des Bundesministeriums für Umwelt, Naturschutz und Reaktorsicherheit (FKZ 901 41 803). DLR, ifeu, WI, Stuttgart, Heidelberg, Wuppertal, März 2004. Fachtagung zum Beispiel in der Auferstehungskirche in Berlin 12. Mai 2004: http://nova-institut.de/news-images/20040428–02/ausbauprojekt_ft.pdf, aufgerufen am 23.11.2019.

30 Joachim Nitsch: Leitstudie 2008: Weiterentwicklung der »Ausbaustrategie Erneuerbare Energien« vor dem Hintergrund der aktuellen Klimaschutzziele Deutschlands und Europas. Untersuchung im Auftrag des BMU, Stuttgart 2008, http://www.erneuerbare-energien.de/files/pdfs/allgemein/application/pdf/leitstudie2008.pdf (4.12.2008), aufgerufen am 23.11.2019.

31 In der Studie ging es um den Ausbau von Ökostrom, enorme Effizienzsteigerungen und Ausbau (fossiler) KWK, vor allem mit Erdgas. Die Kraft-Wärme-Kopplung sollte den Einsatz fossiler Brennstoffe klimapolitisch möglich machen; wenn neue fossile Kraftwerke, dann nur auf Gasbasis und mit KWK.

32 Mail an die Autorinnen vom 29.11.2019.

33 Interview der Autorinnen am 26.5.2018 in Berlin.

34 Simone Wendler: Zweifler am Klimawandel durch den Menschen in Cottbus, *Lausitzer Rundschau*, 19.5.2018. https://www.lr-online.de/lausitz/cottbus/patrick-moore-erklaert-in-cottbus-warum-er-klimawandel-durch-den-menschen-bezweifelt_aid-22759083, aufgerufen am 4.9.2019.

35 Siehe https://www.pro-lausitz.de/index.php/aktuelle_nachrichten/items/greenpeace-gruender-patrick-moore-zu-besuch-in-der-lausitz.html, aufgerufen am 6.9.2019.

36 Demoaufruf: https://alsdorf.igbce.de/vanity/renderDownloadLink/30412/174404, aufgerufen am 4.9.2019.

37 Interview der Autorinnen am 24.10.2018.

38 Siehe https://deutscherarbeitgeberverband.de/Artikel.html?PR_ID=416, aufgerufen am 10.1.2020.

39 Siehe https://climate.nasa.gov/climate_resources/9/graphic-earths-temperature-record/, aufgerufen am 23.11.2019.

40 Ebenda.

41 Siehe https://www.lausebande.de/magazin/aktuelles/3468-vom-wolf-im-schafspelz.html, https://www.lausebande.de/magazin/aktuelles/3103-%E2%80%9Eweiter-so%E2%80%9C-in-merkels-klima-irrsinn.html, aufgerufen am 23.11.2019.

42 Antwort von Klaus Freytag am 8.10.2019 auf die Anfrage der Autorinnen.

43 Gespräch mit den Autorinnen am 28.10.2019.

44 Die Facebook-Seite wurde wenige Monate später abgeschaltet und ist nicht mehr einsehbar. https://www.google.com/imgres?imgurl=http://www.mutbuergerdokus.de/images/fundstuecke/2016_08_09_kohle-kohle/ig-bce-braunkohlejobs_05.jpg&imgrefurl=http://www.mutbuergerdokus.de/html/fundstuecke/2016_08_09_kohle-kohle.htm&docid=_GUFzx5HK3LNnM&tbnid=pQ-mdFgrcIQq1M:&vet=1&w=736&h=360&source=sh/x/im. https://www.freitag.de/autoren/klimaretterinfo/gewerkschafter-als-klimaleugner, aufgerufen am 12.1.2020.

45 Siehe https://www.handelsblatt.com/unternehmen/energie/igbce-chef-vassiliadis-die-energiewende-ist-das-risikoreichste-unterfangen-seit-bestehen-der-bundesrepublik/24189908.html?ticket=ST-62430578–9hjF2OaIZ6tqzUybeN2w-ap1, aufgerufen am 23.11.2019.

46 Siehe https://www.tagesspiegel.de/wirtschaft/gewerkschaftsboss-michael-vassiliadis-wenn-wir-die-klimafrage-ueberdrehen-wird-es-gefaehrlich/23145988.html, aufgerufen am 23.11.2019.

47 Stiftung Arbeit und Umwelt der IG BCE (2019) »Gerechte Energiewende: Sieben Thesen zu Herausforderungen und Chancen aus industriegewerkschaftlicher Sicht«: https://www.igbce.de/vanity/renderDownloadLink/4172/177884, aufgerufen am 23.11.2019.

48 Siehe https://www.umweltbundesamt.de/themen/wirtschaft-konsum/wirtschaft-umwelt/umweltschaedliche-subventionen#textpart-1, aufgerufen am 23.11.2019.

49 Siehe http://www.rwi-essen.de/media/content/pages/about/15Wirtschaftsgespraech_2011.pdf, aufgerufen am 23.11.2019.

50 Siehe http://www.rwi-essen.de/mitarbeiter/; Claudia Kemfert: *Kampf um Strom – Mythen, Macht und Monopole*, Hamburg 2013, S. 82; https://lobbypedia.de/wiki/Rheinisch-Westf%C3%A4lisches_Institut_f%C3%BCr_Wirtschaftsforschung, aufgerufen am 23.11.2019.

51 Siehe https://www.me-zeitung.de/ausgabe-2019-02, aufgerufen am 10.1.2020.

52 Siehe https://igbce.de/igbce/grosse-oekonomische-und-soziale-schaeden-bei-nur-geringem-oekologischen-nutzen-21924, aufgerufen am 28.1.2020.

53 Siehe https://www.faz.net/aktuell/politik/energiepolitik/umweltminister-altmaier-energiewende-koennte-bis-zu-einer-billion-euro-kosten-12086525.html, aufgerufen am 3.2.2020.

54 Siehe http://dip21.bundestag.de/dip21/btd/18/024/1802469.pdf, aufgerufen am 23.11.2019.

55 Was Strom wirklich kostet, Studie des FÖS (2012): http://www.foes.de/pdf/2017–10-Was_Strom_wirklich_kostet_kurz.pdf, S. 5., aufgerufen am 23.11.2019.

56 Siehe https://www.spiegel.de/wirtschaft/soziales/subventionen-wie-die-deutsche-wirtschaft-gepaeppelt-wird-a-1201607.html und https://www.ifw-kiel.de/fileadmin/Dateiverwaltung/IfW-Publications/-ifw/Kieler_Beitraege_zur_Wirtschaftspolitik/wipo_22.pdf, S. 16, aufgerufen am 23.11.2019.

57 Siehe https://de.statista.com/statistik/daten/studie/163993/umfrage/beschaeftigte-in-der-deutschen-photovoltaikbranche/, aufgerufen am 23.11.2019.

58 Siehe https://www.tagesschau.de/wirtschaft/enercon-101.html, aufgerufen am 23.11.2019.

59 Siehe https://www.umweltrat.de/SharedDocs/Downloads/DE/04_Stellungnahmen/2016_2020/2017_10_Stellungnahme_Kohleausstieg.pdf?__blob=publicationFile&v=19, aufgerufen am 23.11.2019.

60 Siehe https://www.bmwi.de/Redaktion/DE/Artikel/Wirtschaft/kohleausstieg-und-strukturwandel.html, aufgerufen am 23.11.2019.

61 Siehe https://www.ifw-kiel.de/fileadmin/Dateiverwaltung/IfW-Publications/-ifw/Kieler_Beitraege_zur_Wirtschaftspolitik/wipo_22.pdf, aufgerufen am 23.11.2019.

62 Siehe http://www.gesetze-im-internet.de/enwg_2005/index.html, aufgerufen am 23.11.2019.

63 Cerstin Gammelin/Götz Hamann: *Die Strippenzieher. Manager, Minister, Medien – wie Deutschland regiert wird*, Econ 2005.

64 Die Autoren verweisen dabei insbesondere auf das 1998 beschlossene Energiewirtschaftsgesetz, in dem nach ihren Recherchen ganze Passagen aus den Vorlagen der Branche stammten.

65 Siehe http://dip21.bundestag.de/dip21/btd/16/033/1603395.pdf, aufgerufen am 23.11.2019.

66 Siehe http://dipbt.bundestag.de/dip21/btd/19/133/1913367.pdf, aufgerufen am 23.11.2019.

67 Siehe https://m.tagesspiegel.de/politik/umweltministerium-ohne-erneuerbare-energien-was-wird-aus-der-energiewende/9226956.html?utm_referrer=android-app%3A%2F%2Forg.telegram.messenger, aufgerufen am 23.11.2019.

68 Siehe https://www.facebook.com/Marktwirtschaft/posts/10156565972170975, aufgerufen am 23.11.2019.

69 Zum Berliner Kreis siehe weiter unten. https://rp-online.de/politik/deutschland/das-ist-der-berliner-kreis-der-cdu_bid-13937167, aufgerufen am 23.11.2019.

70 Mitgliederliste: https://arquivo.pt/wayback/20091009082113/http://www.stockholm-network.org/network/details.php, aufgerufen am 21.8.2019.

71 Siehe https://exxonsecrets.org/html/orgfactsheet.php?id=25, aufgerufen am 21.8.2019. Der europäische Ableger von CFACT ist unter derselben Adresse wie der deutsche Klimawandel-Leugner-Verein EIKE registriert.

72 *»features many think tanks that originate and distribute climate change sceptical pamphlets and sustain the alternative story line of natural causes of climate change in Europe and across the world«*, in: Dieter Plehwe: Think Tank Networks and the Knowledge-Interest Nexus: The Case of Climate Change, *Critical Policy Studies* 8 (15.4.2014), S. 101–115.

73 Laut Thinktankforscher Dieter Plehwe ist der Nachfolger die New Direction Foundation. Die Webseite wird seit 2012 scheinbar nicht

mehr bespielt. http://www.stockholm-network.org/, aufgerufen am 12.1.2020.

74 Siehe https://www.insm.de/insm/ueber-die-insm/kuratoren-und-botschafter.html, aufgerufen am 23.11.2019.

75 Siehe https://www.insm.de/insm/ueber-die-insm/faq.html, aufgerufen am 23.11.2019.

76 Siehe https://www.gesamtmetall.de/branche/portrait/grosste-me-unternehmen, aufgerufen am 23.11.2019.

77 Siehe https://www.insm.de/insm/ueber-die-insm/Kuratoren-und-Botschafter.html, aufgerufen am 23.11.2019.

78 Siehe https://amp.welt.de/wirtschaft/article198784329/Fridays-for-Future-Wirtschaft-wehrt-sich-gegen-die-Vorwuerfe.html, aufgerufen am 23.11.2019.

79 Siehe https://vestorscapital.com/finanzen/insmfuerparis-insm-draengt-auf-wirksamen-klimaschutz/16721/, aufgerufen am 23.11.2019.

80 Siehe https://unfccc.int/process-and-meetings/the-paris-agreement/the-paris-agreement, aufgerufen am 23.11.2019.

81 Siehe https://www.enbw.com/unternehmen/presse/pressemitteilungen/presse-detailseite_203904.html, aufgerufen am 23.11.2019.

82 Siehe https://www.umweltbundesamt.de/daten/klima/klimarahmenkonvention, aufgerufen am 23.11.2019.

83 Siehe https://www.nature.com/articles/s41893-019-0339-6.epdf?, aufgerufen am 23.11.2019.

84 Siehe https://bdi.eu/der-bdi/abteilungen/aussenwirtschaftspolitik/, aufgerufen am 23.11.2019.

85 Siehe https://twitter.com/ChristophSprich/status/1169211547299790848, aufgerufen am 23.11.2019.

86 Siehe https://deutscherarbeitgeberverband.de/Artikel.html?PR_ID=416, aufgerufen am 23.11.2019.

87 Siehe https://www.amazon.de/Treibhaus-Schwindel-Klimaforschung-ideologisches-Vehikel/dp/3980376869, aufgerufen am 23.11.2019.

88 Siehe https://deutscherarbeitgeberverband.de/Artikel.html?PR_ID=804, aufgerufen am 23.11.2019.

89 Siehe https://deutscherarbeitgeberverband.de/Artikel.html?PR_ID=591&Title=Welche%20Erkenntnisse%20der%20Klimaforschung%20sind%20gesichert?, aufgerufen am 23.11.2019.

90 Siehe https://www.klimafragen.org, aufgerufen am 13.1.2020.

91 Siehe https://web.archive.org/web/20100822155432/http://www.ftd.de/politik/deutschland/:lobbyismus-der-energiepolitische-appell-im-wortlaut/50159145.html, aufgerufen am 23.11.2019.

92 Siehe https://daldrup.eu/de/?id_seite=88, aufgerufen am 23.11.2019.
93 Wolfgang Clement wollte »wegen der Fülle seiner Verpflichtungen« kein Gespräch mit den Autorinnen führen (Mail vom 15.10.2019).
94 Siehe https://www.wirtschaftundschule.de/ueber-uns/, aufgerufen am 23.11.2019.
95 Siehe https://www.insm.de/insm/ueber-die-insm/faq.html, aufgerufen am 23.11.2019.
96 Siehe https://www.iwkoeln.de/institut/personen/detail/michael-huether.html, aufgerufen am 23.11.2019.
97 Siehe https://www.iwkoeln.de/fileadmin/user_upload/Institut_der_deutschen_Wirtschaft/IW-Geschaeftsbericht-2018–19.pdf, S. 26, aufgerufen am 23.11.2019.
98 Siehe https://www.wirtschaftundschule.de/unterrichtsmaterialien/globalisierung-und-europa/hintergrundtext/die-rolle-der-industrie/, aufgerufen am 23.11.2019.
99 Siehe https://www.bmwi.de/Redaktion/DE/Publikationen/Studien/gesamtwirtschaftliche-effekte-der-energiewende.pdf?__blob=publicationFile&v=8, S. 110, aufgerufen am 23.11.2019.
100 Siehe https://www.iwkoeln.de/fileadmin/user_upload/Institut_der_deutschen_Wirtschaft/IW-Geschaeftsbericht-2018–19.pdf, S. 31, aufgerufen am 23.11.2019.
101 Siehe https://www.me-zeitung.de/ausgabe-2019–02, aufgerufen am 23.11.2019.
102 Siehe https://www.iwkoeln.de/presse/in-den-medien/umwelt-und-energie.html, aufgerufen am 23.11.2019.
103 Siehe https://www.iwkoeln.de/presse/in-den-medien/beitrag/michael-huether-wir-brauchen-unternehmer-und-wir-brauchen-kapital.html, aufgerufen am 23.11.2019.
104 Siehe https://www.iwkoeln.de/presse/interviews/beitrag/arndt-guenter-kirchhoff-ohne-netzausbau-kein-ausstieg.html, aufgerufen am 23.11.2019.
105 Prognos AG Endbericht, Evaluation und Weiterentwicklung des Leitszenarios sowie Abschätzung der Wertschöpfungs- und Beschäftigungseffekte, Grundlage für die Fortschreibung der Energiestrategie 2030 des Landes Brandenburg, Auftraggeber Ministerium für Wirtschaft und Energie des Landes Brandenburg, Juli 2017.
106 IW-Gutachten »Folgenabschätzung Klimaschutzplan und Strukturwandel in den Braunkohleregionen«, Roman Bertenrath, Cornelius Bähr, Anna Kleissner, Thilo Schaefer, Auftraggeber DEBRIV Deutscher Braunkohlen-Industrie-Verein e. V., Köln, 15.10.2018.
107 Ebenda, S. 16.

108 Ebenda, S. 17.
109 Ebenda, S. 15.
110 Siehe https://www.fdp.de/einwanderung-klimaschutz-klima_endlich-konsens-fuer-klima-und-migration-finden, aufgerufen am 24.11.2019.
111 Siehe https://www.sueddeutsche.de/wissen/klima-habeck-regierung-humpelt-bei-klimaschutz-hinterher-dpa.urn-newsml-dpa-com-20090101-190721-99-148220, aufgerufen am 24.11.2019.
112 Siehe https://www.automobilwoche.de/article/20190722/AGENTURMELDUNGEN/307219984/lindner-zur-klimadebatte-halte-nichts-von-weltuntergangsszenarien, aufgerufen am 24.11.2019.
113 Siehe https://twitter.com/danielmack/status/1083395007162265601?s=21, aufgerufen am 24.11.2019.
114 Siehe https://www.flickr.com/photos/michael-huebner/5541300233/, aufgerufen am 24.11.2019.
115 Siehe https://www.insm.de/insm/presse/pressemeldungen/einladung-zur-veranstaltung-wettbewerb-wachstum-wohlstand.html, aufgerufen am 24.11.2019.
116 »Ich bin ein Klimaskeptiker!«, April 2014: https://www.frankschaeffler.de/ich-bin-ein-klimaskeptiker/, aufgerufen am 24.11.2019.
117 Siehe https://www.atlasnetwork.org/partners/global-directory/europe-and-central-asia/3, aufgerufen am 24.11.2019.
118 Siehe http://www.mill-institut.de/institut/team/, aufgerufen am 24.11.2019.
119 Siehe https://ondemand-mp3.dradio.de/file/dradio/2019/09/08/klimaschutz_und_freiheit_interview_mit_der_politologin_dlf_20190908_0737_e6a5e081.mp3, aufgerufen am 24.11.2019.
120 Siehe https://www.bmu.de/fileadmin/Daten_BMU/Download_PDF/Aktionsprogramm_Klimaschutz/oekoinstitut_baseline_clearing_2020_bf.pdf, aufgerufen am 12.1.2020.
121 Siehe https://www.bundesregierung.de/resource/blob/975226/1679914/e01d6bd855f09bf05cf7498e06d0a3ff/2019-10-09-klima-massnahmen-data.pdf?download=1, aufgerufen am 24.11.2019.
122 Siehe https://www.umweltbundesamt.de/sites/default/files/medien/376/publikationen/climate_change_38_2019_flaechenanalyse_windenergie_an_land.pdf, aufgerufen am 24.11.2019.
123 Siehe https://www.tagesspiegel.de/wirtschaft/klima-krise-in-der-groko-das-kann-so-nicht-weitergehen/24388692.html, aufgerufen am 24.11.2019.
124 Siehe https://www.bundestag.de/abgeordnete/biografien/P/pfeiffer_joachim-522616, aufgerufen am 6.1.2020.

125 Siehe https://www.familienunternehmer.eu/de/regionalkreis-mittel rhein/presse/pressemitteilungen/detail/article/familienunterneh mer-fordern-kurswechsel-bei-klima-und-energiepolitik.html, aufgerufen am 24.11.2019.

126 Siehe https://www.familienunternehmer.eu/fileadmin/familien unternehmer/ueber_uns/erfolge_2018_mit_kalender.pdf, aufgerufen am 24.11.2019.

127 Siehe https://www.familienunternehmer.eu/veranstaltungen/ rueckblicke/rueckblick/gaensehaut-bei-den-familienunternehmer-tagen-am-910-mai-2019-in-berlin.html, aufgerufen am 24.11.2019.

128 Siehe https://www.familienunternehmer.eu/presse-news/unter nehmerportraits/magazin/mutig-machen/backto/3765/action/ detail/d.html, aufgerufen am 12.1.2020.

129 Siehe https://www.express.de/koeln/-klima-wahnsinn—koelner-konrad-adenauer-wettert-gegen-greta-thunberg-32881780, aufgerufen am 24.11.2019.

130 Siehe https://www.dumont.de/regionalmedien.html#regionale medienhaeuser und hier der Aufsichtsrat: https://www.dumont.de/ ueber-uns.html#aufsichtsratundvorstand, aufgerufen am 24.11.2019.

131 Siehe https://www.kas.de/web/geschichte-der-cdu/cdu-csu-fraktion-im-deutschen-bundestag-parlamentarische-geschaeftsfuehrer, aufgerufen am 24.11.2019.

132 Siehe https://www.wirtschaftsrat.de/wirtschaftsrat.nsf/id/bundes fachkommission-umweltpolitik-de, aufgerufen am 12.1.2020.

133 Siehe https://www.bmwi.de/Redaktion/DE/Artikel/Ministerium/ Beiraete-Satzungen-Mitglieder/kommission-wachstum-strukturwandel-beschaeftigung-mitglieder.html, und hier der Abschlussbericht: https://www.bmu.de/themen/klima-energie/klimaschutz/ kommission-wachstum-strukturwandel-und-beschaeftigung/, aufgerufen am 24.11.2019.

134 Siehe https://www.dnn.de/Dresden/Stadtpolitik/Ministerpraesi dent-Tillich-im-Interview-Sachsen-opfert-keine-Arbeitsplaetze-fuer-Klimaziele, aufgerufen am 24.11.2019.

135 Siehe https://bizz-energy.com/tillich_%E2%80%9Eatomstrom_ durch_braunkohle_ersetzen%E2%80%9C, aufgerufen am 24.11. 2019.

136 Siehe https://www.landtag.nrw.de/portal/WWW/Webmaster/GB_I/ I.1/Abgeordnete/abgeordnetendetail.jsp?k=01557 und die Stufeneinteilung.

137 Siehe https://www.abgeordnetenwatch.de/blog/2017-01-18/kohle-fuer-kohle-interessenkonflikt-eines-abgeordneten und https://

www.abgeordnetenwatch.de/blog/nebeneinkuenfte2019, aufgerufen am 24.11.2019.

138 Siehe http://berliner-kreis.info/klima-und-energiepolitik, aufgerufen am 24.11.2019.

139 Siehe https://www.zeit.de/politik/deutschland/2017-06/klimaschutz-pariser-abkommen-cdu-csu-berliner-kreis, aufgerufen am 24.11.2019.

140 Siehe https://www.youtube.com/watch?v=uH-SeLOYegQ&t=202s, aufgerufen am 24.11.2019.

141 Siehe https://www.relook-climate.de/, aufgerufen am 24.11.2019.

142 Siehe http://archive.is/oANfh, aufgerufen am 24.11.2019.

143 Siehe https://www.senvion.com/global/de/newsroom/pressemitteilungen/2006/, aufgerufen am 24.11.2019.

144 Siehe https://vahrenholt.net/, aufgerufen am 6.1.2020.

145 Siehe https://www.thegwpf.org/professor-fritz-vahrenholt-joins-gwpf-academic-advisory-council/, aufgerufen am 24.11.2019.

146 Siehe https://www.wz.de/politik/inland/welche-rolle-die-werteunion-innerhalb-der-cdu-spielt_aid-45551849, aufgerufen am 6.1.2020.

147 Siehe https://werteunion.net/wofuer-wir-kaempfen/konservatives-manifest/, aufgerufen am 24.11.2019.

148 Alexander Mitsch: Fridays for Future agiert populistisch, 2.8.2019. https://www.faz.net/aktuell/politik/inland/werteunion-wirft-fridays-for-future-populismus-vor-16312989.html, aufgerufen am 12.1.2020.

149 Siehe https://werteunion.net/simone-baum-als-vorsitzende-der-werteunion-nrw-fuer-weitere-zwei-jahre-wiedergewaehlt/, aufgerufen am 12.1.2020.

150 Siehe https://werteunion.net/ueber-uns/, aufgerufen am 24.11.2019.

151 Siehe Kapitel »Populisten torpedieren Klimaschutz«.

152 »Dem linken Mainstream entgegensteuern«: CDU-Politiker wollen das Soziale mit dem Nationalen versöhnen, 22.6.2019. https://www.fr.de/meinung/linken-mainstream-entgegensteuern-cdu-politiker-wollen-nationale-sozialen-versoehnen-12580322.html, aufgerufen am 24.11.2019.

153 Siehe Kapitel »Die Klimaschmutzlobby in Deutschland«, Veranstaltungen mit Patrick Moore.

154 Zur Klimadiskussion breite Faktenbasis heranziehen, Wirtschaftsrats-Fachkommissionsrunde mit EIKE zu Klima- und Energiepolitik, 30.4.2019. https://www.wirtschaftsrat.de/wirtschaftsrat.nsf/id/zur-klimadiskussion-breite-faktenbasis-heranziehen-de, aufgerufen am 24.11.2019.

155 Siehe https://www.bundestag.de/abgeordnete/biografien/L/521640-521640, aufgerufen am 24.11.2019.

156 Interview mit Abgeordnetenwatch, Léa Briand, 11. und 18.10.2019.
157 Siehe https://www.enbw.com/media/bericht/bericht-2018/downloads/integrierter-geschaeftsbericht-2018.pdf, aufgerufen am 24.11.2019.
158 Siehe https://www.dnr.de/fileadmin/Publikationen/Themenhefte/2018_DNR_Jahresbericht_web.pdf, aufgerufen am 24.11.2019.
159 Siehe https://iuf-berlin.com/wissenschaftlicher-beirat/, aufgerufen am 12.1.2020.

Wirtschaftsliberalismus in Frankreich

1 Siehe https://twitter.com/franceinter/status/1034326947587911682?ref_src=twsrc%5Etfw%7Ctwcamp%5Etweetembed%7Ctwterm%5E1034333928423915520&ref_url=https%3A%2F%2Fwww.lesechos.fr%2Fpolitique-societe%2Fpolitique%2Fdemission-de-nicolas-hulot-pourquoi-les-lobbies-font-peur-137695, aufgerufen am 27.11.2019.
2 Siehe http://www.senat.fr/rap/r14-610-1/r14-610-11.pdf, aufgerufen am 27.11.2019; und die Quelle für 100 Milliarden Euro: https://www.lemonde.fr/planete/article/2015/07/15/la-pollution-de-l-air-coute-chaque-annee-101–3-milliards-d-euros-a-la-france_4683432_3244.html, aufgerufen am 27.11.2019.
3 Siehe https://www.rtl.fr/actu/pic-de-pollution-en-ile-de-france-il-n-y-a-aucun-risque-pour-la-sante-dit-un-medecin-7770305676, aufgerufen am 27.11.2019.
4 Siehe https://www.liberation.fr/planete/2016/03/15/michel-aubier-un-pneumologue-qui-ne-crache-pas-sur-le-diesel_1439826, aufgerufen am 27.11.2019.
5 Siehe https://www.lemonde.fr/pollution/article/2018/11/09/la-condamnation-pour-faux-temoignage-du-pneumologue-michel-aubier-confirmee-en-appel_5381362_1652666.html, aufgerufen am 27.11.2019.
6 Siehe https://www.odyssee-mure.eu/publications/efficiency-by-sector/transport/distance-travelled-by-car.html, aufgerufen am 27.11.2019.
7 Siehe https://www.statistiques.developpement-durable.gouv.fr/les-comptes-des-transports-en-2018–56e-rapport-de-la-commission-des-comptes-des-transports-de-la, aufgerufen am 27.11.2019.
8 Siehe https://reseauactionclimat.org/retard-climatique-dans-les-transports-lassemblee-fait-du-surplace/ (im Video), aufgerufen am 27.11.2019.

9 Treffen mit den Autorinnen in Paris am 5.11.2019.

10 Matthieu Orphelin, *Je ne marche plus*, Editions Archipel 2019, S. 9.

11 Siehe https://www.forbes.com/sites/randalllane/2018/05/01/france-macron/#28da86f123cc, aufgerufen am 27.11.2019.

12 Siehe https://www.mediapart.fr/journal/economie/250919/comment-macron-pense-la-guerre-sociale?onglet=full, aufgerufen am 27.11.2019.

13 Siehe Kapitel »Neoliberale Thinktanks und ihre großzügigen Spender«.

14 »L'avenir du climat: Enquête sur les climato-sceptiques«, folio actuel 2015.

15 Siehe https://www.linkedin.com/in/marie-france-suivre-42b6482b?originalSubdomain=fr, aufgerufen am 27.11.2019.

16 Siehe https://www.climato-realistes.fr/association-des-climato-realistes/, aufgerufen am 27.11.2019.

17 Siehe https://www.linkedin.com/pulse/la-transition-%C3%A9nerg%C3%A9tique-marie-france-suivre?articleId=6496149396634234880#comments-6496149396634234880&trk=public_profile_article_view, aufgerufen am 27.11.2019.

18 Siehe https://www.cema-agri.org/publication/press-releases/437-gilles-dryancour-john-deere-appointed-chairman-of-new-cema-strategic-committee, aufgerufen am 27.11.2019.

19 Interview von Annika Joeres am 29.11.2018.

20 Siehe https://twitter.com/franceinter/status/1130726690827714561?ref_src=twsrc%5Etfw%7Ctwcamp, %5Etweetembed%7Ctwterm%5E1130726690827714561&ref_url=http%3A%2F,%2Fwww.leparisien.fr%2Felections%2Feuropeennes%2Feuropeennes-comment-les-elus-du-rassemblement-national-votent-au-parlement-europeen-22-05-2019-8077032.php, aufgerufen am 27.11.2019.

21 Siehe https://rassemblementnational.fr/author/collectif-nouvelle-ecologie/, aufgerufen am 30.11.2019.

22 Siehe https://rassemblementnational.fr/communiques/interdiction-de-la-recherche-et-de-la-production-de-tout-hydrocarbure-en-france-une-mesure-sans-impact-positif-et-dune-etonnante-hypocrisie/, aufgerufen am 27.11.2019.

23 Siehe https://www.automobile-club.org/automobile-club-association, aufgerufen am 27.11.2019.

24 Siehe http://www.fondation-nature-homme.org/magazine/passage-80kmh-une-baisse-quasi-immediate-de-7-des-emissions-de-gaz-effet-de-serre-attendue, aufgerufen am 27.11.2019.

25 Siehe https://www.gouvernement.fr/risques/pollution-de-l-air, aufgerufen am 27.11.2019.

26 Siehe https://www.automobile-club.org/automobile-club-association/bureau-et-conseil-des-presidents, aufgerufen am 27.11.2019.

27 Siehe https://www.amazon.fr/CO2-MYTHE-PLANETAIRE-Christian-Gerondeau/dp/2810003718, aufgerufen am 27.11.2019.

28 Siehe https://www.thegwpf.org/who-we-are/academic-advisory-council/, aufgerufen am 27.11.2019.

29 Siehe https://www.climato-realistes.fr/association-des-climato-realistes/, aufgerufen am 27.11.2019.

30 E-Mail an die Autorinnen vom 24.10.2019.

31 Siehe https://www.lajauneetlarouge.com/halte-aux-eoliennes/, aufgerufen am 27.11.2019.

32 E-Mail an die Autorinnen vom 14.10.2019.

33 Siehe https://www.huffingtonpost.fr/2013/03/04/diesel-france-taxe-fiscalite-psa-pollution-montebourg_n_2804743.html, aufgerufen am 27.11.2019.

34 Siehe https://www.total.com/sites/default/files/atoms/files/total_en_france_2018.pdf, aufgerufen am 27.11.2019.

35 Siehe https://ccfa.fr/wp-content/uploads/2018/04/dp-03–2018.pdf, aufgerufen am 27.11.2019.

36 Siehe http://www.assemblee-nationale.fr/dyn/15/dossiers/alt/loi_orientation_mobilites, aufgerufen am 27.11.2019.

37 Maja Kluger Rasmussen: The Battle for Influence: The Politics of Business Lobbying in the European Parliament, *JCMS: Journal of Common Market Studies*, 2014.

38 Siehe https://pfa-auto.fr/2019/07/12/bercy-reunion-du-comite-strategique-de-la-filiere-automobile/, aufgerufen am 27.11.2019.

39 Siehe https://ccfa.fr/wp-content/uploads/2019/09/ccfa-2019-fr-web-v2.pdf, aufgerufen am 27.11.2019.

40 Siehe http://discours.vie-publique.fr/notices/183000244.html, aufgerufen am 27.11.2019.

41 Siehe https://www.entreprises.gouv.fr/secteurs-professionnels/industrie-automobile-france, aufgerufen am 27.11.2019.

42 Siehe https://www.statistiques.developpement-durable.gouv.fr/les-comptes-des-transports-en-2018–56e-rapport-de-la-commission-des-comptes-des-transports-de-la, aufgerufen am 27.11.2019.

43 Siehe https://www.francetvinfo.fr/replay-radio/8h30-fauvelle-dely/sncf-la-regularite-depuis-le-debut-de-l-annee-est-la-meilleure-depuis-cinq-ans-selon-elisabeth-borne_3499567.html, aufgerufen am 27.11.2019.

44 Siehe https://portail.polytechnique.edu/chaire-psa/fr, aufgerufen am 27.11.2019.

45 Siehe https://portail.polytechnique.edu/chaire-psa/sites/pf_159/files/bloc-sidebar/pdf/ra2018-chaire-citroen-siteweb.pdf, aufgerufen am 27.11.2019.

46 Siehe https://www.citepa.org/fr/presentation/, aufgerufen am 27.11.2019.

47 Siehe https://www.citepa.org/fr/le-citepa/adherents, aufgerufen am 27.11.2019.

48 Siehe https://ec.europa.eu/environment/archives/cafe/activities/pdf/task_3_3.pdf, aufgerufen am 27.11.2019.

49 Siehe https://www.edf.fr/groupe-edf/espaces-dedies/l-energie-de-a-a-z/tout-sur-l-energie/le-developpement-durable/les-rejets-atmospheriques, aufgerufen am 27.11.2019.

50 Siehe https://www.edf.fr/sites/default/files/contrib/groupe-edf/engagements/rapports-et-indicateurs/2019/edfgroup2018_affaires europeennes_rapport-activite_vf.pdf, aufgerufen am 27.11.2019.

Klimapopulismus in Großbritannien

1 Interview mit den Autorinnen am 8.11.2019.

2 Siehe https://lejournal.cnrs.fr/articles/make-our-planet-great-again-ces-chercheurs-qui-ont-choisi-la-france, aufgerufen am 29.11.2019.

3 Siehe https://www.theguardian.com/politics/reality-check/2016/may/23/does-the-eu-really-cost-the-uk-350m-a-week, aufgerufen am 16.12.2019.

4 Siehe https://www.climate-change-performance-index.org/country/united-kingdom-2019, aufgerufen am 29.11.2019.

5 Siehe https://www.legislation.gov.uk/ukpga/2008/27, aufgerufen am 29.11.2019.

6 Siehe https://assets.publishing.service.gov.uk/government/uploads/system/uploads/attachment_data/file/672137/Government_Response_to_unabated_coal_consultation_and_statement_of_policy.pdf, aufgerufen am 29.11.2019.

7 Siehe https://www.theguardian.com/business/2017/jul/19/how-coal-lost-power-britain, aufgerufen am 29.11.2019.

8 Siehe https://twitter.com/ng_eso/status/1134387234172366848?ref_src=twsrc%5Etfw, aufgerufen am 29.11.2019.

9 Siehe https://www.ice.org.uk/knowledge-and-resources/case-

studies/managed-realignment-at-medmerry-sussex, aufgerufen am 12.1.2020.

10 Siehe https://www.ofgem.gov.uk/environmental-programmes/fit/about-fit-scheme, aufgerufen am 12.1.2020.

11 Siehe https://www.theguardian.com/environment/2019/jun/12/what-will-it-take-for-the-uk-to-reach-net-zero-emissions, aufgerufen am 12.1.2020.

12 Siehe https://www.reuters.com/article/us-britain-eu-johnson-court/uk-court-blocks-bid-to-prosecute-pm-johnson-over-brexit-bus-claim-idUSKCN1V410D, aufgerufen am 12.1.2020.

13 Siehe https://journals.sagepub.com/doi/full/10.1177/1369148118799260, aufgerufen am 29.11.2019.

14 »World misled over himalayan glaciers meltdown«, *The Sunday Times*, 17.1.2010.

15 Siehe https://www.thetimes.co.uk/article/the-sunday-times-and-the-ipcc-correction-wl3gdtnog6p, aufgerufen am 29.11.2019.

16 Siehe https://science.sciencemag.org/content/365/6451/369, aufgerufen am 29.11.2019.

17 Siehe https://www.parliament.uk/biographies/lords/lord-lilley/68, aufgerufen am 29.11.2019.

18 Siehe https://www.newstatesman.com/politics/2013/06/why-right-silent-over-peter-lilleys-links-oil-industry, aufgerufen am 29.11.2019.

19 Siehe https://web.archive.org/web/20150817165824/http://news.bbc.co.uk/2/hi/uk_news/8398103.stm, aufgerufen am 29.11.2019.

20 Siehe https://www.desmog.co.uk/2019/11/25/revealed-super-wealthy-tory-donors-ties-climate-science-denial-and-fossil-fuels?fbclid=IwARobAm7h1f77lbleFqAMEZN_oiYdnjM85sX82aBRLjPzB9ZNhEbzHEH5aeA, aufgerufen am 29.11.2019.

21 Siehe https://www.thegwpf.org/who-we-are/academic-advisory-council/, aufgerufen am 29.11.2019.

22 Siehe https://www.thegwpf.org/contact-2/, aufgerufen am 29.11.2019.

23 Siehe https://www.taxpayersalliance.com/contact_us, aufgerufen am 16.12.2019.

24 Siehe https://brexitcentral.com/privacy-policy/, aufgerufen am 16.12.2019.

25 Siehe https://www.desmog.co.uk/55-tufton-street, aufgerufen am 16.12.2019.

26 Siehe http://ifreetrade.org/article/boris_johnson_launches_the_institute_for_free_trade, aufgerufen am 16.12.2019.

27 Siehe http://www.ifreetrade.org/about, aufgerufen am 16.12.2019.

28 Siehe https://twitter.com/danieljhannan, aufgerufen am 16.12.2019.

29 »*Let's accept what seems to be the consensus that the world is warming partly as a result of human activity. How we then deal with that is a political rather than a scientific question. And the particular issue is how much we spend on seeking very slightly to mitigate the rise in temperatures with huge sums of money versus adapting with a fractional sum of money. (...) I look around the world and I see that in Helsinki the mean temperature is about five degrees, in Athens it is about 21 degrees, in Rio it's about 35 degrees – all support large populations. I think we might just be able to adapt.*« https://www.youtube.com/watch?v=93G72FZCQKo&feature=youtu.be, aufgerufen am 26.6.2019.

30 Siehe https://www.outsideonline.com/2405302/climate-change-books-2019-reviews, aufgerufen am 29.11.2019.

31 N. Stern (2006): Stern Review – The Economics of Climate Change: http://unionsforenergydemocracy.org/wp-content/uploads/2015/08/sternreview_report_complete.pdf, https://www.outsideonline.com/2405302/climate-change-books-2019-reviews, aufgerufen am 16.12.2019.

32 Siehe http://theconservative.online/downloads/tCjo5.pdf, aufgerufen am 16.12.2019, https://www.outsideonline.com/2405302/climate-change-books-2019-reviews, aufgerufen am 16.12.2019.

33 Siehe https://www.theguardian.com/politics/2018/feb/17/revealed-us-uk-rightwing-thinktanks-talks-to-ditch-eu-safety-checks, aufgerufen am 26.6.2019.

34 Siehe https://www.cato.org/sites/cato.org/files/pubs/pdf/cato-annual-report-2018.pdf, aufgerufen am 16.12.2019

35 Siehe auch Kapitel »Neoliberale Thinktanks und ihre großzügigen Spender« und »Wie die Klimaschmutzlobby ihre Ziele erreicht – USA, Brasilien, Europa«; http://www.conservativesinternational.org/miami2017conference, aufgerufen am 26.8.2019.

36 Siehe https://www.theguardian.com/politics/2018/dec/13/daniel-hannan-mep-group-told-to-repay-half-a-million-in-eu-funds, aufgerufen am 6.1.2020.

37 Siehe https://www.theguardian.com/politics/2019/jun/18/ex-chief-scientist-fears-for-uk-climate-plan-if-boris-johnson-is-pm, aufgerufen am 16.12.2019.

38 Siehe https://web.archive.org/web/20190109234953/https://www.telegraph.co.uk/comment/columnists/borisjohnson/9814618/Its-snowing-and-it-really-feels-like-the-start-of-a-mini-ice-age.html, aufgerufen am 29.11.2019.

39 Siehe https://www.theguardian.com/environment/2019/jun/05/boris-johnson-challenged-by-labour-over-climate-science, aufgerufen am 29.11.2019.
40 Siehe https://www.forbes.com/sites/davekeating/2019/10/20/brexit-is-delaying-action-to-fight-climate-change/#1d0ee27b9153, aufgerufen am 29.11.2019.

Kohlelobby und Klimaschutz-Bremser in Osteuropa

1 Siehe https://sandbag.org.uk/project/ets-emissions-2018/ und https://ec.europa.eu/clima/policies/ets/registry_en#tab-0-1, aufgerufen am 25.11.2019.
2 Siehe https://elbelchatow.pgegiek.pl/O-oddziale, aufgerufen am 25.11.2019.
3 Siehe https://www.power-technology.com/projects/belchatow-plant/, https://www.nsenergybusiness.com/projects/belchatow-power-plant/, aufgerufen am 25.11.2019.
4 Siehe https://beyond-coal.eu/2019/06/03/pge-closes-power-unit-at-worst-polluting-coal-plant-in-the-eu/, https://meta.eeb.org/2018/07/19/polish-coal-may-be-cheating-eu-limits/, aufgerufen am 25.11.2019.
5 Siehe https://www.odi.org/opinion/10417-coal-subsidies-10-european-countries, aufgerufen am 25.11.2019.
6 Eurostat 17.10.2018: https://ec.europa.eu/eurostat/documents/2995521/9310038/3-16102018-BP-DE.pdf/dafea596-6e56-4971-a7c3-f096fb6f6cb5, aufgerufen am 25.11.2019.
7 Siehe https://polen.diplo.de/pl-de/02-themen/02-3-wirtschaft/02-wirtschaftslage-polen, aufgerufen am 25.11.2019.
8 Siehe https://elbelchatow.pgegiek.pl/aktualnosci/prawie-500-tornistrow-pelnych-energii-od-pge-giek, aufgerufen am 25.11.2019.
9 Ebenda.
10 Siehe https://www.clientearth.org/challenging-polands-flagship-coal-plant/, aufgerufen am 25.11.2019.
11 Siehe https://iisd.org/library/end-coal-cop24, aufgerufen am 25.11.2019.
12 Siehe https://www.independent.co.uk/environment/cop24-us-fossil-fuel-event-trump-climate-change-global-warming-coal-poland-katowice-a8676126.html, aufgerufen am 25.11.2019.
13 European Court of Auditors, Special Report: Demonstrating carbon capture and storage and innovative renewables at commercial

scale in the EU: intended progress not achieved in the past decade, 2018. https://www.eca.europa.eu/Lists/ECADocuments/SR18_24/SR_CCS_EN.pdf, aufgerufen am 25.11.2019.

14 Ebenda, S. 9.

15 Siehe https://sequestration.mit.edu/tools/projects/eu_ccs_background.html, aufgerufen am 25.11.2019.

16 Siehe https://www.nytimes.com/2018/04/22/world/europe/poland-pollution.html, aufgerufen am 25.11.2019.

17 Siehe https://www.eea.europa.eu/themes/air/country-fact-sheets/2019-country-fact-sheets/poland, aufgerufen am 25.11.2019.

18 Siehe http://climatechangereconsidered.org/, aufgerufen am 25.11.2019.

19 Siehe https://www.eike-klima-energie.eu/2018/12/13/presseerklaerung-solidarnosc-und-das-heartland-institute-unterzeichnen-bei-cop24-ein-historisches-klima-kommunique/?print=pdf, aufgerufen am 25.11.2019.

20 Siehe Kapitel »Neoliberale Thinktanks und ihre großzügigen Spender«.

21 Siehe https://www.klimareporter.de/klimakonferenzen/polnische-gewerkschaften-gegen-dekarbonisierung, aufgerufen am 25.11.2019.

22 Siehe https://www.spiegel.de/wirtschaft/unternehmen/klimakonferenz-polens-praesident-andrzej-duda-lobt-kohle-a-1241940.html, aufgerufen am 25.11.2019.

23 Siehe https://www.tysol.pl/a34647-Najnowszy-numer-Tygodnika-Solidarnosc-Katastrofa-klimatyczna-James-Taylor-Nie-ma-naukowych-dowodow, aufgerufen am 25.11.2019.

24 Siehe https://pl.wikipedia.org/wiki/Dominik_Kolorz, aufgerufen am 12.1.2020.

25 Siehe http://www.solidarnosc.org.pl/pl/aktualnosci/wiadomosci/kraj/item/18747-globalny-kryzys-klimatyczny-nie-istnieje-james-taylor-z-heartland-institute-z-usa, aufgerufen am 25.11.2019.

26 Siehe https://www.newsweek.pl/polska/kaczynski-o-pakiecie-klimatycznym-co2-nie-ma-znaczenia/dy11g1v, aufgerufen am 25.11.2019.

27 Stella Schaller/Alexander Carius: *Convenient Truths. Mapping climate agendas of right-wing populist parties in Europe*, Berlin 2019.

28 Ebenda.

29 Poland's anti-emissions trading bid struck down by EU court, *Euractiv*, 22.6.2018, https://www.euractiv.com/section/emissions-

trading-scheme/news/polands-anti-emissions-trading-bid-struck-down-by-eu-court/, aufgerufen am 25.11.2019. Diese wurde aber vom Europäischen Gerichtshof abgewiesen, ARRÊT DE LA COUR (deuxième chambre) 21 juin 2018. https://www.euractiv.com/wp-content/uploads/sites/2/2018/06/C0005_2016-FR.pdf, aufgerufen am 12.1.2020.

30 Stella Schaller/Alexander Carius: *Convenient Truths. Mapping climate agendas of right-wing populist parties in Europe*, Berlin 2019.

31 Das Umweltnetzwerk Can Europe wertete dafür die Stimmabgaben zu zehn Umwelt- und Klimaanträgen im EU-Parlament zwischen 2009 und 2014 aus: http://www.caneurope.org/docman/climate-energy-targets/2407-mep-scorecards-complete-collection/file, S. 24, aufgerufen am 25.11.2019.

32 Siehe https://www.spiegel.de/politik/ausland/eu-staaten-einigen-sich-auf-klimaziel-fuer-2050-ohne-polen-a-1301054.html, aufgerufen am 14.12.2019.

33 Siehe https://www.swp-berlin.org/10.18449/2019A38/, https://www.deutschlandfunk.de/eu-gipfel-klimaneutralitaet-bis-2050-nur-in-der-fussnote.697.de.html?dram:article_id=451970, aufgerufen am 25.11.2019.

34 Siehe https://www.swp-berlin.org/10.18449/2019A38/, siehe auch https://www.deutschlandfunk.de/eu-gipfel-klimaneutralitaet-bis-2050-nur-in-der-fussnote.697.de.html?dram.article_id=451970, aufgerufen am 28.1.2020.

35 Siehe Kapitel »Neoliberale Thinktanks. und ihre großzügigen Spender«.

36 Siehe https://www.heartland.org/about-us/who-we-are/vclav-klaus, aufgerufen am 25.11.2019.

37 In: Petr Vidomus: *Oteplí se a bude líp. Česká klimaskepse v čase globálních rizik*, Prag 2018. Und: Václav Klaus: *Blauer Planet in grünen Fesseln. Was ist bedroht: Klima oder Freiheit?*, Wien 2007.

38 Gespräch mit dem Autor und Mailaustausch am 12.10.2019. Zu den Übersetzungen: https://www.idnes.cz/zpravy/domaci/preklad-klausovy-kontroverzni-knihy-zaplatil-rusky-ropny-koncern.A080819_111325_domaci_ipl, https://www.klaus.cz/clanky/230 und https://www.klaus.cz/clanky/195, aufgerufen am 12.1.2020.

39 Siehe https://www.forbes.com/billionaires/list/3/#version:static_header:source, aufgerufen am 25.11.2019.

40 Siehe file:///C:/Users/Sanne/Downloads/ppf-vz2018-eng-web.pdf, aufgerufen am 25.11.2019.

41 Siehe https://de.wikipedia.org/wiki/Petr_Kellner, aufgerufen am 25.11.2019.

42 Siehe https://beyond-coal.eu/last-gasp/, aufgerufen am 25.11.2019.

43 Siehe https://www.cncenter.cz/clanek/2371/owners, https://de.wikipedia.org/wiki/Blesk und https://cs.wikipedia.org/wiki/Info.cz, aufgerufen am 25.11.2019.

44 Siehe https://www.info.cz/nazory/kerles-ekosocialismus-nebo-smrt-boj-proti-klimatickym-zmenam-vyvolava-radikalni-otazky-42448.html, info.cz/nazory/schmarcz-kdo-se-boji-klimaticke-grety-42549.html, https://www.info.cz/svet/dan-z-masa-je-kontra produktivni-vegetarianstvi-by-prineslo-jine-problemy-rika-klimatolog-42545.html, https://www.info.cz/nazory/zrno-jde-o-planetu-oci-krajnich-levicaku-sviti-nadsenim-41440.html, https://www.info.cz/svet/strkat-hlavu-do-pisku-je-lidske-aneb-proc-globalni-oteplovani-nyni-neni-velkym-tematem-39043.html, aufgerufen am 25.11.2019.

45 Siehe https://www.ft.com/content/6d515770-4064-11e7–9d56–25f963e998b2, aufgerufen am 25.11.2019.

46 Siehe https://de.wikipedia.org/wiki/Agrofert, aufgerufen am 25.11.2019.

47 Siehe https://www.deutschlandfunk.de/tschechien-babis-unter-druck.795.de.html?dram:article_id=450488, aufgerufen am 25.11.2019.

48 Siehe https://www.agrarheute.com/politik/eu-subventionsstopp-fuer-agrofert-gruender-ministerpraesident-babis-550338, aufgerufen am 25.11.2019.

49 Siehe https://de.euronews.com/2019/09/03/eu-behorde-kritisiert-mi-brauch-offentlicher-gelder, aufgerufen am 25.11.2019.

50 Siehe https://news.expats.cz/politics/climate-change-must-be-approached-realistically-say-czech-prime-minister-andrej-babis/, https://www.radio.cz/en/section/news/babis-no-need-to-fight-climate-change-in-style-of-fanatic-religion, https://www.radio.cz/en/section/curraffrs/babis-at-un-jobs-must-be-protected-as-states-meet-climate-targets, aufgerufen am 12.1.2020.

51 Siehe https://www.radio.cz/de/rubrik/wirtschaftsmagazin/babis-will-industrie-nicht-fuers-klima-opfern, aufgerufen am 28.1.2020.

52 Siehe https://www.euractiv.de/section/energie-und-umwelt/news/claude-turmes-positives-nachdruecken-fuer-den-kohle-fonds/, aufgerufen am 25.11.2019.

Fünf Maßnahmen der Klima*schutz*lobby, an denen wir uns orientieren sollten

1 Siehe https://www.carbonbrief.org/mapped-climate-change-laws-around-world, aufgerufen am 25.11.2019.
2 Siehe https://www.mcc-berlin.net/ueber-uns/team/edenhofer-ottmar.html, aufgerufen am 25.11.2019.
3 Siehe https://www.iatp.org/emissions-impossible, aufgerufen am 25.11.2019.
4 Siehe https://www.theguardian.com/world/2016/jun/20/chinas-meat-consumption-climate-change, aufgerufen am 25.11.2019.
5 Siehe https://vimeo.com/169913909, aufgerufen am 25.11.2019.
6 Siehe https://taz.de/Julia-Kloeckner-ueber-Tiere-als-Essen/!5534590/, aufgerufen am 25.11.2019.
7 Siehe https://ec.europa.eu/taxation_customs/sites/taxation/files/resources/documents/taxation/vat/how_vat_works/rates/vat_rates_en.pdf, aufgerufen am 25.11.2019.
8 Siehe https://www.greenpeace.de/sites/www.greenpeace.de/files/publications/20130529-foes-studie-fleischkonsum-oekonomische-instrumente.pdf, aufgerufen am 25.11.2019.
9 Siehe https://www.umweltbundesamt.de/sites/default/files/medien/1410/publikationen/171207_uba_hg_braunsteinkohle_bf.pdf, aufgerufen am 25.11.2019.
10 Siehe https://www.gruene-bundestag.de/themen/umwelt/deutschland-ist-nicht-recyclingweltmeister, aufgerufen am 12.1.2020.
11 Siehe https://www.dw.com/en/plastic-bans-proliferate-in-2019-as-planet-drowns-in-trash/a-49363640, aufgerufen am 25.11.2019.
12 Siehe https://www.eltis.org/sites/default/files/case-studies/documents/copenhagens_cycling_strategy.pdf, aufgerufen am 25.11.2019.